DER ZWEITE WELTKRIEG

VON LEONARD MOSLEY

UND DER REDAKTION DER TIME-LIFE BÜCHER

BECHTERMÜNZ

DIE LUFTSCHLACHT UM ENGLAND

DER ZWEITE WELTKRIEG

Redaktionsstab des Bandes: *Die Luftschlacht um England*
Chefredakteure: William K. Goolrick, Charles Osborne
Bildredakteur/Designer: Charles Mikolaycak
Textredaktion: Valerie Moolman
Vertragsautoren: Ruth Kelton, James Randall
Dokumentation: Josephine Reidy, Doris Coffin, Mary Carroll Marden, Clara Nicolai, Suzanne Wittebort
Redaktionsassistentin: Cecil Gemmell

Korrespondenten: Elisabeth Kraemer (Bonn); Margot Hapgood, Dorothy Bacon (London); Susan Jonas, Lucy T. Voulgaris (New York); Maria Vincenza Aloisi, Josephine du Brusle (Paris); Ann Natanson (Rom). Wertvolle Unterstützung leisteten ebenfalls: Carolyn T. Chubet, Miriam Hsia (New York).

Redaktion der deutschen Ausgabe:
Hans-Heinrich Wellmann
Textredaktion: Ulla Fröhling

Aus dem Englischen übertragen von
Karl-Otto von Czernicki

Der Autor: LEONARD MOSLEY wurde in Manchester geboren und arbeitete als Kriegsberichterstatter im Fernen Osten und in Europa. Für seine Kriegsberichterstattung aus Europa wurde ihm der Orden des britischen Reiches verliehen. Unter seinen mehr als 20 Büchern sind *On Borrowed Time,* eine Untersuchung diplomatischer Beziehungen in der Zeit vor dem Zweiten Weltkrieg; *Backs to the Wall,* ein Bericht über das Leben in London während der fast fünf Jahre dauernden Bombardierung; *The Last Days of the British Raj;* sowie Biographien von Reichsmarschall Göring, dem japanischen Kaiser Hirohito und Charles A. Lindbergh.

Vorwort: Dr. phil. GERHARD HÜMMELCHEN, Geschäftsführer des Arbeitskreises für Wehrforschung, verfaßte u. a. die Bücher *Handelsstörer* und *Die deutschen Seeflieger 1935–1945* und ist Mitautor der *Chronik des Zweiten Weltkrieges* und der *Chronik des Seekrieges 1939–1945.*

Die beratenden Mitarbeiter: A. E. CAMPBELL ist Professor für amerikanische Geschichte an der Universität Birmingham. Er war Fellow und Tutor für Neuere Geschichte am Keble College, Oxford; er war Gastprofessor an verschiedenen amerikanischen Universitäten. Er ist Verfasser des Buches *Great Britain and the United States: 1895–1903.*

OBERST A. D. JOHN R. ELTING ist amerikanischer Militärhistoriker und Verfasser von *The Battle of Bunker's Hill* und *A Military History and Atlas of the Napoleonic Wars.* Er gab *Military Uniforms in North America: The Revolutionary Era* heraus und war Mitherausgeber des *West Point Atlas of American Wars.*

HANS-ADOLF JACOBSEN, Professor für politische Wissenschaft an der Universität Bonn, ist Mitverfasser von *Anatomie des SS-Staates* und Mitherausgeber von *Entscheidungsschlachten des Zweiten Weltkrieges.*

KLAUS-JÜRGEN MÜLLER, Professor für Neuere und Neueste Geschichte an der Hochschule der Bundeswehr und der Universität Hamburg, ist Autor der Bücher *Das Heer und Hitler* und *Das Ende der Entente Cordiale 1940* und anderer Schriften zur militärischen und politischen Geschichte der Zwischenkriegszeit und des Zweiten Weltkriegs.

JAMES P. SHENTON ist Professor für Geschichte an der Columbia University in den USA und hat häufig Vorträge im Bildungsfernsehen gehalten. Er ist Verfasser der Bücher *History of the United States from 1865 to the Present* sowie *Robert John Walker: A Politician from Jackson to Lincoln.*

Lizenzausgabe für den
Bechtermünz Verlag GmbH
Eltville am Rhein, 1994

ISBN 3 86047 072 8

KAPITEL

BILDTEIL

INHALT

VORWORT ZUR DEUTSCHEN AUSGABE

Der vorliegende Band – durch eine Fülle seltener Photos illustriert – ist Teil einer amerikanischen Reihe über den Zweiten Weltkrieg und behandelt die Luftschlacht um England vom Sommer 1940 bis zum Frühjahr 1941. Obgleich der britische Autor des Buches, Leonard Mosley, die Vorgänge vorwiegend vom Standpunkt seines eigenen Landes schildert, gelingt es ihm doch, einen lebendigen und wohlausgewogenen Bericht über die Ereignisse zu geben, die sich als Hitlers erste militärische Niederlage erweisen sollten.

Während des unerwartet günstigen und raschen Verlaufs des Feldzuges im Westen gab sich Hitler zeitweilig der Illusion hin, Großbritannien würde angesichts der katastrophalen Lageentwicklung auf dem Kontinent Bereitschaft zum Einlenken zeigen, um den Krieg zu beenden. Als nichts Derartiges geschah, wurde ihm klar, daß dieser Gegner nur durch eine Landung deutscher Truppen auf der britischen Insel niedergerungen werden könne. Schon in seiner Weisung Nr. 13 vom 24. Mai 1940 hatte Hitler angeordnet: „Unabhängig von den Operationen in Frankreich wird der Luftwaffe – sobald ausreichende Kräfte zur Verfügung stehen – die Kampfführung gegen das englische Mutterland in vollem Umfang freigegeben. Sie ist mit einem vernichtenden Vergeltungsangriff für die englischen Angriffe gegen das Ruhrgebiet einzuleiten."

Das geschah zu einem Zeitpunkt, als der Ausgang der Kämpfe in Frankreich noch durchaus ungewiß war und die Kampfkraft der Luftwaffe dort voll in Anspruch genommen wurde. Dann zeigte sich, daß es der Luftwaffe nicht gelang, die Evakuierung der britischen Expeditionsarmee aus dem Raum Dünkirchen zu verhindern. In der Weisung Nr. 16 vom 16. Juli kam Hitler auf das Thema zurück und gab seinen Entschluß bekannt, „da England, trotz seiner militärisch aussichtslosen Lage, noch keine Anzeichen einer Verständigungsbereitschaft zu erkennen gibt, eine Landungsoperation . . . vorzubereiten und, wenn nötig, durchzuführen".

Angesichts der deutschen Unterlegenheit zur See fiel der deutschen Luftwaffe bei der beabsichtigten Invasion – dem Unternehmen „Seelöwe" – eine Schlüsselposition zu. Sie sollte das Eingreifen der Royal Air Force verhindern, Küstenbefestigungen, die gegen die Landestellen wirken könnten, niederkämpfen, den ersten Widerstand feindlicher Erdtruppen brechen und in Anmarsch befindliche Reserven zerschlagen.

Bereits am 10. Juli 1940 griffen die Luftflotten 2 und 3 aus Belgien und Nordfrankreich erstmalig Südengland mit starken Kräften an. Dann begann die Luftwaffe ihre Angriffe zu intensivieren und auf Hafenanlagen und den Schiffsverkehr an der englischen Ost- und Südküste und im Kanal zu konzentrieren.

Obgleich die Luftwaffe bei ihren Operationen einige bemerkenswerte Erfolge verzeichnen konnte, war der Preis, den sie in dieser Phase des Luftkrieges an Toten und Verwundeten zu zahlen hatte, doch zu hoch. Nur insgesamt etwa 40000 Tonnen britischer Schiffe wurden im Juli 1940 versenkt, während die Luftwaffe alles in allem zweimal so viele Flugzeuge aller Typen einbüßte, wie die Royal Air Force an Jägern verlor.

Jede Seite überschätzte jedoch die feindlichen Verluste, und Göring war überzeugt, daß seine Juli-Offensive die Jagdflugzeugverbände der Royal Air Force entscheidend geschwächt habe. Er hielt die Zeit für den „Adlerangriff" – die zweite Phase des Luftkrieges – für gekommen, und Hitler befahl in seiner Weisung Nr. 17 vom 1. August 1940 folgendes: „Die deutsche Fliegertruppe hat mit allen zur Verfügung stehenden Kräften die englische Luftwaffe möglichst bald niederzukämpfen."

Die Angriffe sollten sich gegen die fliegenden Verbände der RAF und ihre Boden- und Nachschubeinrichtungen sowie die Luftrüstungsindustrie und die Werke zur Herstellung von Flak-Gerät richten. Erst nach der Erringung einer „zeitlichen oder örtlichen Luftüberlegenheit" sollten die Bombergeschwader der Luftwaffe ihre Angriffe auf Häfen und die Energie- und Lebensmittelversorgung ausdehnen. Trotz dieses umfangreichen Aufgabenkatalogs wünschte Hitler, daß die Luftwaffe ihm für die eigentliche Invasion „kampfkräftig" zur Verfügung stehen solle.

Nach mehreren wetterbedingten Verschiebungen wurde der „Adlertag" – der Beginn des verschärften Luftkrieges gegen Großbritannien – auf den 13. August festgelegt. Die jetzt erst eigentlich beginnende Luftschlacht um England vollzog sich in zwei Phasen. In der ersten Phase, bis 6. September, war es die Hauptaufgabe der Luftwaffe, die Luftherrschaft zu erringen. In der zweiten Phase, vom 7. September 1940 bis zum Mai des folgenden Jahres, war es ihr vorrangiges Ziel, die Kampfmoral und das Industriepotential der Briten zu untergraben.

In der ersten Phase kam es am 15. August zu einem Höhepunkt, als die Luftflotten 2 und 3 mit Unterstützung der von Norwegen aus operierenden Luftflotte 5 Tagesangriffe auf Ziele in Süd- und Nordostengland führten. Obwohl die Luftwaffe fast 2000 Einsätze flog, gelang es nur einer Formation, ernste Schäden anzurichten. Am 24. August begann die Luftwaffe die Anlagen anzugreifen, die für die Verteidigung Südostenglands – einschließlich Londons – von entscheidender Bedeutung waren, und in zweiwöchigen schweren Luftschlachten wurden die Jäger der Royal Air Force stark dezimiert. Aber am 7. September befahl Göring nach einer Reihe von britischen Angriffen auf Berlin plötzlich Zielwechsel auf London. Von nun an konnten die Jäger der Royal Air Force trotz anhaltender schwerer Luftkämpfe ihre Verluste ausgleichen. Die Luftwaffe hatte ihre Siegeschance verloren, und am 17. September 1940 entschloß sich Hitler, das Unternehmen „Seelöwe" auf unbestimmte Zeit zu verschieben.

Der Versuch, England „friedensbereit" zu machen, war gescheitert. Die Luftherrschaft über Südengland konnte nie errungen werden. Obgleich die Luftwaffe den Krieg gegen England mit wesentlich mehr Flugzeugen als die RAF begann, waren diese Flugzeuge nur bedingt für ihre Aufgaben geeignet. Die zweimotorigen Bomber He-111, Ju-88 und Do-17 besaßen eine zu geringe Reichweite und konnten nicht genug Bomben mitnehmen. Ihre schwache Abwehrbewaffnung bot keinen ausreichenden Schutz gegen britische Jäger. Die Reichweite der Me-109 gestattete nur einen sehr eingeschränkten Begleitschutz für die Bomber, während sich die eigentlich als Fernjäger gedachten Zerstörer Me-110 als zu schwerfällig erwiesen und selbst Jagdschutz benötigten.

Hast und Ungeduld der deutschen obersten Führung führten zu sprunghaftem Zielwechsel, wo Beharrlichkeit erforderlich gewesen wäre, und zur Zersplitterung der ohnehin geringen Kräfte.

Hitler hoffte jetzt, die Briten durch konzentrierte Angriffe auf ihre Städte zermürben zu können. Diese Bombenangriffe dauerten neun Monate, bis der Krieg gegen die Sowjetunion das Gros der Luftwaffe beanspruchte. Trotz schwerer Verluste der britischen Zivilbevölkerung konnte ihr Widerstand nicht gebrochen werden – eine Erfahrung, die später auch die Alliierten bei ihrem totalen Luftkrieg gegen deutsche Städte machen mußten.

Dr. Gerhard Hümmelchen

Geschäftsführer des
Arbeitskreises für Wehrforschung

DER GRIFF NACH DEN KANALINSELN

Zwei britische Bobbys auf der von Deutschen besetzten Kanalinsel Guernsey begegnen einem deutschen Wachtposten, der seinen Rundgang macht.

KLEINE INSELN UND HÖFLICHE BESATZER

Es war ein Sonntagmorgen Ende Juni 1940, als der erste bewaffnete Deutsche auf Guernsey, einer der Kanalinseln vor der französischen Küste, erschien. Er landete auf Guernseys grasbewachsenem Rollfeld, zog die Pistole und sprang aus der Maschine. Plötzlich brausten drei britische Flugzeuge im Tiefflug vorbei. Der Eindringling hastete nervös zu seiner Maschine zurück, wobei er die Pistole fallen ließ, und startete wieder. Im Laufe desselben Tages landete jedoch wiederum ein deutsches Flugzeug auf der Insel, und diesmal stiegen drei Männer aus. Einer hob bedächtig die auf dem Boden liegende Schußwaffe wieder auf; ein anderer verkündete einem in ruhiger Gelassenheit dastehenden Polizisten, daß sie beabsichtigten, die Insel in Besitz zu nehmen.

So begann Hitlers Besetzung der Kanalinseln; sie sollte ein Sprungbrett für die Landung in England bilden und endete damit, daß die Inseln schließlich das einzige Stück britischen Territoriums blieben, das während des Zweiten Weltkrieges von Deutschland besetzt wurde. Im Vergleich zu anderen Fällen verlief diese deutsche Machtübernahme ungewöhnlich friedlich und rücksichtsvoll. Der Bobby auf dem Flugplatz erwartete bereits die Flieger und die deutschen Erdtruppen, die kurz darauf über See anlandeten. Das Unternehmen stellte auch für die übrige Bevölkerung der Kanalinseln keine Überraschung dar. Da Jersey, Guernsey, Alderney und Sark nur 50 Kilometer von der französischen Küste, aber fast 130 Kilometer von England entfernt waren, ließen sie sich nach Auffassung der Regierung Seiner Majestät nicht verteidigen – daher die Botschaft des Königs an die Inselbewohner *(links)*.

Gewiß, die Besetzung brachte für die Einheimischen gewisse Unbequemlichkeiten mit sich: Ausgangssperre; Alkoholverbot; Aufführung nationalistischer deutscher Filme in den Kinos; Errichtung von Verteidigungsanlagen an der Küste. Aber im allgemeinen bemühten sich die Inselbewohner, ihrer Obrigkeit zu gehorchen und keine feindselige Haltung an den Tag zu legen. Als ein alter Mann mit seinem Gewehr vor die Haustür trat und drohte, er werde „den ersten Deutschen erschießen, der es wagen sollte, mein Haus zu betreten", wurde er von seinen Angehörigen mit sanfter Gewalt entwaffnet. Und die *Dame of Sark (rechts)*, Feudalherrin ihres fünf Quadratkilometer großen Lehens, zeigte so viel ruhige Würde und Ungezwungenheit im Umgang mit der deutschen Besatzung, daß es oft schwer war, zwischen Siegern und Besiegten zu unterscheiden. Als einer der Besucher sie fragte, ob sie denn keine Angst habe, antwortete sie lächelnd auf deutsch: „Muß man sich denn vor deutschen Offizieren fürchten?"

Diese von König Georg VI. unterzeichnete Bekanntmachung wurde zwei Wochen vor der Besetzung durch die Deutschen auf den Kanalinseln ausgehängt. Sie begründet den Rückzug der britischen Streitkräfte von den Inseln.

MESSAGE FROM THE KING TO THE BAILIFFS OF JERSEY AND GUERNSEY

For strategic reasons it has been found necessary to withdraw the Armed Forces from the Channel Islands.

I deeply regret this necessity and I wish to assure My people in the Islands that, in taking this decision, My Government has not been unmindful of their position. It is in their interest that this step should be taken in present circumstances.

The long association of the Islands with the Crown and the loyal service the people of the Islands have rendered to my ancestors and Myself are guarantees that the link between us will remain unbroken and I know that My people in the Islands will look forward with the same confidence as I do to the day when the resolute fortitude with which we face our present difficulties will reap the reward of Victory.

Mit großer Gelassenheit empfängt die „Dame of Sark", Herrscherin über die gleichnamige Kanalinsel, deutsche Offiziere auf dem Innenhof ihres Gutshauses.

Home Circle Library
BUSINESS AS USUAL
— AT —
Old Gate House
AND THE BRIDGE,
ST. SAMPSON'S.

Evening Press

SWELLING THE FRUIT
Use Fison's Blood and Bone, Blood and Fish, Aeroplane Organic and Special Fertilizer with a cross feed of Aeroplane Invigorator or Aeroplane Extra Special Fertiliser.
W. Holmes & Son Ltd.
ESPLANADE. 'Phone 753 (3 lines)

No. 10,972 REGISTERED AT THE G.P.O. AS A NEWSPAPER. POSTAGE 1d. GUERNSEY, MONDAY, JULY 1, 1940 TELEPHONE 1400 (FIVE LINES) GRATIS

ORDERS OF THE COMMANDANT OF THE GERMAN FORCES IN OCCUPATION OF THE ISLAND OF GUERNSEY

(1)—ALL INHABITANTS MUST BE INDOORS BY 11 P.M. AND MUST NOT LEAVE THEIR HOMES BEFORE 6 A.M.

(2)—WE WILL RESPECT THE POPULATION IN GUERNSEY; BUT, SHOULD ANYONE ATTEMPT TO CAUSE THE LEAST TROUBLE, SERIOUS MEASURES WILL BE TAKEN AND THE TOWN WILL BE BOMBED.

(3)—ALL ORDERS GIVEN BY THE MILITARY AUTHORITY ARE TO BE STRICTLY OBEYED.

(4)—ALL SPIRITS MUST BE LOCKED UP IMMEDIATELY, AND NO SPIRITS MAY BE SUPPLIED, OBTAINED OR CONSUMED HENCEFORTH. THIS PROHIBITION DOES NOT APPLY TO STOCKS IN PRIVATE HOUSES.

(5)—NO PERSON SHALL ENTER THE AERODROME AT LA VILLIAZE.

(6)—ALL RIFLES, AIRGUNS, PISTOLS, REVOLVERS, DAGGERS, SPORTING GUNS, AND ALL OTHER WEAPONS WHATSOEVER, EXCEPT SOUVENIRS, MUST, TOGETHER WITH ALL AMMUNITION, BE DELIVERED AT THE ROYAL HOTEL BY 12 NOON TO-DAY, JULY 1.

(7)—ALL BRITISH SAILORS, AIRMEN AND SOLDIERS ON LEAVE IN THIS ISLAND MUST REPORT AT THE POLICE STATION AT 9 A.M. TO-DAY, AND MUST THEN REPORT AT THE ROYAL HOTEL.

(8)—NO BOAT OR VESSEL OF ANY DESCRIPTION, INCLUDING ANY FISHING BOAT, SHALL LEAVE THE HARBOURS OR ANY OTHER PLACE WHERE THE SAME IS MOORED, WITHOUT AN ORDER FROM THE MILITARY AUTHORITY, TO BE OBTAINED AT THE ROYAL HOTEL. ALL BOATS ARRIVING FROM JERSEY, FROM SARK OR FROM HERM, OR ELSEWHERE, MUST REMAIN IN HARBOUR UNTIL PERMITTED BY THE MILITARY TO LEAVE.

THE CREWS WILL REMAIN ON BOARD. THE MASTER WILL REPORT TO THE HARBOURMASTER, ST. PETER-PORT, AND WILL OBEY HIS INSTRUCTIONS.

(9)—THE SALE OF MOTOR SPIRIT IS PROHIBITED, EXCEPT FOR USE ON ESSENTIAL SERVICES, SUCH AS DOCTORS' VEHICLES, THE DELIVERY OF FOODSTUFFS, AND SANITARY SERVICES WHERE SUCH VEHICLES ARE IN POSSESSION OF A PERMIT FROM THE MILITARY AUTHORITY TO OBTAIN SUPPLIES.

THESE VEHICLES MUST BE BROUGHT TO THE ROYAL HOTEL BY 12 NOON TO-DAY TO RECEIVE THE NECESSARY PERMISSION.

THE USE OF CARS FOR PRIVATE PURPOSES IS FORBIDDEN.

(10)—THE BLACK-OUT REGULATIONS ALREADY IN FORCE MUST BE OBSERVED AS BEFORE.

(11)—BANKS AND SHOPS WILL BE OPEN AS USUAL.

(Signed) THE GERMAN COMMANDANT OF THE ISLAND OF GUERNSEY

JULY 1, 1940.

Einwohner von Guernsey sehen zu, wie deutsche Truppen durch die Straßen von Saint Peter Port (links), dem Hauptort der Insel, marschieren. Am Tag nach der Landung ließ der deutsche Kommandant von der Lokalzeitung eine Sonderausgabe drucken (oben), in der genau angegeben war, was von der Bevölkerung erwartet wurde. Die Einwohner hielten sich an die Vorschriften, wenn sich auch manche über die Waffenbestimmungen lustig machten, Spielzeugpistolen kauften und diese bei den Deutschen ablieferten. Trotz aller Zuvorkommenheit war es aber den Deutschen todernst: Nach einer weiteren Bekanntmachung wurde der Besitz von Tauben bei Todesstrafe verboten – denn diese ließen sich eventuell dazu benutzen, geheime Nachrichten nach England zu befördern.

Die Reichskriegsflagge weht am Rathaus von Jersey, dem Sitz der deutschen Kommandantur.

Unter einem Bild Adolf Hitlers werben Kinoplakate am Gaumont

Palace, einem Filmtheater auf der Kanalinsel Guernsey, für den Kriegsfilm „Sieg im Westen", der die deutschen Erfolge in den Niederlanden und in Frankreich verherrlichte.

Eine 3,7-cm-Panzerabwehrkanone wird auf einer Holzbettung in Stellung gebracht, um die Hafeneinfahrt der Insel zu sichern. Der Unteroffizier rechts nagelt ein loses Brett der Holzbettung fest.

Eine Kradstreife hält an der Küste und kontrolliert ein felsiges Uferstück. Diese Streifen dienten vor allem dem Schutz vor britischen Versuchen, Agenten oder Kommandotrupps an Land zu setzen.

In einem Versorgungslager auf Guernsey stapeln deutsche Soldaten, die Hände durch dicke Fäustlinge geschützt, Stacheldrahtrollen, aus denen Hindernisse in den Dorfstraßen und an den Stränden errichtet werden sollen. Im Hintergrund steht ein altes Fort, das von England während der napoleonischen Zeit zum Schutz gegen französische Angriffe erbaut worden war. Die Deutschen setzten den alten Festungsbau wieder instand und bezogen ihn in ihr eigenes Verteidigungssystem auf der Insel ein.

Luftwaffensoldaten bringen einen Scheinwerfer in Stellung, der britische Flugzeuge bei Nacht erfassen soll. Britische Luftangriffe begannen fast unmittelbar nach der Besetzung, dienten aber vor allem dazu, der Bevölkerung Mut zu machen, ohne das Risiko einzugehen, dabei den Falschen zu treffen.

Ein deutscher Beobachtungsposten blickt über den Kanal zur englischen Küste hinüber. Karte und Kompaß auf dem Tisch dienten dazu, den Kurs britischer Schiffe und Flugzeuge festzustellen. Obwohl die Kanalinseln eine nützliche Basis für einen Angriff auf England zu sein schienen, überschätzte Hitler deren strategische und politische Bedeutung. Infolgedessen stationierte er hier viel mehr Truppen, als zur Verteidigung der Inseln benötigt wurden, und die Eintönigkeit des Dienstes machte vielen Soldaten schwer zu schaffen.

1

Ein verfrühtes Begräbnis
Eine unerfreuliche Überraschung für Göring
„Der sichere Weg zum Sieg"
Hitlers Vergeltung in Compiègne
Bier und Leberwurst an der Kanalküste
Friedensfühler aus dem Reich
Churchill kämpft um Zeitgewinn
Hitlers Entschluß zur Invasion
Ein Zweifler im Planungsstab
Eine letzte Chance zum Nachgeben
Englands spontane Reaktion
Verfehlte Rücksicht auf die Damen

In den frühen Morgenstunden des 5. Juni 1940 schlenderten zwei hohe Offiziere der deutschen Luftwaffe nahe der nord-französischen Hafenstadt Dünkirchen über den breiten Sandstrand und bahnten sich den Weg durch die Trümmer, die vom überstürzten Rückzug einer Armee beredtes Zeugnis ablegten. Am Tage zuvor hatte eine Armada aus Zerstörern und kleineren Schiffen die Reste des britischen Expeditionskorps abtransportiert, bevor der Ring der in einer Zangenbewegung vorrückenden deutschen Heeresverbände zuschnappen konnte.

Überall lagen auf dem Strand Kriegsgerät und Ausrüstungsstücke herum, die von den Briten zurückgelassen werden mußten – die Überbleibsel einer geschlagenen Armee. Tausende von Schuhen, die von den Soldaten vor dem Hinauswaten zu den Bergungsschiffen ausgezogen worden waren; Hunderte von Fahrrädern, auf denen sie noch im letzten Moment die Küste erreicht hatten; lange Reihen von Lastkraftwagen und schweren Geschützen, Stapel von Gewehren, Berge von Konserven sowie Bekleidungsstücke und Armeezeitungen, die von der kühlen Brise wie Schneeflocken herumgewirbelt wurden.

An einer Stelle stießen die Spaziergänger auf einen Hügel leerer Wein- und Whiskyflaschen, die, offenbar aus einer Offiziersmesse stammend, von der Truppe beim Warten auf den rettenden Abtransport ausgetrunken worden waren. Einer der beiden Deutschen, General Hoffmann von Waldau vom Oberkommando der Luftwaffe, stieß mit der Stiefelspitze gegen eine Flasche und machte eine ausladende Armbewegung.

„Hier liegen die britischen Hoffnungen in diesem Krieg begraben!" sagte er. Dann wies er voller Verachtung auf die leeren Flaschen und setzte hinzu: „Und dies hier sind ihre Grabsteine!"

Der andere Offizier schüttelte den Kopf. Er war ein untersetzter, fleischiger Mann, der auf der Brust die Ordensbänder aus dem Ersten Weltkrieg trug und aus kleinen, dunklen Augen mit der Miene des befehlsgewohnten Kommandeurs um sich blickte. Es war General Erhard Milch, der egozentrische, aber eminent tüchtige Generalinspekteur der deutschen Luftwaffe und als Staatssekretär im Reichsluftfahrtministerium Stellvertreter des Generalfeldmarschalls Hermann Göring.

Milch schaute durch den Frühnebel zu den Schiffswracks in dem flachen Wasser hinaus und betrachtete die stummen Zeugen des britischen Rückzugs um sich herum. Aber sein Gesichtsausdruck ließ nichts von der Hochstimmung erkennen, die sein Begleiter empfand. „Sie sind noch nicht begraben", meinte er. Und dann, nach einer kurzen Pause: „Wir haben keine Zeit zu verlieren."

Im Laufe desselben Tages nahm General Milch an einer Lagebesprechung teil, die von Göring einberufen worden war und im Panzerzug Görings einige Kilometer außerhalb von Dünkirchen stattfand. Neben Milch saßen am Konferenztisch noch die Gene-

BRITANNIEN IN BEDRÄNGNIS

rale Albert Kesselring, Hugo Sperrle und Hans-Jürgen Stumpff, Befehlshaber der Luftflotten 2, 3 bzw. 5, sowie Görings Generalstabschef General Hans Jeschonnek.

Göring befand sich in bester Stimmung. Die Euphorie über die deutschen Blitzsiege beim Vorstoß durch Belgien, Holland und Nordfrankreich schien dem Generalfeldmarschall eine besondere Ausstrahlungskraft zu verleihen. Er wirkte ungewöhnlich fit. Seine Krankenschwester, die sich mit ihm im Zug befand, hatte ihn überreden können, die tägliche Dosis an Paracodein – einer milden Droge, an die er sich gewöhnt hatte – auf 30 Tabletten pro Tag zu reduzieren. Sein Masseur hatte ihm einige Pfunde überflüssigen Fettes abgewalkt, und von seinem Kammerdiener war er in eine neue Uniform aus glänzender Seide gesteckt worden.

Mit strahlendem Gesicht umarmte er seine Generale. Dann begab er sich an das Kopfende des Tisches, um eine Ansprache zu halten. Zu Beginn gab er bekannt, es sei bereits aus bestimmten französischen Kreisen bezüglich der Bedingungen eines Waffenstillstands vorgefühlt worden. Dann erklärte er, wie überglücklich er und der Führer darüber seien, daß die britische Armee bei Dünkirchen „ausradiert" worden sei, nachdem sie von den deutschen Streitkräften solche „vernichtenden Schläge" erhalten habe.

Milch rührte sich. „Die britische Armee?" warf er ein. Nach dem, was er in Dünkirchen gesehen habe, erklärte er, sei sie keineswegs vernichtet. Er habe höchstens 20 oder 30 britische Gefallene gezählt; die Masse der britischen Verbände sei entkommen. „Ich gebe zu, es ist eine große Leistung, sie innerhalb von drei Wochen aus Frankreich hinausgeworfen zu haben, und es ist für den Stolz der Briten sicherlich ein harter Schlag", sagte Milch. „Aber wir müssen uns mit der Tatsache abfinden, daß es den Briten gelungen ist, praktisch ihre gesamte Armee über den Kanal zurückzuführen, und das macht mir Sorge."

Er hatte recht. Obwohl deutsche Bomber über 200 Schiffe der Rettungsarmada versenkt hatten, war es den Briten gelungen, über 224 000 Mann zu evakuieren – 85 % des Britischen Expeditionskorps – sowie 114 000 Mann französischer Truppen und einige belgische Soldaten. Die Männer waren zwar erschöpft, ihre Kampfmoral hatte gelitten, und sie waren gezwungen gewesen, ihre gesamte Ausrüstung zurückzulassen, aber sie waren der Falle, die ihnen die Deutschen gestellt hatten, entgangen und würden bald wieder in der Lage sein, in das Kampfgeschehen einzugreifen.

Göring, der die Besprechung unter dem Eindruck einberufen hatte, der Krieg sei so gut wie gewonnen, schien von Milchs Worten zutiefst überrascht zu sein. Er fragte seinen Generalinspekteur, was nach dessen Meinung als Nächstes geschehen sollte. Darauf erklärte Milch mit Nachdruck:

„Ich empfehle, noch an diesem Tage alle Luftwaffeneinheiten an die Kanalküste zu verlegen und mit der Invasion Großbritanniens *unverzüglich* zu beginnen ... Herr Generalfeldmarschall", fügte er warnend hinzu, „wenn wir die Briten vier Wochen in Frieden lassen, wird es zu spät sein."

Görings erste Reaktion auf diesen Vorschlag lautete kurz und bündig: „Das geht nicht." Aber im weiteren Verlauf des Gesprächs begann er, sich Milchs Vorschlag anzunähern, und schließlich nahm ein Plan Gestalt an – der Plan für die Schlacht um England.

Am nächsten Tag traf Göring in Hitlers vorgeschobenem Hauptquartier in dem belgischen Dorf Bruly-le-Pêche, dicht an der französischen Grenze, ein. Der Generalfeldmarschall legte Hitler voller Zuversicht den Plan vor, den der Luftwaffenführungsstab in aller Eile ausgearbeitet hatte. Göring war ganz offensichtlich für den Gedanken gewonnen worden, daß der Krieg im Westen durch die Invasion und Besetzung Englands zu einem raschen Ende gebracht werden könne.

„Mein Führer", sagte Göring, „dies ist der sichere Weg zum Sieg!"

Der Plan war nicht schlecht – falls er mit äußerster Schnelligkeit ausgeführt wurde, bevor die angeschlagenen britischen Kräfte noch Zeit hatten, sich neu zu formieren. Er sah nach massierten Bombenangriffen auf die Südküste Englands eine Luftlandeoperation vor. Unter dem Schutz der Luftangriffe sollten Fallschirmjäger in England abgesetzt werden und einen Flugplatz in Besitz nehmen. Unmittelbar darauf sollten Transportmaschinen in rollendem Einsatz die fünf Elitedivisionen des Heeres, die der Luftwaffe zu diesem Zweck unterstellt worden waren, nach England übersetzen; diese Verbände würden sich dann wie ein Steppenbrand über die ganze Insel ausbreiten.

Abgesehen von dem auf der Erde zu erwartenden Widerstand zog der Plan auch andere, nicht minder schwerwiegende Hindernisse ins Kalkül: Um die Briten auf die Knie zu zwingen, mußten nicht nur ihre Flugzeuge vernichtet, sondern auch die Seeverbindungen, die für die Lebensmittelversorgung der Insel lebenswichtig waren, abgeschnitten und die Häfen unbrauchbar gemacht werden. Dies bedeutete eine Auseinandersetzung mit der englischen Flotte, die noch immer die schlagkräftigste der Welt war. Aber Göring rechnete sich aus, daß eine Invasion die Kriegsschiffe des Empires zwingen würde, ihre gegenwärtigen Positionen in der Nordsee und im Mittelmeer sowie ihre gut geschützten Liegeplätze im schottischen Scapa Flow zu verlassen, um sich im Ärmelkanal zu versammeln. Die gesamte Royal Navy wäre in dieser engen Wasserstraße konzentriert; gleichzeitig würde die gesamte britische Luftwaffe über dem Schlachtfeld erscheinen. Göring fuhr fort: „Dadurch erhalte ich die Möglichkeit, mit der Luftwaffe nicht nur die feindlichen Luftstreitkräfte, sondern auch die Seestreitkräfte des Gegners zu vernichten."

Er räumte ein, daß es zu einem verzweifelten Ringen mit schweren Verlusten auf beiden Seiten kommen würde. Aber die

Entscheidung, erklärte er, würden dann die fünf weiteren Heeresdivisionen bringen, die ihm unterstellt und auf der anderen Seite des Kanals bereitgestellt werden würden. Mit dieser „Handvoll" frischer Truppen, prophezeite Göring, „werden wir die Entscheidung herbeiführen – und England wird uns gehören".

Vom persönlichen Standpunkt des Generalfeldmarschalls aus gesehen, besaß diese Planung noch den zusätzlichen Vorzug, daß die Federführung in den Händen der Luftwaffe liegen würde, müßten ihm doch nicht nur die zehn Heeresdivisionen unterstellt werden, sondern auch alle Schiffe und Transportfahrzeuge der Marine, die für die Versorgung erforderlich waren. Er war überzeugt, daß es der Luftwaffe gelingen würde, nicht nur die englische Flotte am Eingreifen zu hindern, sondern auch die britische Luftwaffe zu vernichten. Als Oberster Befehlshaber der Luftwaffe konnte Hermann Göring dann den Ruhm, die Invasion erfolgreich durchgeführt zu haben, zum größten Teil auf sein Konto buchen.

Diesen Gedanken brachte er Hitler gegenüber natürlich nicht zum Ausdruck. Statt dessen schloß er seinen Vortrag mit der Feststellung, unabdingbare Voraussetzung für das Gelingen sei, daß sofort gehandelt werde – binnen weniger Tage. Die Operation müsse eingeleitet werden, solange sich England von den in Belgien und Frankreich erlittenen Niederlagen noch nicht erholt habe und das aus Dünkirchen evakuierte Expeditionskorps noch demoralisiert sei und seine Bewaffnung und Ausrüstung noch nicht wieder habe ergänzen können.

„Ich erwarte Ihre Befehle", sagte Göring voller Zuversicht. Aber der Befehl, den er erhielt, stieß ihn vor den Kopf und machte General Milch, als dieser davon erfuhr, rasend vor Wut. Denn Hitler ließ keinen Zweifel daran, daß er den Plan, obwohl er ihn für durchaus durchführbar halte, nicht in die Tat umsetzen wolle – und zwar nicht etwa deshalb, weil er an seinem Gelingen zweifele, sondern weil er eine solche Operation nicht für notwendig halte.

„Tun Sie nichts", wies er Göring an. Er sei überzeugt, daß die Briten als vernünftiges Volk inzwischen erkannt hätten, daß ihre Lage hoffnungslos sei, und er rechne damit, daß die britische Regierung die Friedensregelung akzeptieren werde, die er ihr anzubieten bereit sei. Und inzwischen wünsche er nicht, die Engländer durch eine Invasion noch weiter zu demütigen.

Für Milch war dies heller Wahnsinn, obwohl er diese Auffassung nur seinem persönlichen Tagebuch anzuvertrauen wagte. Er glaubte nicht daran, daß die Briten Frieden schließen würden. Nach seiner Überzeugung rüsteten sie sich für die Entscheidungsschlacht, und der einzige Weg, sie in die Knie zu zwingen, sei der, ihre Luftwaffe zu vernichten, ihre Flotte zu versenken, die Blockade über ihre Häfen zu verhängen und dann hinüberzugehen und sie auf ihrem eigenen Boden anzugreifen. Das verstand der Generalinspekteur der Luftwaffe unter dem Schlagwort „Schlacht um England", und jede Stunde, die Deutschland zögerte, gab den Briten seiner Meinung nach wertvolle 60 Minuten, um ihren Widerstand zu organisieren.

Wäre Hitler bereit gewesen, auf seine Berater zu hören, dann hätte er keinen Zweifel daran gehabt, wie hartnäckig der britische Widerstand sein würde. Winston Churchill, gerade erst kürzlich zum Premierminister berufen, hatte im Unterhaus erklärt, als der

Abtransport aus Dünkirchen noch im Gange war: „Wir werden am Ufer kämpfen, wir werden auf den Landeplätzen kämpfen, wir werden auf den Feldern und in den Straßen kämpfen, wir werden in den Bergen kämpfen; wir werden nie kapitulieren."

Hitlers Abneigung, die britische Hälfte der westlichen Allianz zu demütigen, fand allerdings keine Anwendung auf den anderen großen Bündnispartner, die Franzosen. Kaum mehr als vierzehn Tage nach Dünkirchen brach Frankreichs letzter Widerstand gegen die deutsche Wehrmacht zusammen, und eine neu gebildete Regierung unter dem 84 Jahre alten Marschall Henri Philippe Pétain bat um einen Waffenstillstand.

Um durch diesen Waffenstillstand den französischen Nationalstolz besonders zu verletzen, ordnete Hitler an, daß die Verhandlungen im Wald von Compiègne geführt wurden – und zwar in demselben Eisenbahnwaggon, in dem Emissäre des kaiserlichen Deutschlands am Ende des Ersten Weltkriegs die Niederlage des Reiches hinnehmen mußten. Während den Vertretern Pétains die Präambel der Waffenstillstandsbedingungen vorgelesen wurde, saß Hitler auf demselben Stuhl, auf dem im November des Jahres 1918 der siegreiche Befehlshaber der Alliierten, Marschall Ferdinand Foch, gesessen hatte.

Die Franzosen unterzeichneten die Bedingungen des Waffenstillstands am 22. Juni. Der Eisenbahnwagen wurde im Triumph nach Berlin gebracht, und deutsche Pioniere sprengten das Denkmal, das zur Erinnerung an die Zeremonie von 1918 errichtet worden war. Am nächsten Tag unternahm Hitler eine ausgedehnte Besichtigungsfahrt durch Paris, wo jetzt Hakenkreuzflaggen von den öffentlichen Gebäuden wehten.

Nach dem Zusammenbruch Frankreichs begann für die deutsche Kriegsmaschinerie eine Periode des Leerlaufs. Deutsche Soldaten badeten am Strand von Deauville und Le Touquet; sie bevölkerten die Restaurants und Cafés, an denen Schilder hingen mit der Aufschrift: *Man spricht deutsch;* nur wenige Wochen zuvor hatte auf den Schildern gestanden: *English Spoken Here.*

Aber es war durchaus nicht alles nur Ruhe und Müßiggang an der nordfranzösischen Küste. Für die deutsche Generalität bedeutete zwar Hitlers Befehl „Tun Sie nichts", daß er im Augenblick keinen Angriff auf das Inselreich wünschte. Dies schloß jedoch keineswegs aus, daß man Vorkehrungen für den Fall treffen mußte, daß er seine Meinung änderte.

Und so verlegte die Luftwaffe ihre Luftflotte 2 aus den Niederlanden zum Kanal und die Luftflotte 3 aus Nordfrankreich näher an die Küste. Jäger- und Sturzkampfbomberstaffeln unter dem Befehl des verwegenen Generals Wolfram von Richthofen, eines Vetters Manfred von Richthofens, des berühmten Roten Barons aus dem Ersten Weltkrieg, wurden auf französischen Flughäfen unmittelbar hinter der Kanalküste mit Blick auf England zusammengezogen – von hier brauchte man 20 Minuten bis zu den Kreidefelsen von Dover und eine Stunde Flugzeit bis nach London.

Rückwärts von ihnen wurden Bomberstaffeln und Truppentransporter von ihren Heimathäfen in Deutschland herangezogen, und deutsche Soldaten brachten den Geruch von Leberwurst und Bier in französische Kasernen, wo es noch vor kurzem nach Caporal-Zigaretten und *vin ordinaire* gerochen hatte.

Auch die deutsche Kriegsmarine blieb nicht untätig. Schleppkähne und andere kleinere Schiffe wurden den Rhein hinab und durch das Kanalnetz von Holland und Belgien in Sammelräume am Kanal und an der Nordseeküste verlegt.

Obwohl Hitler ausdrücklich größere Angriffsoperationen gegen England untersagt hatte, fuhr die Luftwaffe in der Ausbildung ihrer Flugzeugführer fort und führte sporadische Einsätze durch, die auch dazu dienten, den Briten immer wieder ins Gedächtnis zu rufen, daß der Gegner noch vor der Tür stand. Nachtbomber suchten sich kleine Einzelziele aus – Flugplätze und Industrieanlagen jenseits der verhältnismäßig gut geschützten Gebiete im Süden und Osten –, um die Treffgenauigkeit und Wirkung ihrer Angriffe zu erproben. Bei Tage flogen Jäger über den Kanal, griffen Geleitzüge an und hofften, die britische Luftwaffe veranlassen zu können, sich zum Kampf zu stellen, um auf diese Weise Erfahrungen im Einsatz gegen die britischen Jäger zu sammeln.

Ab und zu erschienen außerdem deutsche Aufklärungsflugzeuge mit Photoaufträgen über Kent, Sussex und Hampshire. Aber trotz dieser Überwachungseinsätze war die Wehrmacht außerstande, einen Einblick in die Arbeit in den britischen Fabriken und davon zu gewinnen, was in den britischen Köpfen vor sich ging.

Es gab einige einflußreiche Engländer, die die Zeit für gekommen hielten, mit Deutschland Frieden zu schließen, und keineswegs alle von ihnen waren Feiglinge oder Verräter. Eine Anzahl von Politikern innerhalb und außerhalb der Regierung kam bei der Beurteilung der Lage zu dem Schluß, daß ein Kampf auf Leben und Tod unvorstellbare Verluste an Menschenleben und verheerende Zerstörungen zur Folge haben müßte – ein Kampf, den England ihrer Meinung nach außerdem wahrscheinlich nicht einmal gewinnen würde.

Die Alternative, der Friede mit Hitler, würde die Anerkennung seiner Vorherrschaft über Kontinentaleuropa und außerdem die Rückgabe der Kolonien bedeuten, die Deutschland nach dem Ersten Weltkrieg weggenommen worden waren. So jedenfalls lauteten die Gerüchte, die in den Hauptstädten der neutralen Staaten Europas zirkulierten und von der deutschen Diplomatie ausgestreut wurden. Hitler, so hieß es, bewundere die Engländer, ihr Empire und ihre Kultur, denn als Angelsachsen würden sie seinen Vorstellungen von einer Herrenrasse durchaus entsprechen; er habe keineswegs die Absicht, Großbritannien zu vernichten.

Einige Tage nach der Niederlage Frankreichs blicken Reichsmarschall Hermann Göring (sechster von rechts) und Angehörige des Luftwaffenführungsstabes über tiefliegende Nebelschwaden hinweg zu den 35 Kilometer entfernten weißen Kalkfelsen von Dover hinüber. Zu diesem Zeitpunkt war Göring im Begriff, eine Luftoffensive zu beginnen, die nach seiner – und Hitlers – Meinung Großbritannien in die Knie zwingen würde, ohne daß man zum letzten Mittel – einer Invasion durch deutsche Heeresverbände – zu greifen brauchte.

Ende Juni erreichten deutsche Friedensfühler über verschiedene neutrale Quellen auch London. Der Vatikan schaltete sich hierbei auch über den päpstlichen Nuntius in der Schweiz ein. Aus Schweden drängte der König persönlich auf eine Friedensregelung mit Deutschland. In Spanien führten deutsche Vertreter direkte Gespräche mit dem britischen Botschafter, Sir Samuel Hoare.

Offiziell blieb Premierminister Churchill gegenüber diesen Angeboten hart. In seiner Antwort – vom britischen König an König Gustav V. von Schweden gerichtet – schrieb er: „Bevor derartige Ersuchen oder Vorschläge auch nur in Erwägung gezogen werden können, muß sichergestellt sein, daß Deutschland nicht nur durch Worte, sondern auch durch Taten die Freiheit und Unabhängigkeit der Tschechoslowakei, Polens, Norwegens, Dänemarks, der Niederlande, Belgiens und, vor allem, Frankreichs wiederherstellt." Aber aus Unterlagen, die nach dem Krieg ans Tageslicht gekommen sind, geht hervor, daß Churchill sowohl die Kriegsgegner im Parlament als auch verschiedene Mittelsmänner in neutralen Staaten inoffiziell in dem Glauben bestärkte, daß seine Regierung unter Umständen bereit sei, zu einem Arrangement mit den Deutschen zu kommen, falls es dem Führer ernst mit seiner Erklärung sei, daß das britische Empire „als ein Faktor des Gleichgewichts in der Welt" erhalten bleiben müsse.

In Wirklichkeit kämpfte Premierminister Churchill um Zeitgewinn. Landarbeiter, Kriegsteilnehmer aus dem Ersten Weltkrieg und andere Freiwillige schlossen sich in der *Home Guard* zusammen und patrouillierten auf den Straßen und bewachten 8000 Kilometer der englischen Küste, bewaffnet mit Jagdgewehren, veralteten Karabinern, sogar Mistgabeln und Golfschlägern. Bis sie ordnungsgemäß ausgerüstet werden und die Veteranen aus Dünkirchen und andere Armee-Einheiten wieder bewaffnet werden konnten – bis die Befestigungen ausgebaut und Panzerfallen ausgehoben, bis die Strände vermint und die Royal Air Force mit zusätzlichen Flugzeugen und Flugzeugführern in ihrer Kampfkraft gestärkt werden konnten, war jeder gewonnene Tag kostbar.

Churchills wahre Einstellung zu Hitlers Friedensfühlern stand nie wirklich in Zweifel. Eines Abends berief er eine Besprechung des Generalstabs ein; sie fand in einem kahlen Raum in dem unterirdischen Hauptquartier statt, das unter dem Namen *Hole in the Ground* (Loch im Boden) bekannt war. Es lag unterhalb von Whitehall in der Nähe des Unterhauses und der Regierungsgebäude.

Als der Premierminister eintrat, erhoben sich die versammelten Generäle und Minister und sahen ihn schweigend an. Die Stille wurde nur durch das leise Surren der Ventilatoren unterbrochen, die den Raum mit Frischluft versorgten. Er blieb stehen, nahm die Zigarre aus dem Mund, machte damit eine weit ausholende Bewegung und wies dann auf den Holzstuhl, der am Kopfende des Konferenztisches stand.

„Dies ist der Raum, von dem aus ich diesen Krieg führen werde", erklärte er den Konferenzteilnehmern. „Und falls die Invasion wirklich stattfindet, werde ich dort sitzen – auf jenem Stuhl." Er schob sich die Zigarre wieder in den Mund, paffte Rauch in die Luft und fügte anschließend hinzu: „Und dann werde ich dort sitzen bleiben, bis entweder die Deutschen zurückgeschlagen sind oder sie mich tot aus diesem Raum hinaustragen."

Etwa Anfang Juli begann Hitlers Zuversicht, daß die Briten doch noch Vernunft annehmen würden, zu schwinden. Entgegen den Erwartungen, die man in ihm erweckt hatte, waren in England nach Dünkirchen keine chaotischen Zustände ausgebrochen. Im Gegenteil, man hatte die Ruhepause nach der Evakuierung gut genutzt, die Flugzeug- und Panzerproduktion war gesteigert und die Insel in eine Festung verwandelt worden. Churchill schrieb später in seinen Erinnerungen:

„Männer und Frauen rackerten sich an den Drehbänken und Maschinen in den Fabriken ab, bis sie umfielen und nach Hause geschickt werden mußten, während ihr Platz vorzeitig von der neuen Schicht eingenommen wurde."

Für Hitler war Churchill ein Brandy saufender, ungehobelter Geselle; seine Mitarbeiter ein Haufen eigensinniger Narren. In den zehn Monaten nach Ausbruch des Krieges im vergangenen September hatten die Streitkräfte des Reichs ganz Nordeuropa, vom Bug in Polen bis zur französischen Kanalküste, unter deutsche Kontrolle gebracht. Aber die Menschen jenseits des Kanals wollten diese Realität anscheinend ignorieren.

Diese Halsstarrigkeit der Engländer überraschte den Führer nicht nur, sondern sie drohte außerdem seine anderen Pläne zu stören. Als nächstes plante er die Invasion und Unterwerfung seines augenblicklichen Bundesgenossen, der Sowjetunion. Dieses Projekt, das er für das Jahr 1941 vorgesehen hatte, würde unendlich viel komplizierter werden, falls er noch immer mit dem Widerstand Großbritanniens rechnen mußte.

Falls die Briten auf ihrer Weigerung beharrten, Frieden zu schließen – und ihn „so schäbig" behandelten, wie er in einem Brief an Mussolini klagte –, würden sie auch die Folgen zu tragen haben. Am 16. Juli gab der Führer seinen Entschluß in einer streng geheimen Weisung an die militärische Führung bekannt:

„Da England trotz seiner militärisch aussichtslosen Lage noch keine Anzeichen einer Verständigungsbereitschaft zu erkennen gibt, habe ich mich entschlossen, eine Landungsoperation gegen England vorzubereiten und, wenn nötig, durchzuführen", hieß es in der Weisung. „Zweck dieser Operation ist es, das englische Mutterland als Basis für die Fortführung des Krieges gegen Deutschland auszuschalten und, wenn es erforderlich werden sollte, in vollem Umfang zu besetzen."

Zwar schob die Weisung die Schuld für die Fortsetzung des Krieges allein Großbritannien zu, doch enthielt sie die entscheidenden Worte „wenn erforderlich". Hitler hoffte immer noch, daß die Briten die Sinnlosigkeit einsehen und sich seinen Gedankengängen anschließen würden.

Die für diese Operation ausgewählte Deckbezeichnung lautete *Löwe* (kurz darauf in *Seelöwe* erweitert). Dieser Name bot allerdings wenig Tarnung; sogar ein unerfahrener Amateurdetektiv hätte sich denken können, daß mit dem Löwen das britische Wappentier gemeint war. Aber General Alfred Jodl, Chef des Wehrmachtführungsamtes und der Mann, der solche Deckbezeichnungen festlegte, hatte für Nuancen wenig Verständnis, im Hauptquartier war er, wie es ein Historiker ausgedrückt hat, sogar bekannt dafür, daß er „oft viel zu durchsichtige Deckbezeichnungen für bestimmte Operationen" wählte.

Aber jegliche Geheimhaltung war sowieso umsonst. England bereitete sich ohnehin auf den Kampf vor.

Der Operationsplanung *Seelöwe* fehlte das Melodramatische des ursprünglichen Planes von Milch und Göring für eine Luftlandeoperation gegen England, aber sie war in der Anlage wesentlich großrahmiger. Sie sah die Landung deutscher Verbände in einer Stärke von 250 000 Mann an der Südküste der Insel vor, und zwar in

EINFALLSREICHE VERTEIDIGUNGSMASSNAHMEN

„Die englische Territorialverteidigung existiert praktisch nicht", hatte der deutsche Außenminister Joachim von Ribbentrop während eines Rombesuchs im September 1940 seinem italienischen Kollegen triumphierend erklärt. Einige Monate zuvor war dies zwar noch der Fall gewesen, aber inzwischen hatten sich die Engländer Tag und Nacht bemüht, aus ihrer Insel eine Festung zu machen.

Die Wehrmacht zog angeblich starke Kräfte für eine Invasion zusammen, und die Aufgabe, Großbritanniens 8000 Kilometer lange Küste zur Verteidigung einzurichten, erforderte Erfindungsgeist und harte Arbeit. Die Strände wurden durch Bunker, Stacheldrahtverhaue und eine Panzerabwehrvorrichtung namens *Flame Fougasse* verstärkt; diese bestand aus einem mit Benzin, Kalk und Teer gefüllten Ölfaß, das in Brand gesetzt und dem Eindringling in den Weg gerollt werden konnte.

Weiter draußen wurden Rohre verlegt, durch die Öl gepumpt werden konnte, das sich dann über die Wasseroberfläche ausbreitete. Durch Leuchtpistolenmunition entzündet, entstand eine Feuerwand *(rechts unten)*, die jedes Landungsfahrzeug in Brand setzen mußte.

Höchst wirksam für die Küstenverteidigung waren die sogenannten Seeforts. Diese riesigen Bauten, jeder etwa so groß wie der Arc de Triomphe, sahen etwa wie moderne Bohrinseln aus. Sie wurden an Land gebaut, aufs Wasser hinausgeschleppt und dann auf dem Meeresboden verankert *(rechts oben)*, und zwar drei bei Liverpool und vier weitere in der Mündung der Themse. Die Seeforts waren mit Maschinengewehren, Bofors-Maschinenkanonen und 9,25-cm-Flakkanonen bewaffnet, und diejenigen an der Themsemündung besaßen außerdem Radarantennen. Diese ergänzten die an der Küste eingesetzten Radarstationen und erwiesen sich als äußerst wirksam bei der Ortung von Seeminen, die von deutschen Flugzeugen verlegt worden waren, und erleichterten dadurch den Einsatz britischer Räumboote.

Während sich die Betonpontons mit Wasser füllen, sinkt ein getarntes Seefort auf seinen Platz im Kanal.

Sekunden nach der Zündung fängt das durch Unterwasserrohre gepumpte Öl an der englischen Küste Feuer.

350 Kilometer breiter Front von Ramsgate, östlich von Dover, bis nach Lyme Bay, westlich der Insel Wight. Zu den Landungspunkten gehörten, neben weniger bekannten, auch Orte wie Brighton und Folkestone. Übrigens gehörte auch Pevensey dazu, der Ort, an dem Wilhelm der Eroberer im Jahr 1066 an Land ging.

Die Invasionstruppen sollten nur zum kleinsten Teil aus Luftlandeeinheiten bestehen; die Masse sollte den Kanal auf umgebauten Flußkähnen, Schleppern, Motorbooten und größeren Transportern überqueren. Nach der in drei Wellen vorgesehenen Landung sollten sie Brückenköpfe bilden und dann ins Binnenland vorstoßen, wobei es vor allem darauf ankam, die Hauptstadt London einzuschließen. Sobald London gefallen war, konnte man sich anderen Dingen zuwenden: zum Beispiel der Verhaftung von mehr als zweitausend unversöhnlichen Widersachern Hitlers, von Winston Churchill bis zu Schriftstellern wie Aldous Huxley und Virginia Woolf und dem Schauspieler Noel Coward. Außerdem sollten alle arbeitsfähigen Engländer männlichen Geschlechts im Alter zwischen 17 und 45 Jahren interniert und zu einem späteren Zeitpunkt auf den Kontinent verlegt werden.

Aber das Gelingen von *Seelöwe* hing entscheidend von der geglückten Überquerung des Kanals ab. Um den Erfolg dieser Unternehmung zu gewährleisten, sollten riesige Minenfelder zu beiden Seiten der angreifenden Verbände gelegt werden, um die Royal Navy am wirksamen Eingreifen zu hindern. Und die Luftwaffe mußte natürlich vorher die Royal Air Force ausgeschaltet haben.

Unter den an der Planung von *Seelöwe* Beteiligten war auch ein ernstzunehmender Zweifler: Großadmiral Erich Raeder, Oberbefehlshaber der deutschen Kriegsmarine. Was Raeder Sorgen bereitete – abgesehen von den Verlusten, die seine Marine in Norwegen hatte hinnehmen müssen –, war die Tatsache, daß man im Planungsstab glaubte, die Operation *Seelöwe* sei nichts weiter als ein – wenn auch etwas längerer – Flußübergang. Man konnte anscheinend nicht begreifen, daß es etwas ganz anderes war, ob deutsche Sturmtruppen die knapp einen Kilometer breite Weichsel überquerten beziehungsweise über den Rhein gingen – oder aber die oft stürmische See des Kanals überwinden mußten, um nach fast 40 Kilometern englischen Boden zu erreichen.

Die anderen an der Planung von *Seelöwe* Beteiligten waren der Auffassung, daß man die Technik eines Flußübergangs, in der es die Deutschen zu einer gewissen Meisterschaft gebracht hatten, nur in zwei Punkten zu modifizieren brauchte. Bomber müßten an die Stelle der Feldartillerie treten, und die Marine hätte die Transportaufgaben zu übernehmen, die normalerweise von den Pionieren wahrgenommen wurden.

Raeder war von dem Leichtsinn, der aus dieser Einstellung sprach, entsetzt. Er wußte nur zu gut, daß die deutschen Streitkräfte für diese Art von Anlandung über See nicht genügend ausgebildet waren. Außerdem war ihm klar, daß die Marine nicht über die Schiffe verfügte, die notwendig waren, um eine 350 Kilometer lange Invasionsfront, wie sie in der Operation *Seelöwe* vorgesehen war, zu schützen und zu versorgen. Wenn er einwandte, der Angriffsstreifen müsse schmaler sein, erklärte das Heer, dann würde die Truppe „direkt durch den Fleischwolf gedreht". Hitler entschloß sich daraufhin zu einem Kompromiß – der Angriff sollte in einer etwas geringeren Breite, als ursprünglich geplant, vorgetragen werden und das Gebiet westlich der Isle of Wight aussparen.

Das deutsche Heer war überzeugt, daß die Operation *Seelöwe* gelingen würde. Während Raeder weiterhin Zweifel anmeldete, gaben sich Generalfeldmarschall Walther von Brauchitsch, Oberbefehlshaber des Heeres, und sein Generalsstabschef Franz Halder gegenüber Hitler durchaus optimistisch. Aber sie ließen sich ein Hintertürchen offen. Hitler erklärte sich damit einverstanden, daß die Luftwaffe, bevor die Invasion über See begonnen wurde, die Royal Air Force ausgeschaltet und die britischen Luftverteidigungsanlagen vernichtet haben müßte.

Jetzt hatte Göring den Schwarzen Peter, was Admiral Raeder sehr gelegen kam. Damit waren er und seine Marine in doppeltem Sinne entlastet. Wenn es der Luftwaffe nicht gelang, die britischen Luftstreitkräfte zu schlagen, würde es zu keiner Invasion über See kommen, und Raeder brauchte den Rest seiner Seestreitkräfte nicht aufs Spiel zu setzen. Wenn jedoch die Royal Air Force vernichtet und die Invasion durchgeführt werden würde, läge der Oberbefehl bei Hitler, und er wäre es, der dann die Verantwortung für alles Folgende zu tragen hätte.

Der Führer war jedoch noch nicht endgültig entschlossen, die Operation *Seelöwe* auch wirklich durchzuführen. Er war oft eher geneigt, wichtige Entscheidungen zu verschieben, und wollte England jetzt noch eine letzte Chance geben, Vernunft anzunehmen. Am 19. Juli berief er den Reichstag in die Krolloper in Berlin ein. Die Logen waren von ausländischen Diplomaten voll besetzt; das Gerücht hatte sich verbreitet, daß ein letztes Friedensangebot gemacht werden würde.

Es kam am Ende einer langen Rede, in der Hitler die deutschen Siege in diesem Kriege ausgiebig gewürdigt hatte. „In dieser Stunde", erklärte er, „fühle ich mich verpflichtet, vor meinem Gewissen noch einmal einen Appell an die Vernunft auch in England zu richten. Ich glaube, dies tun zu können, weil ich ja nicht als Besiegter um etwas bitte, sondern als Sieger nur für die Vernunft spreche. Ich sehe keinen Grund, der zur Fortführung dieses Kampfes zwingen könnte."

Das einzige Hindernis auf dem Wege zum Frieden, meinte Hitler, sei ein skrupelloser „verbrecherischer Kriegstreiber" mit dem Namen Winston Churchill. Der größenwahnsinnige Churchill und

PANISCHE ANGST VOR SPIONEN

Im Mai 1940, als das deutsche Heer sich der Kanalküste näherte, wurde England von einer Hexenjagd ergriffen, die das Land von Agenten und Saboteuren reinigen sollte – echten und eingebildeten. Jedes Dachstübchen und jeder Schuppen am Ufer konnte einen Feindagenten beherbergen, der verschlüsselte Funksprüche absandte. Hinter jeder Sanddüne konnte sich ein Saboteur verstecken, der sich anschickte, eine Küstenbatterie in die Luft zu jagen.

Am 12. Mai, zwei Tage nach dem Einmarsch der Deutschen in den Niederlanden und in Belgien, nahmen die Briten 2000 Fremde, hauptsächlich deutscher oder österreichischer Abstammung, fest, sofern sie in einer 30 Kilometer breiten Küstenzone wohnten. Während der nächsten fünf Tage wurden mehrere Tausend weiterer Ausländer ergriffen. Und schließlich, als am 27. Mai Schlagzeilen „Interniert die ganze Bande!" erschienen, wurden alle noch in Freiheit befindlichen Männer und Frauen, die in feindlichen Ländern geboren waren, verhaftet und in behelfsmäßige Internierungslager, die man auf Pferderennbahnen, in alten Fabriken, auf Gutshöfen und sogar in Erholungsorten, wie der Isle of Man, eingerichtet hatte, abtransportiert. Zu den Internierten gesellten sich in knapp vierzehn Tagen 4000 italienische Einwanderer, die nach der Kriegserklärung Italiens verhaftet worden waren. Bis Mitte Juli hatte man fast 50000 Ausländer hinter Stacheldraht gebracht.

Für eine kurze Zeit bedrohte die Woge des Superpatriotismus alles, was entfernt als ausländisch gelten konnte. Arbeiter mit deutschen Vorfahren wurden entlassen; Hausbesitzer boten Wohnungen *„for British only"* an; Restaurants, die bisher ausländische Gerichte angeboten hatten, servierten nur noch britisches Essen. Der Besitzer einer Fischbratstube in Partick, Schottland, hängte ein Schild heraus: „Alles echt schottisch – Fische, Kartoffeln, Fett, Besitzer, Personal und die Katze."

Glücklicherweise währte die Xenophobie nicht lange. Bei der Suche nach scheinbaren Feinden hatten die Briten zwar einige ausgesprochene Nazis und potentielle Agenten festgenommen. Aber in dem Netz blieben auch Zehntausende erklärter Anti-Nazis hängen – einschließlich vieler, die erst vor kurzem aus Deutschland geflohen waren. Die wahllosen Verhaftungen führten im Spätsommer zu allgemeiner Entrüstung und Forderungen nach Wiedergutmachung. Innerhalb weniger Monate wurden viele Internierte, für die britische Freunde oder Verwandte gebürgt hatten, wieder entlassen. Und nach weniger als zwei Jahren blieben nur noch etwa 5000 Männer und Frauen – ein Zehntel der ursprünglichen Zahl – in britischen Internierungslagern.

Ein Restaurant in Londons Old Compton Street teilt den Kunden mit, daß seine Spaghetti treu britisch sind.

Britische Soldaten eskortieren eine Gruppe Ausländer zum Zug, der sie in ein Internierungslager bringen soll.

die Dummköpfe, von denen er umgeben sei, täuschten das britische Volk und hielten die Bevölkerung im Unklaren über die Schrecken, die ihr bevorstanden, falls das Friedensangebot nicht angenommen werden würde.

Die Stimme des Führers steigerte sich zu einem zornigen Crescendo: „Glauben Sie mir ... ich empfinde einen inneren Ekel vor dieser Sorte gewissenloser parlamentarischer Volks- und Staatsvernichter. Es tut mir fast weh, wenn mich das Schicksal dazu ausersehen hat, das zu stoßen, was durch diese Menschen zum Fallen gebracht wird ... Und Herr Churchill sollte mir dieses Mal vielleicht ausnahmsweise glauben, wenn ich als Prophet jetzt folgendes ausspreche: Es wird dadurch ein großes Weltreich zerstört werden. Ein Weltreich, das zu vernichten oder auch nur zu schädigen niemals meine Absicht war."

Noch in derselben Nacht flogen deutsche Flugzeuge nach England, um Flugblätter mit dem vollständigen Wortlaut der Rede Hitlers abzuwerfen, „damit Sie die Wahrheit erfahren, die Ihnen Ihre Regierung verheimlicht". Doch die Rede war in England schon über den Rundfunk veröffentlicht worden und wurde auch in den Zeitungen abgedruckt, und binnen einer Stunde nachdem Hitler seine Rede beendet hatte, kam die Antwort – trotzig-herausfordernd und spontan.

Der Mann, der im Rundfunk sprach, ein Journalist namens Sefton Delmer, hatte sich nicht einmal die Mühe gemacht, vor der Sendung eine offizielle Genehmigung für seine Antwort einzuholen. Er sprach deutsch und wandte sich direkt an Hitler: „Ich will Ihnen einmal sagen, was wir hier in England von dem Appell halten, den Sie an unsere Vernunft und unseren gesunden Menschenverstand richten – wie Sie sich auszudrücken belieben. Herr Führer und Reichskanzler, wir schleudern ihn auf Sie zurück – direkt in Ihren übelriechenden Mund."

Praktisch die gesamte britische Bevölkerung teilte jetzt diese Meinung, und die britische Unbeugsamkeit überraschte die meisten Angehörigen des deutschen Generalstabs. Gleichzeitig empfanden sie aber auch eine gewisse Erleichterung, weil jetzt die Bremsen, die Hitler angezogen hatte, gelockert und die deutsche Kriegsmaschinerie wieder in Gang gesetzt werden konnte.

Hermann Göring, der die Verantwortung für die Zerschlagung der britischen Verteidigung tragen würde und der auf diese Weise den deutschen Invasionstruppen den Weg nach England freikämpfen sollte, verbrachte den Abend des 19. Juli, nach der Rede in der Krolloper, zu Hause und feierte. Er hatte allen Grund, in Feststimmung zu sein. Im Laufe seiner Rede hatte Hitler bekanntgegeben, daß er ein Dutzend höherer Generale in Würdigung ihrer Verdienste um die Siege in Polen und Frankreich zu Generalfeldmarschällen befördert habe. Drei von ihnen waren Luftwaffengenerale, nämlich Milch, Kesselring und Sperrle.

Aber ihr Vorgesetzter, Hermann Göring, erhielt eine besondere Belohnung. Der Führer verlas die Urkunde selbst:

„Generalfeldmarschall Göring hat schon als Schöpfer der deutschen Luftwaffe als einzelner Mann den höchsten Beitrag für den Neuaufbau der deutschen Wehrmacht geleistet. Er hat als Führer der deutschen Luftwaffe im bisherigen Verlauf des Krieges mit die Voraussetzungen zum Sieg geschaffen ... Ich ernenne ihn daher zum Reichsmarschall des Großdeutschen Reiches und verleihe ihm das Großkreuz des Eisernen Kreuzes."

Kein Soldat in der deutschen Militärgeschichte hatte jemals einen solchen Dienstgrad bekleidet, und Göring nahm dieses Ereignis zum Anlaß, um für ein paar Freunde ein Essen in seinem Berliner Haus, dem Leipziger Palais, zu geben. Zu den Gästen gehörte auch ein junger Schwede, Thomas Kantzow, der Sohn von Görings verstorbener erster Frau Karin.

Das Abendessen, erinnerte sich Kantzow später, war ein lukullisches Festmahl. Speisen und Getränke waren zum größten Teil aus den besetzten Gebieten herangeschafft worden. „Her-

Ein britischer Luftschutzwart lacht über ein deutsches Propagandaflugblatt, das in der Nacht vom 2. August 1940 von einem deutschen Bomber abgeworfen worden war. Es enthält die englische Übersetzung einer Rede, in der Hitler am 19. Juli vor dem Reichstag erklärt hatte, die Briten sollten Vernunft annehmen und die Waffen niederlegen.

mann hatte Gänseleberpastete aus Paris mitgebracht", sagte er, „und während wir sie aßen, brachten wir verschiedene Trinksprüche aus, jedesmal mit einem andersfarbigen Wodka aus Polen. Dann gab es gebratenen Lachs aus Danzig, dazu einen Mosel aus einem Weinkeller, den Hermann in Trier erworben hatte, anschließend eine Gans von seinem Gut bei Veldenstein mit einer Flasche Château Haut Brion, und zum Schluß ein ganz leichtes Wiener Dessert mit Château d'Yquem."

Danach tranken die Männer französischen Cognac und die Frauen französische Liköre. Die Frauen waren nach der letzten Pariser Mode gekleidet und hatten in verschwenderischem Maße französisches Parfum verwendet.

„Wir waren alle ziemlich beschwipst", erinnerte sich Thomas Kantzow. „Es war ein sehr fröhlicher und gefühlsseliger Abend."

Aber einige Tage darauf ging Reichsmarschall Göring wieder an die Arbeit. Am 6. August berief er seine führenden Generale, einschließlich der neu ernannten Generalfeldmarschälle Milch, Kesselring und Sperrle, zu einer Besprechung nach Karinhall, dem prunkvoll eingerichteten Landsitz in der Nähe Berlins, den Göring nach seiner verstorbenen Frau benannt hatte. Von jetzt an, erklärte er, müßten die Angriffe gegen die britische Luftverteidigung intensiviert werden, bis die Royal Air Force vernichtet sei. Die gesamte Kampfkraft der Luftwaffe werde gegen England eingesetzt werden. Der Beginn der Operation, der sogenannte Adler-Tag, wurde auf den 10. August festgesetzt.

„Ich habe dem Führer gesagt", gab Göring bekannt, „daß die britische Luftwaffe rechtzeitig für die am 15. September beginnende Operation *Seelöwe,* wenn deutsche Soldaten englischen Boden betreten werden, zerschlagen sein wird."

Er fügte, wie nebenbei, hinzu, seiner Meinung nach habe die Luftwaffe genügend Zeit, die Royal Air Force vom Himmel zu fegen, und er erwarte, daß England bereits lange vor dem festgesetzten Termin entscheidend geschwächt sein würde.

Von den britischen Flugzeugführern und Maschinen sprach er in verächtlichem und gönnerhaftem Ton; die deutsche Luftwaffe sei ihnen in jeder Hinsicht überlegen, erklärte er, sowohl was den Ausbildungsstand der Flugzeugführer als auch was die Leistungsfähigkeit der Maschinen angehe. Außerdem, fuhr er fort, bestehe eine zahlenmäßige Überlegenheit von mindestens zwei zu eins gegenüber der Royal Air Force, von den jederzeit verfügbaren Reserven ganz zu schweigen.

In diesen leichtfertigen Kalkulationen sollte sich der neuernannte Reichsmarschall allerdings irren, und seine Fehleinschätzung des Kräfteverhältnisses sollte ihn und Deutschland in den folgenden Monaten noch teuer zu stehen kommen.

Göring sprach am 6. August zu den Luftwaffenkommandeuren, als läge die Schlacht um England noch in der Ferne. Vom britischen Standpunkt aus gesehen hatte sie allerdings bereits begonnen. Als die Besprechung in Karinhall noch im Gange war, fanden über der Straße von Dover heftige Luftkämpfe statt, während deutsche Sturzkampfbomber unter Jagdschutz versuchten, einen britischen Geleitzug, der zur Mündung der Themse und dem Hafen von London durchbrechen wollte, entweder zu versenken oder zum Abdrehen zu zwingen.

Britische Jagdflugzeuge stiegen auf, und in den anschließenden Luftkämpfen, die den ganzen Nachmittag andauerten, verloren die Briten sechs und die Deutschen sieben ihrer Maschinen. Der Geleitzug kam durch.

Am gleichen Tag hörte der Leiter einer britischen Jägerleitstelle mit Entsetzen den Funksprechverkehr mit, der aus Lautsprechern in den Raum drang, wo Angehörige des weiblichen Hilfskorps damit beschäftigt waren, die Positionen der Flugzeuge an den Lagetischen einzutragen. Die Lautsprecher waren direkt mit den Flugzeugführern der Royal Air Force verbunden, die gerade über dem Kanal in Luftkämpfe verwickelt waren, und in der Hitze des Gefechts waren die Piloten bei den Gesprächen untereinander und mit der Bodenstelle in der Wortwahl nicht gerade zimperlich. Der Einsatzleiter fand, die Sprache sei für „meine Damen" viel zu anstößig, und er ordnete an, sie sollten sich aus der Hörweite der Lautsprecher entfernen. Ein weiblicher Offizier machte sich zur Sprecherin ihrer Kameradinnen und weigerte sich.

„Du liebe Güte, Sir", sagte sie, „die meisten von uns kennen diese Worte schon aus der Zeit, als unsere Väter und Brüder im Haus herumgeflucht haben." Und dann setzte sie hinzu: „Ich glaube, wir werden noch ganz andere Sachen zu hören bekommen, bis dieser Schlamassel vorbei ist."

Sie sollte recht behalten.

BEREIT ZUR VERTEIDIGUNG

Als Vorbereitung auf deutsche Luftangriffe üben Feriengäste in Badekleidung am Strand von Devonshire das Verhalten bei Alarm und füllen gleichzeitig Sandsäcke ein.

ENGLAND RÜSTET SICH ZUM KAMPF

Straßenschilder wurden entfernt, um deutsche Invasionstruppen irrezuführen. Britische Kraftfahrer waren letzten Endes die einzigen Opfer dieser Maßnahme.

Nach dem im Frühjahr 1940 in Frankreich errungenen Sieg machten sich die Deutschen bereit, England niederzuringen, und wenige Engländer zweifelten an der Richtigkeit einer düsteren, vom *Imperial Defense Committee* herausgegebenen Prognose: Bei einem deutschen Luftangriff würden 600 000 Menschen sterben, über eine Million würden verwundet werden; niemand wagte auch nur daran zu denken, wie hoch die Verluste bei einer deutschen Invasion sein würden. Herbert Morrison, der Minister for Supply und Chef der Londoner Selbstverwaltung, gab zu, er habe Angst. „Angst vor dem, was geschehen wird, falls wir nicht bereit sind."

Morrison hätte sich hierüber keine Sorgen zu machen brauchen. Die Briten bereiteten sich tatsächlich vor, und zwar mit stoischer Ruhe, Begeisterung und Humor. Seit den Tagen Napoleons hatte sich England nicht mehr auf die Gefahr einer Invasion einstellen müssen, und nur wenige Menschen wußten, was eigentlich zu tun war. Die Zoodirektoren fragten sich, wie man die Tiere am Entkommen hindern könne, falls die Käfige bombardiert würden. Die Regierung stellte eiligst eine *Home Guard* (Bürgerwehr) auf und rekrutierte hierzu fast jeden, der noch laufen konnte: eine Gruppe bestand zum Beispiel aus acht hochdekorierten Generalen und einem völlig unmilitärischen Angestellten. Einige der Frauen, die in die Hilfsdienste eintraten, konnten nicht recht einsehen, was es für einen Sinn habe, ständig mit einer Gasmaske herumzulaufen. Ihre Maskenbehälter wurden häufig zweckentfremdet zum Transport vieler anderer Dinge verwendet.

Die Fahrer von Krankenwagen und andere Automobilisten mußten sich mit zusätzlichen Schwierigkeiten abfinden. Tagsüber mußten sie sich ohne die Hilfe von Straßenschildern orientieren, denn diese waren in Erwartung einer Invasion abmontiert worden. Nachts wurde dieses Problem durch die fast völlige Verdunkelung noch vergrößert. Ein Londoner Busfahrer meinte nach einer langen Arbeitsnacht mürrisch: „Wenn die Sache so aussieht, lasse ich mich lieber einziehen und fahre einen Panzer."

Die deutschen Soldaten erschienen zwar nicht, wohl aber die Bomber. Als die gefürchteten Bombenangriffe begannen, bewahrten die Briten ihre gewohnte Ruhe. Eine Dame bemerkte im Anschluß an den ersten Bombenangriff: „Die Hausmädchen blieben kühl und gelassen ... Aber wir haben glatt vergessen, die Vordertür zu öffnen, falls jemand Schutz suchen sollte. Außerdem vergaßen wir, uns komplett anzuziehen, was natürlich albern war und im Winter unangenehm geworden wäre. Aber beim nächsten Mal werden wir dieselben Fehler nicht noch einmal machen."

Im Londoner Regent-Park-Zoo wird eine Boa constrictor vorsichtig in eine Kiste gelegt – ihr Heim während der Luftangriffe. Die Glühbirne soll die Schlange warm halten.

In London werden schwarzweiße Ringe um Laternenpfähle gemahlt, um diese für Kraftfahrer und Fußgänger bei der Verdunkelung besser sichtbar zu machen. Dennoch stieg die Zahl der Verkehrstoten im ersten Monat an; aber sie sank wieder ab, als bald darauf die Höchstgeschwindigkeit bei Verdunkelung auf 30 Kilometer pro Stunde begrenzt wurde.

Ein Angestellter befestigt Verdunkelungsschirme an den Scheinwerfern eines britischen Regierungswagens. Die Pappe verdeckt das Licht der großen Scheinwerfer völlig und verhindert, daß das Abblendlicht des Wagens nach oben scheint.

Die Fenster eines Londoner Vorortzuges werden übermalt, damit die Passagiere die Leselampen benutzen können und nicht nur auf das trübe Licht blauer Birnen angewiesen sind, die als Verdunkelungsmaßnahme eingeführt worden waren.

3

Bei einer Luftschutzübung stellen Freiwillige in London die Opfer von Bombenangriffen dar. Der Luftschutzmann (mit Helm), der im Hintergrund die Straße überquert, hatte die Aufgabe, Erste Hilfe herbeizurufen und dafür zu sorgen, daß alle vier „Verletzten" in ein nahe gelegenes Krankenhaus transportiert wurden. Die Demonstration stand unter Leitung des Luftschutzwartes (rechts), der ein „W" (warden – Luftschutzwart) auf dem Stahlhelm trägt, und des Admirals Sir Edward Evans (mit Homburg), einer der beiden Chefs der Londoner Zivilverteidigung. Später meinte der Admiral, die schauspielerischen Leistungen der „Bombenopfer" wären „höchst überzeugend" gewesen.

Skeptisch betrachten Bewohner des Londoner Nordens einige der ersten sogenannten Anderson-Bunker. Die aus Fertigteilen hergestellten und nach dem Innenminister Sir John Anderson benannten Unterstände wurden nebst Schrauben und Muttern sowie einer Montageanleitung gratis an die Bevölkerung ausgegeben. Die aus Stahlblech hergestellten Bögen sollten tief in den Boden eingelassen werden. Leider war das Pflaster in diesen Stadtvierteln sehr dick.

Diese zwei Londonerinnen setzen die Seiten- und Oberteile ihres Bunkers zusammen. Theoretisch sollte ein solcher Unterstand einer sechsköpfigen Familie Platz bieten.

BONES
ETALS
WASTE
BONES

MANSFIELD WOODHOUSE URBAN DISTRICT COUNCIL.

IT'S WASTE TO WASTE WASTE!

The elimination of waste in every form during war time is a National duty, and provides an opportunity for all local

HOUSEWIVES

TO HELP TO WIN THE WAR.

Please keep your waste paper, cardboard, magazines, rags, carpets and textile waste, bottles, jars, bones and tins separate from other refuse. Keep the paper clean, tie up in bundles and place alongside your dustbin when the refuse collectors call.

SUPPORT YOUR

LOCAL SALVAGE CAMPAIGN.

REMEMBER THAT

RAW MATERIAL IS WAR MATERIAL,

THEREFORE

~~Burn~~ Your Refuse ~~&~~ Save Your ~~Rates~~

Save to Country

Council Offices,
Mansfield Woodhouse, Notts.

W. H. Lee & Sons, Stockwell Gate, Mansfield

Londoner Hausfrauen stehen Schlange, um sich an der Abfallsammlung zu beteiligen. Mit Plakaten wie dem obigen wollten die Behörden erreichen, daß Abfälle nicht wie bisher verbrannt, sondern der Volkswirtschaft durch Recycling wieder zugeführt wurden. Von Zeitungspapier bis zu Messingbetten wurde alles mögliche abgeliefert. Einige Frauen kauften sich leichte Aluminiumtöpfe und trennten sich von ihren schweren Küchengerätschaften. Ein Lord übergab seinen Rolls-Royce dem Recycling: Aus dem Chassis wurde eine fahrbare Kantine.

Angehörige des Weiblichen Territorial-Hilfsdienstes, einer aus Freiwilligen bestehenden Organisation, die Soldaten der rückwärtigen Dienste für Fronteinheiten freimachte, probieren Meldekräder aus. Kritiker einer solchen Beschäftigung von Frauen fürchteten, daß die Frauen Englands bald an der Front erscheinen würden. Ein Schriftsteller machte sich über die antifeministischen Reaktionen in einem Gedicht auf die Rollenverschiebung zu Hause und in militärischen Einrichtungen, wie zum Beispiel dem Ausbildungslager Aldershot, lustig: „Schlaf ein, mein Kindchen", sagt Papa zu Frank, „Mama ist im Lager und fährt einen Tank."

Die Posttaschen über die Schulter geschlungen, verlassen uniformierte Briefträgerinnen das Amt. Auf dem Postauto im Hintergrund wird auf einem Plakat vor Spionen gewarnt: „Feind hört mit!"

Die Fahrerin und die Beifahrerin eines Sanitätskraftwagens sind mit Gasmasken und in gassicherer Schutzkleidung zur Inspektion angetreten. Ihr Wagen gehörte früher einmal einer Reinigungsfirma. Dahinter parkt ein echter Sanitätskraftwagen.

Munitionsarbeiterinnen setzen die Zünder auf Granaten. Frauen übernahmen eine derartige Tätigkeit, wenigstens halbtags, auf Anregung von Winston Churchill, der im Januar 1940 sagte: „Millionen zusätzlicher Arbeitskräfte werden gebraucht, und mehr als eine Million Frauen müssen sich melden, um in unserer Kriegsindustrie zu arbeiten."

Dr. Jocelyn Henry Temple Perkins, ein siebzigjähriger Geistlicher, der wie über eine Million anderer Briten in die „Home Guard" (Bürgerwehr) eingezogen worden ist, läßt einen Teil der Grundausbildung über sich ergehen. Ehemalige Unteroffiziere fungierten als Ausbilder, und viele Rekruten besaßen noch Wochen nach ihrem Eintritt in die Home Guard keine Uniformen.

Angehörige der Home Guard trugen Rollschuhe, um in den Städten schneller voranzukommen und deutsche Fallschirmjäger angreifen zu können. Hier halten sie einen Kameraden fest, der die Rolle eines Deutschen spielt. Beim Kampf gegen gepanzerte Fahrzeuge war die sehr schlecht ausgerüstete Home Guard angewiesen, Brecheisen zwischen die Laufrollen der Ketten zu werfen. Im Rekrutenunterricht hieß es: „Jede Form des Angriffs ist besser als gar keine."

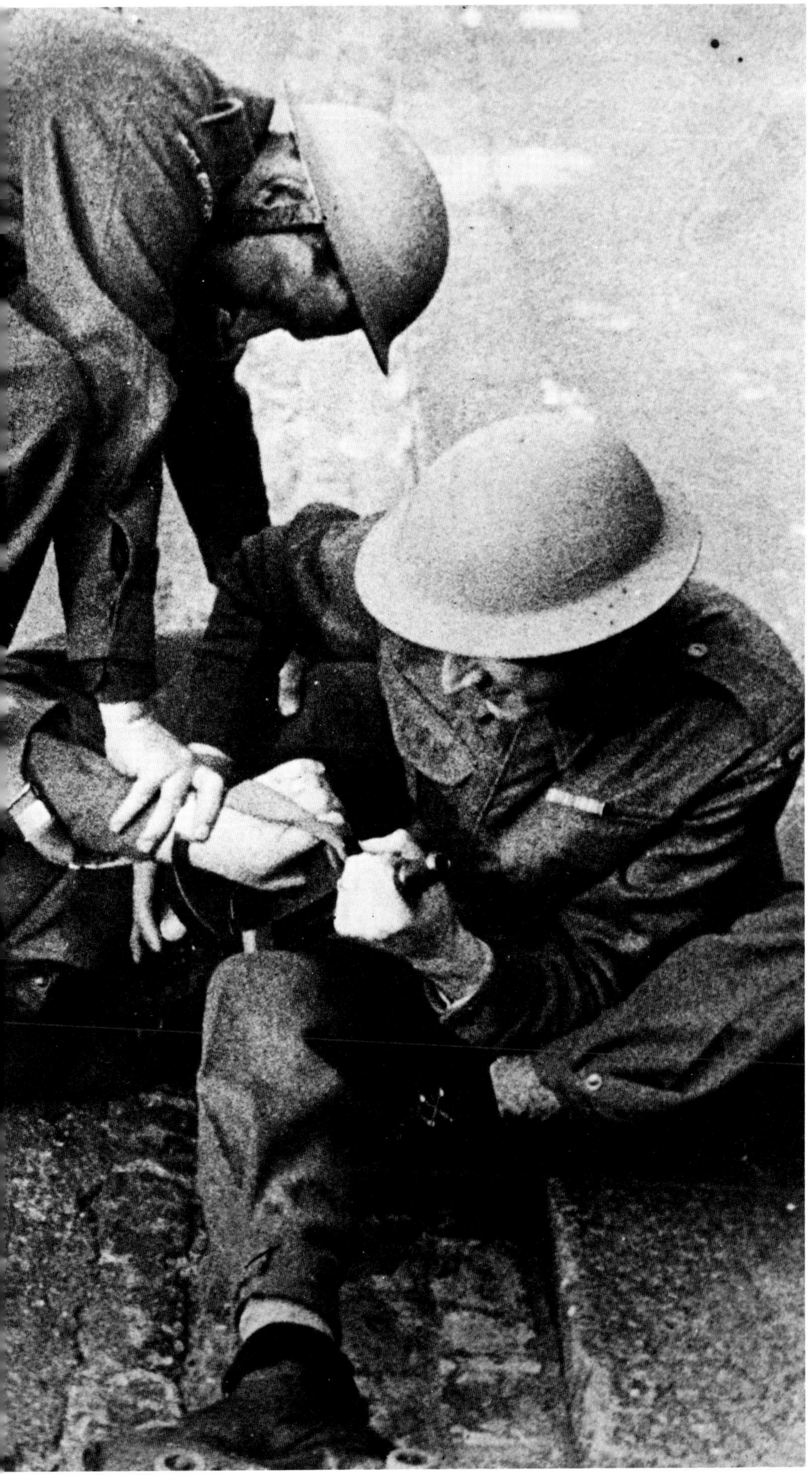

Eingehüllt in rußgeschwärzte Sackleinwand und Blätterwerk, übt ein Mann der Home Guard die Kunst der Tarnung. Er und seine Kameraden lernten außerdem, ein Auto unbrauchbar zu machen, indem man Zucker in den Tank schüttet, und Petroleum zur Herstellung von Handgranaten zu verwenden.

Ein Angehöriger der Home Guard, bewaffnet mit einem Lee-Enfield-Gewehr, steht an einer Straßensperre. Dieser Kontrollpunkt verfügte über ein aus dem Ersten

Weltkrieg stammendes leichtes Maschinengewehr (im Vordergrund), dessen Bedienungsmannschaft gelassen zusieht, wie ein Kamerad einen Autofahrer überprüft.

2

Eine Legende wird zerstört
Selbstmord eines deutschen Fliegerhelden
Der Stuka als leichtes Ziel
Die schwachen Stellen einer Messerschmitt
Chicago als Vorbild
Mobilisierung der Zivilbevölkerung
Englands elektronisches Auge
Ein Code wird geknackt
Vorbereitung auf die Invasion
Die erste große Kraftprobe
„Eine lebhafte Aktion"

EIN VERGLEICH DER KRÄFTE

Seit dem verhängnisvollen Sommer des Jahres 1940 hatte sich der Mythos herausgebildet, die Luftschlacht um England sei der Kampf zwischen einem tapferen, aber schwach gerüsteten David und der stärksten Luftmacht, die die Welt je gesehen habe. Dieser Eindruck der deutschen Luftwaffe als eines nicht nur mächtigen, sondern unbezwingbaren Gegners wurde bereits in den Jahren vor dem Zweiten Weltkrieg von der deutschen Propaganda absichtlich hervorgerufen – und zwar mit beachtlichem Erfolg. Jedem hochgestellten Besucher wurden in jener Zeit von den deutschen Gastgebern furchteinflößende Angaben über die Leistungen der Luftwaffe gemacht. Die Besucher kehrten dann ihrerseits nach Frankreich, Großbritannien oder in die Vereinigten Staaten zurück und erzählten ihren Zuhörern Schauermärchen über den Feuerhagel, der über jedem Land herniedergehen würde, das dumm genug wäre, sich die Feindschaft Deutschlands zuzuziehen. Einer dieser Reisenden, Colonel Charles A. Lindbergh, der auf deutschen Flugplätzen und in den Fabriken herumgeführt worden war, schrieb am 22. September 1938 in einem Bericht an den amerikanischen Botschafter in London, Joseph P. Kennedy:

„Ich bin überzeugt, daß die deutsche Luftwaffe stärker ist als die aller anderen europäischen Staaten zusammengenommen und daß sich dieser Vorsprung laufend noch vergrößert ... Deutschland hat schon jetzt die Möglichkeit, London, Paris und Prag zu zerstören, falls es das will. England und Frankreich zusammen besitzen nicht genug Kriegsflugzeuge, um sich wirksam verteidigen zu können oder einen Gegenangriff zu starten."

Obwohl Lindberghs Gastgeber in Deutschland sorgfältig darauf geachtet hatten, daß er nur das zu sehen bekam, was er sehen sollte, lag er mit seiner Schätzung des Kräftevergleichs ungefähr richtig – allerdings im Jahr 1938. Er irrte sich jedoch in dem Ausmaß der Zerstörungen, die die Luftwaffe in Großstädten anzurichten imstande war. Trotzdem schenkte man ihm bei den Luftwaffen des Westens Gehör, weil man der Auffassung war, daß Bomber allein Kriege entscheiden könnten. Die gleiche Ansicht wurde auch von der zivilen Führung vertreten.

Der Eindruck der Unschlagbarkeit der Luftwaffe wurde noch durch ihre Leistungen während des Polenkriegs im September des Jahres 1939 verstärkt, hatte sie doch die polnischen Luftstreitkräfte völlig vernichtet und in Warschau schwere Schäden angerichtet. Und als dann im Mai 1940 ein großer Teil der Stadt Rotterdam in Schutt und Asche sank, schien niemand mehr an der Durchschlagskraft der Luftwaffe zu zweifeln.

Wie konnte sich dann die Royal Air Force bei ihrer angeblich niedrigen Kampfmoral und den Verlusten, die sie in Westeuropa erlitten hatte, noch am Himmel halten, wenn die Luftwaffe erst einmal über England erschien? Wie konnte sie sich überhaupt mit diesem gewaltigen Gegner messen? Die Stärke der Luftwaffe wurde auf mehr als 4500 Frontflugzeuge, die der RAF auf 2900 geschätzt – kein sehr günstiges Verhältnis.

Aber obwohl die Luftwaffe stärker als die RAF – ja die stärkste damals existierende Luftstreitmacht – war, fiel ein genauerer Vergleich gar nicht so ungünstig für England aus. In der Qualität, wenn schon nicht in der Quantität, konnte sich England durchaus mit der Luftwaffe messen. Außerdem war England seinem Gegner in der Radarentwicklung weit voraus. Ferner besaßen die Briten den unschätzbaren Vorteil, auf eigenem Boden zu kämpfen. Viele Flugzeugführer der RAF konnten, wenn sie abgeschossen wurden, gerettet und wieder eingesetzt werden, während abgeschossene deutsche Flugzeugführer für die Luftwaffe in jedem Falle endgültig verloren waren. Und schließlich erhielten die britischen Flugzeugfabriken mit jedem Tag, um den Hitler den Beginn des totalen Luftkriegs hinauszögerte, die Chance, die zahlenmäßige Unterlegenheit der Engländer zu verringern.

In diesem Bestreben erhielten die Briten Unterstützung vom Gegner selbst. Mitte 1940 arbeitete die deutsche Industrie noch immer in friedensmäßigem Tempo; die Produktion zu steigern, glaubte Hitler, würde eine Bevölkerung beunruhigen, der wiederholt gesagt worden war, sie könne sich auf eine ganze Reihe leicht errungener Siege einstellen. (Hitler glaubte sogar selbst, der Krieg sei so gut wie gewonnen.) Die bestehende Produktion war großenteils anderweitig verplant; bei der Verteilung knapper Rohstoffe lag der Schwerpunkt bei der Artillerie des Heeres.

Die Briten profitierten auch vom mangelhaften Management der Luftwaffe. Die beiden entscheidenden Aufgaben – Flugzeugproduktion und Entwicklung neuer Modelle – waren General Ernst Udet übertragen worden. Er, ein bekannter Jagdflieger aus dem Ersten Weltkrieg, wo er mit Göring zum Richthofengeschwader gehört hatte, war ein Mann, der gern und viel trank, Frauengesellschaft liebte und oft ein unbekümmertes Wesen an den Tag legte. Seine Ernennung zum Chef des Technischen Amtes der Luftwaffe war Hitlers Idee gewesen; 1938 hatte Hitler beschlossen, Udet sei nicht nur ein ausgezeichneter Pilot, was er auch tatsächlich war, sondern auch ein technisches Genie – was er nicht war.

Er war auch kein guter Organisator. Unter dem Druck der Kriegsvorbereitungen stieg der Umfang seines Dienstbereichs von neun auf 28 Abteilungen. Die Abteilungsleiter mußten oft Monate auf eine Entscheidung von Udet warten; er hockte gern im Kreise seiner Mitarbeiter und erging sich in Plaudereien über die Flugzeuge der Zukunft. Sogar seine Besprechungen mit Reichsmarschall Göring, die zur Lösung der dringlichsten Probleme beitragen sollten, endeten oft in langen Gesprächen über ihre gemeinsamen Erfolge im Ersten Weltkrieg.

Aber auch der Umstand, daß Udet ein alter Kamerad von Göring war, konnte ihn nicht retten, als 1940 die internen Probleme der Luftwaffe sichtbar zu werden begannen. Göring und Erhard Milch – die beiden Männer, von denen letzten Endes die Entscheidung darüber abhing, was für Flugzeuge und in welchen Stückzahlen produziert werden sollten – stellten sich gegen Udet und machten ihn zum Sündenbock, ein Verhalten, das sicherlich eines der Hauptmotive für Udets Selbstmord im folgenden Jahr lieferte. Neben seiner Leiche fand man auch einen an Göring gerichteten Abschiedsgruß: „Eiserner Mann, Du hast mich im Stich gelassen."

Wesentlich größere Schwierigkeiten bereitete während der Luftschlacht um England ein Problem, das in der Konzeption der Luftwaffe selbst begründet lag. Die Schöpfer der Luftwaffe hatten in ihr vor allem ein Instrument zur Unterstützung der Erdtruppen gesehen. Deshalb hatte man in der Flugzeugproduktion den Schwerpunkt auf Sturzkampfbomber und mittlere Bomber gelegt. In Polen und Frankreich hatten beide Typen hervorragende Erfolge bei der Lösung taktischer Aufgaben, wie der Unterbrechung von Verbindungswegen und dem Feuerschutz für tief ins Feindgebiet vorgestoßene Panzerspitzen, erzielt. Aber sie waren nicht geeignet, Industrieanlagen und ganze Städte zu vernichten, wie es nötig gewesen wäre, um Großbritannien zu schlagen.

Für diese Aufgabe waren schwere Fernkampfbomber erforderlich – und die Luftwaffe hatte gerade deren Entwicklung vernachlässigt. Die Ursache dafür lag teilweise in dem Tod des ersten Generalstabschefs der Luftwaffe, General Walther Wever, begründet. Er hatte sich für die Entwicklung schwerer Bomber eingesetzt und ein Programm entwickelt, das viermotorige Maschinen vorsah, die „unter Kriegsverhältnissen um ganz Großbritannien herumfliegen konnten". Aber Wever starb 1936 bei einem Flugzeugabsturz, und das Programm geriet in Vergessenheit. In der Folge entwickelten die Deutschen eine Maschine, die als einziger wirklich strategischer Bomber angesehen werden konnte, die Heinkel-177; doch dieses Flugzeug hatte den verhängnisvollen Fehler, beim Flug plötzlich Feuer zu fangen und die Besatzung in Brand zu setzen – erst 1944 war es voll einsatzfähig.

Der beste der deutschen mittleren Bomber war die Junkers-88, eine schnelle, stabile Maschine mit einer Reichweite von etwa 2400 Kilometern, aber ihre Serienproduktion hatte beim Beginn der Schlacht um England gerade erst begonnen. Infolgedessen mußte sich die Luftwaffe bei den mittleren Bombern vorerst ganz auf die Dornier-17 und die Heinkel-111 verlassen. Beide hatten nur verhältnismäßig geringe Reichweiten und waren gegenüber Jägern bei bestimmten Anflugwinkeln leicht verwundbar.

Die schlimmsten Verluste der Luftwaffe über England traten gerade bei dem Flugzeugtyp auf, der sich in den Feldzügen auf dem Kontinent am besten bewährt hatte: bei der Junkers-87, dem sogenannten Stuka. Der Stuka war Ernst Udets Lieblingskind. Bei

DIE BEWÄHRTEN BOMBER DER LUFTWAFFE

Bei ihren Großangriffen während der Schlacht um England stützte sich die deutsche Luftwaffe auf zwei bereits ältere, aber leistungsfähige Bombertypen: die Dornier 17 *(rechts)* und die Heinkel-111H *(ganz rechts)*. Anfang der dreißiger Jahre entwickelt, konnte die DO-17 eine Bombenlast von maximal 1000 Kilogramm befördern und in der Hand eines gut ausgebildeten Flugzeugführers auch Punktziele mit erstaunlicher Treffgenauigkeit ausschalten.

So traf am 15. August 1940 eine tieffliegende Dornier das Ersatzteillager der Flugzeugwerke Short Brothers in Rochester, wodurch in der für die Briten so überaus wichtigen Herstellung von Kampfflugzeugen eine erhebliche Verzögerung eintrat. Die Heinkel-111, die zwar auch schon älteren Datums war, aber immerhin eine Bombenlast von 2500 Kilogramm tragen konnte, verursachte entsprechend größere Zerstörungen.

Aber beide Bomber waren weder der Spitfire noch der Hurricane an Geschwindigkeit oder Feuerkraft gewachsen. Die DO-17, Weiterentwicklung eines Postflugzeugs von 1934, erreichte eine Höchstgeschwindigkeit von nur 425 Kilometern pro Stunde; die He-111 war noch 11 Stundenkilometer langsamer. Außerdem waren beide zur Abwehr britischer Jäger ungenügend bewaffnet. In kritischen Situationen warfen die Besatzungen der Do-17 manchmal Handgranaten aus den Fenstern ihrer Maschine gegen verfolgende Jäger. Und bei der He-111 ließen die Besatzungen gelegentlich an Drahtrollen befestigte Blechbüchsen heraushängen, in der Hoffnung, daß sich diese in den Luftschrauben feindlicher Flugzeuge verfingen.

Was beiden Bombern an Geschwindigkeit und Feuerkraft fehlte, glichen sie durch ihre zahlenmäßige Überlegenheit wieder aus. Im Juni 1940 konnte die deutsche Luftwaffe über 1000 Bombenflugzeuge gegen England einsetzen, während die RAF nur über 565 einsatzfähige Jagdflugzeuge verfügte. Hinzu kam, daß die deutschen Bomber weniger verwundbar waren, als von Tages- auf Nachtangriffe übergegangen wurde. Die britischen Ortungsgeräte waren damals technisch noch nicht leistungsfähig, und die Bodenabwehr, besonders in Großstädten wie London, war nicht in der Lage, angreifende Feindverbände rechtzeitig zu erfassen.

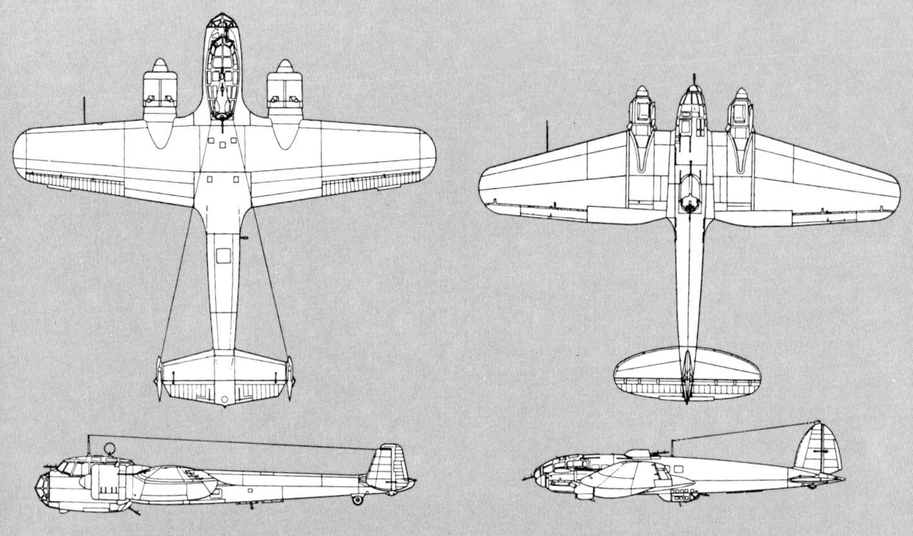

Die Dornier-17 trug wegen ihres langen, schlanken Rumpfes den Spitznamen „Fliegender Bleistift" (Seitenansicht). Ihr bauchiges Vorderteil war fast vollständig glasverkleidet und bot einer vierköpfigen Besatzung Platz. Dieser verhältnismäßig kleine Bomber hatte eine Tragflächen-Spannweite von nicht mehr als 18 Metern, das heißt 4,5 Meter weniger als die He-111H.

Die He-111H ließ sich an der eleganten Rundung des vorderen Tragflächenrandes, den gedrungenen Motoren und dem abgerundeten Leitwerk leicht erkennen. Zur Bewaffnung gehörten eine 20-mm-Kanone und sechs Maschinengewehre, von denen eines starr im Heck eingebaut war; sein ungezieltes Feuer sollte verfolgende Feindflugzeuge abschrecken.

Von einem Einsatz über dem Kanal im Juli 1940 zurückgekehrt, zieht sich die Besatzung einer He-111H nach der Landung die Fliegerkombinationen aus. Eine frühere Version dieses Bombers hatte im Spanischen Bürgerkrieg erhebliche Erfolge verbuchen können, weil sie den Jägern der Gegenseite sehr leicht davonfliegen konnte, aber im Zweiten Weltkrieg war die schwerfällige Heinkel veraltet.

einem Besuch in den Vereinigten Staaten vor dem Krieg hatte er einen Curtiss Helldiver im Einsatz gesehen und war bei seiner Rückkehr nach Deutschland sofort an die Arbeit gegangen, einen ähnlichen Typ auch in Deutschland zu entwickeln.

Der Stuka erwies sich als höchst wirksam gegen polnische Kriegsschiffe in der Ostsee, polnische Truppen an der Weichsel, britische Truppentransporter vor der norwegischen Küste und Infanterieverbände der Alliierten in Belgien und Frankreich. Der Bombenabwurf war außerordentlich genau; die Maschine konnte beim Sturzflug in gerader Linie gehalten werden, wodurch sie gewissermaßen zu einer Art von Riesenkanone wurde, die auf ein Ziel gerichtet war. Und sie konnte Panikstimmung erzeugen; statt nur das normale Geräusch eines im Sturzflug befindlichen Flugzeugs hervorzubringen, war der Stuka mit Propellersirenen ausgerüstet, die einen unheimlichen Heulton erzeugten.

Über England jedoch erwies sich, daß der Stuka durch Jagdflugzeuge mit entsprechender Geschwindigkeit sehr verwundbar war. Sobald ein Stuka zum Sturzflug abkippte, zog er die feindlichen Jäger nach den Worten eines britischen Flugzeugführers „wie Honig die Fliegen" an. Er hatte keine wirkungsvolle Bewaffnung, um einen von rückwärts angreifenden Jäger abzuwehren; und da der Stuka seine Bombe unter dem Rumpf mitführte, hemmte der Luftwiderstand die Sturzgeschwindigkeit bis auf etwa 240 Kilometer pro Stunde. Ein schnell fliegendes Jagdflugzeug hatte also genügend Zeit, in Schußposition zu kommen. So erlitten die angreifenden Stukaverbände häufig schwere Verluste.

Das eigentliche Jagdflugzeug der Luftwaffe war die hervorragende Messerschmitt-109, die mit ihrer Höchstgeschwindigkeit von etwa 560 Stundenkilometern zu den schnellsten Einsatzflugzeugen überhaupt gehörte. Aber da die Luftwaffe den Schwerpunkt auf die Entwicklung von Bombern zur Erdunterstützung gelegt hatte, waren nicht genug Me-109 gebaut worden. Als die Luftschlacht um England begann, fehlte es in Deutschland an Jägern, die die verschiedenen, ihnen zugeteilten Aufgaben erfüllen konnten. Außerdem fehlte es der Luftwaffe auf Grund von Organisationsmängeln an ausreichendem Ersatz für Ausfälle.

Das war noch nicht alles. Die Me-109 war ein ausgezeichnetes Flugzeug für die freie Jagd gegen andere Jäger oder zur Abwehr feindlicher Bomber. Aber Göring bestand darauf, daß sie außerdem Geleitschutzaufgaben für die Bomberverbände bei deren Angriffen auf England übernehmen sollte. Als die Flugzeugführer gezwungen wurden, als Leibwache für die Bomber zu fungieren, fühlten sie sich frustriert und völlig fehl am Platze.

Aber der größte Nachteil der Me-109 lag in ihrer geringen Reichweite. Auch die Tatsache, daß sie Flugplätze dicht am Kanal zur Verfügung hatten, konnte dieses Problem nicht lösen. Als einmotorige Maschine konnte sie einen Treibstoffvorrat mitführen, der für eine Flugdauer von 80 Minuten reichte. Aber sie brauchten allein 30 Minuten, um über Frankreich die richtige Flughöhe zu erreichen und die englische Küste anzufliegen, und weitere 30 Minuten für den Heimflug – so blieben also nur 20 Minuten für den eigentlichen Einsatz über England. Viele Me-109 kehrten nicht deshalb nicht zurück, weil sie abgeschossen wurden, sondern weil sie kein Benzin mehr hatten.

In dem Bestreben, einen Ausgleich für die Mängel der Me-109 zu finden, hatte die Luftwaffe die Messerschmitt-110 produziert. Sie war ein zweimotoriges Flugzeug mit doppelt so großem Aktionsradius wie die Me-109. Göring gab bekannt, aus den Me-110 würden „Zerstörerverbände" aufgestellt, die die „strategische Jägerelite der Luftwaffe" bilden sollten. Diese Prophezeiung erfüllte sich nicht. Bei einer Höchstgeschwindigkeit von etwa 545 Stundenkilometern war die Me-110 etwa 45 Stundenkilometer langsamer als die britische Supermarine Spitfire, mit der sie sich auseinanderzusetzen hatte. Sie war groß und daher leicht zu erkennen und zu treffen; sie war schwerfällig und in der Beschleunigung zu langsam. Für die Me-109 stellte sie keine fühlbare Entlastung dar.

Trotz dieser Schwächen war die deutsche Luftarmada, die sich in den besetzten Gebieten zum letzten Schlag gegen England bereitstellte, eine furchteinflößende Streitmacht. Göring und die Männer unter seinem Befehl hatten guten Grund zu der Annahme, daß sie die Briten schon bald würden in die Knie zwingen können. Die bisherigen Erfolge hatten die Besatzungen in ihrer Kampfmoral gestärkt. Die allgemeine Zuversicht wurde noch durch Meldungen der Geheimdienste bestärkt, aus denen hervorzugehen schien, daß die Royal Air Force während des Frankreichfeldzugs erheblich angeschlagen worden sei und sich die Luftwaffe bei der Vorbereitung der Invasion nur auf eine verhältnismäßig schwache Luftverteidigung einzustellen brauche.

Dies war eine verhängnisvolle Fehlbeurteilung.

Die britische Jagdwaffe hatte während des deutschen Blitzkriegs in Frankreich allerdings schwere Verluste erlitten. In den ersten drei Tagen allein waren 232 britische Jäger abgeschossen, am Boden zerstört oder erbeutet worden, und diese Zahlen stiegen im weiteren Verlauf des Feldzugs noch an. Die militärische und zivile Führung in Frankreich und England hatte in dringender Form die Entsendung weiterer Jagdflugzeuge nach Frankreich gefordert, so daß Premierminister Winston Churchill zugesagt hatte, er würde, wenn nötig, „die Heimatverteidigung völlig entblößen", um durch den Einsatz zusätzlicher Maschinen eine Niederlage der Alliierten zu verhindern. Wenn er dieses Versprechen eingehalten hätte, wäre die Jagdwaffe der Royal Air Force – damals noch hauptsächlich aus älteren, mit Rolls-Royce-Motoren ausgestatteten Hawker-Hurricanes bestehend – fast völlig zerschlagen worden.

Air Chief Marshal Sir Hugh Dowding, General der Jagdflieger, hatte Churchill warnend darauf hingewiesen, daß, falls jetzt noch Maschinen nach Frankreich verlegt werden sollten, „wir bald keine einzige Hurricane mehr haben werden, weder in Frankreich noch *in diesem Lande*". Dowding hatte jede Hilfe für das bereits geschlagene Frankreich als „Kräftevergeudung" bezeichnet und gefordert, daß sich die Jäger der Royal Air Force im Mutterland auf die bevorstehende Schlacht um England vorbereiteten.

Im Jahre 1940 war Hugh Caswall Tremenheere Dowding 58 Jahre alt und hieß in der Royal Air Force allgemein nur der „Verknöcherte". Der Spitzname bezog sich auf seine Lebensgewohnheiten – er war Vegetarier, trank keinen Alkohol, war Amateurornithologe und Spiritist – und weniger auf seine Ansichten über die Luftkriegführung. Obwohl er schon im Ersten Weltkrieg an der Westfront dem *Royal Flying Corps* angehört hatte, war er keiner von denen, die dem „guten alten Steuerknüppel" nachtrauerten. Mehr als viele seiner jüngeren Kameraden hatte er sich aktiv für die Modernisierung der Royal Air Force eingesetzt.

Es war Dowding, der im Interesse der britischen Luftverteidigung um die Entwicklung schneller und moderner Jagdflugzeuge gekämpft hatte. Sobald er sie bekam – wenn auch nie in der gewünschten Stückzahl –, hatte er das Luftfahrtministerium gezwungen, die Maschinen mit kugelsicheren Windschutzscheiben auszurüsten, was die Bürokraten in Whitehall für einen unnötigen und zu kostspieligen Aufwand hielten. Er hatte sich mit der Bemerkung durchgesetzt: „Ich sehe nicht ein, warum sich die Gangster in Chicago mit kugelsicherem Glas ausrüsten können, wir aber nicht." Dowding hatte außerdem einen Werbefeldzug in Gang gesetzt, um die intelligentesten jungen Männer Englands als Piloten für die neuen Flugzeuge zu gewinnen.

Gegen Churchills emotional bedingtes Versprechen, den in Bedrängnis geratenen Franzosen jedes nur verfügbare Flugzeug zu schicken, hatte Dowding mit nüchterner Statistik opponiert. Am 16. Mai hatte er zu einer Sitzung des britischen Kabinetts eine graphische Darstellung der britischen Flugzeugverluste im bisherigen Kriegsverlauf mitgebracht. Falls man fortführe, britische Jagdflugzeuge auf französischen Rollfeldern in Gefahr zu bringen, warnte Dowding, würde die Kurve bald auf den Nullpunkt absinken, und „der Niederlage in Frankreich wird die völlige ... Niederlage dieses Landes auf dem Fuße folgen".

Falls jedoch eine angemessene Jagdwaffe auf der Insel zurückgehalten würde, falls die Royal Navy keine zu schweren Verluste einstecken müsse und falls das Heer in die Lage versetzt würde, einer Invasion Widerstand entgegenzusetzen, erklärte Air Chief Marshal Dowding, „sollten wir imstande sein, den Krieg auch allein eine gewisse Zeit, wenn auch nicht unbegrenzt, weiterzuführen".

Die Besatzung eines britischen Bombers kehrt nach einem Nachteinsatz über Deutschland in die Unterkünfte zurück. Sie hatte Flugblätter (rechts) abgeworfen. Obwohl sich britische Politiker und einige Generale vom Abwurf dieser Flugblätter eine psychologische Wirkung versprachen, hielten die Flieger nicht viel davon. Einer der Offiziere meinte: „Das einzige, was wir damit erreichten ... war, den Leuten auf dem Festland viel neues Toilettenpapier zu liefern."

In einer Woche über 100 deutsche Flugzeuge abgeschossen!

In der Woche vom 5.—12. Juli wurden über 100 Maschinen der Deutschen Luftwaffe von britischen Jagdflugzeugen vor Englands Küste abgeschossen.

DEUTSCHES VOLK!
DAS OKW BELÜGT DICH!

Das OKW vertuscht planmässig die Verluste der deutschen Luftwaffe. Deutsche Verluste werden durch sechs geteilt! Britische Verluste werden verdreifacht.

Verlangt die Wahrheit!

412

Die Maschinen wurden nicht nach Frankreich verlegt. Sie lieferten jedoch eine gewisse Luftsicherung bei der Evakuierung des britischen Expeditionskorps aus Dünkirchen. Bei dem Versuch, die deutsche Luftwaffe von den Transportschiffen fernzuhalten, die auf dem Kanal hin und her pendelten, kam es zu erbitterten Luftkämpfen, bei denen die Royal Air Force 106 Jagdflugzeuge und 75 Flugzeugführer verlor. Trotzdem äußerten sich viele heimgekehrte Soldaten enttäuscht über das Unvermögen der RAF, ihnen wirksameren Schutz zu gewähren. Einschließlich der anderen Verluste, die seit dem Beginn des Blitzkriegs in den Niederlanden und Frankreich eingetreten waren, hatte die Jägerwaffe der RAF etwa ein Viertel ihres Bestandes verloren. Am 5. Juni, als die letzten Schiffe aus Dünkirchen britische Häfen erreicht hatten, verfügte England nur noch über 466 einsatzfähige Jagdflugzeuge, lediglich 36 waren in Reserve. Ermutigt durch die eigene Propaganda, sah man in Deutschland die Royal Air Force für geschlagen an, und die Luftwaffe rüstete sich, ihr endgültig den Garaus zu machen.

Zwei Faktoren änderten die für England scheinbar hoffnungslose Situation. Da war erstens die Tatsache, daß Hitler zögerte, England unmittelbar nach Dünkirchen anzugreifen, wodurch eine gewisse Atempause eintrat. Zweitens wurde der in Kanada geborene Zeitungsverleger Lord Beaverbrook, ein äußerst dynamischer Mann von 61 Jahren, mit der Leitung des britischen Flugzeugbauprogramms beauftragt. Er brachte die Industrie auf Schwung, verlangte die Sieben-Tage-Woche und „Arbeit ohne Pause". Keinerlei Versorgungsquellen entgingen Lord Beaverbrooks scharfem Blick. Um das für den Flugzeugbau entscheidend wichtige Aluminium zu beschaffen, appellierte er an die Frauen in Großbritannien, alle Haushaltsgegenstände aus diesem Material abzuliefern. Die Folge war eine Flut von Töpfen, Pfannen, Kesseln, Staubsaugern und Badezimmergerätschaften.

In dem auf Dünkirchen folgenden Monat baute die britische Arbeiterschaft 446 neue Jagdflugzeuge für die RAF – mindestens 100 mehr, als die deutsche Produktion für die Luftwaffe betrug. Der britische Ausstoß überstieg die deutsche Produktion bis zum Kriegsende. In ganz Großbritannien wurden Jagdflugzeuge oder deren Einzelteile produziert – und zwar nicht nur in Fabriken, sondern auch in kleineren Werkstätten. Weitere Maschinen gelangten aus Kanada und den Vereinigten Staaten auf die Insel.

Die Jagdflugzeuge der Royal Air Force setzten sich aus drei Typen zusammen: aus der älteren, bewährten Hurricane, der Supermarine Spitfire und der Boulton-Paul Defiant. Die Hurricane hatte seit Kriegsbeginn das Rückgrat der RAF gebildet. Robust und zuverlässig, war sie eigentlich ein fliegender Waffenträger. Die ersten Modelle waren mit acht Maschinengewehren ausgerüstet. Später kamen vier weitere Maschinengewehre dazu, und 1940 wurden einige mit vier 2-cm-Kanonen bewaffnet. Die Maschine hatte jedoch zwei ernsthafte Mängel. Sie war etwas langsamer als die Messerschmitt-109, und die höchste Flughöhe, in der die meisten damaligen Modelle wirkungsvoll eingesetzt werden konnten, lag etwa 300 m unter der maximalen Einsatzhöhe der Messerschmitt-109 von fast 11 000 m. Außerdem hatte die Hurricane einen toten Blickwinkel, der es dem Gegner gestattete, sich von oben an sie heranzupirschen.

Die Hurricane wurde schrittweise durch die Spitfire, ein wesentlich leistungsfähigeres Flugzeug, ersetzt. Etwas schneller als die Messerschmitt-109, war die Spitfire außerdem viel wendiger: ihre Manövrierfähigkeit verschaffte der Spitfire den entscheidenden Vorteil, sich bei Luftkämpfen hinter die Me-109 setzen zu können. Sie war eine Maschine, die den deutschen Piloten im Laufe des Krieges hohen Respekt abverlangte.

Aber auch die Spitfire hatte, wie die Hurricane, eine ernste Schwäche. Der Motor der Spitfire besaß keinen Einspritzmechanismus, so daß er beim Sturzflug gelegentlich aussetzte, was oft zu Abstürzen und Verlusten führte.

Daß England über keine Einspritzpumpen verfügte, resultierte aus einer der dramatischen Pannen dieses Krieges. Als Anfang 1940 ein britischer Flugzeugingenieur, der für England auch nachrichtendienstlich tätig gewesen war, eines Tages in Belgrad in einem Café saß, näherte sich ihm ein Fremder und übergab ihm aus unerfindlichen Gründen ein Päckchen. Als er hineinsah, erkannte er den Inhalt sofort als die Einspritzpumpe einer Me-109. Der Ingenieur gab die Pumpe an die britische Botschaft in der jugoslawischen Hauptstadt weiter. Dort wurde aber ihre Bedeutung nicht richtig erkannt. Die Botschaft schickte die Pumpe mit der Post über Italien an das Luftfahrtministerium in London weiter. Sie ist nie an ihrem Bestimmungsort angekommen.

Der dritte Jägertyp, die Defiant, war ein Zweisitzer, etwa so groß wie die Hurricane, aber ohne deren toten Blickwinkel hinter dem Cockpit; außerdem war die Defiant mit einem gepanzerten Turm mit vier Maschinengewehren im hinteren Teil ausgerüstet. Er bot ein weites Schußfeld. Solange die deutschen Jäger diesen Typ mit einer Hurricane verwechselten und von hinten anzugreifen versuchten, hatten sie oft das Nachsehen. Sobald die Defiant aber als solche erkannt war, erwies sie sich als außerordentlich verwundbar. Geringe Geschwindigkeit und Steigfähigkeit machten die Defiant, zusammen mit ihrem Mangel an Wendigkeit, bei Tageseinsätzen ebenso problematisch, wie es später bei den Deutschen die Messerschmitt-110 sein sollte.

England hatte auch seine Bomber; sie wurden gegen deutsche Industrieziele im Ruhrgebiet und gegen Häfen am Kanal eingesetzt, wo eine ständig wachsende Zahl deutscher Schiffe für die Operation *Seelöwe* als Vorbereitung für die Invasion zusammen-

DIE JÄGER, DIE DIE LUFTWAFFE IN SCHACH HIELTEN

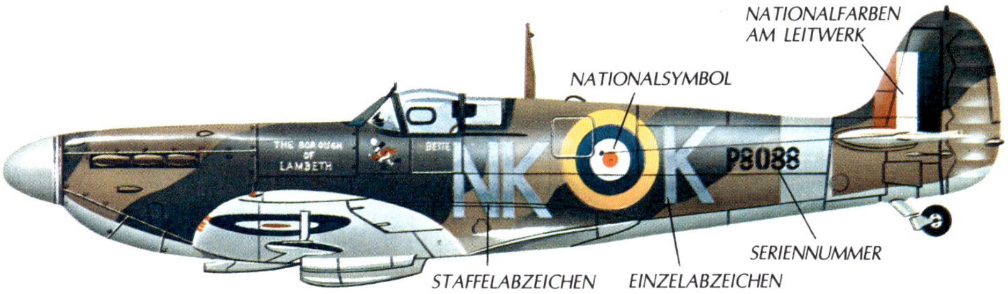

Diese Seitenansicht einer Spitfire II zeigt ihre schlanke Nase mit der geraden Oberlinie und der nach oben gebogenen Unterseite, der blasenartigen Cockpitverkleidung und der kleinen, abgerundeten Schwanzflosse. Das große NK weist auf die Staffel, in diesem Fall Staffel 118, hin. Das K weiter hinten bezeichnet das Flugzeug. Zwischen diesen Abzeichen befindet sich die Kokarde der RAF. Die Seriennummer, P8088, befindet sich vor dem Leitwerk, das die Nationalfarben trägt.

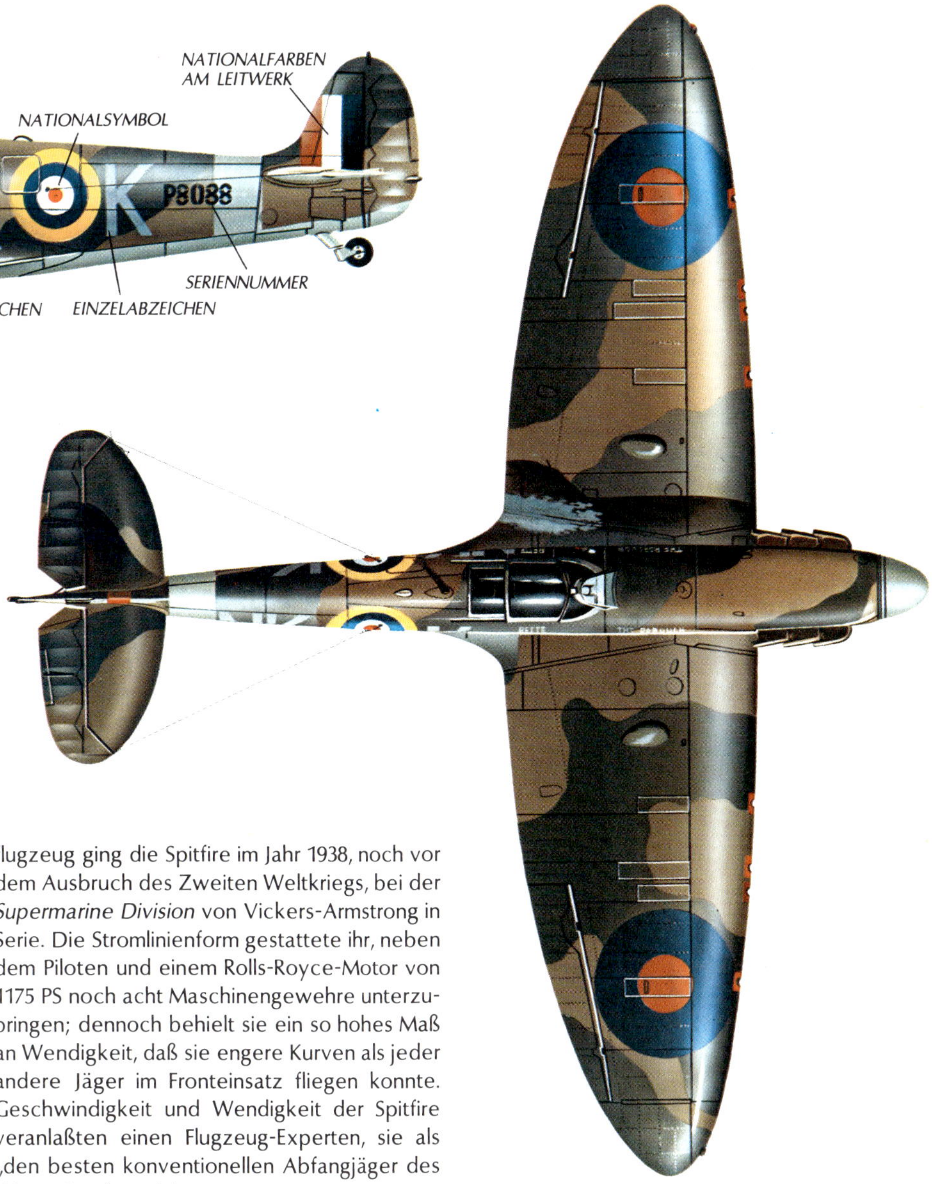

Von oben gesehen, ist die Spitfire an dem schlanken Rumpf und den abgerundeten Tragflächen, in die acht MG Kal. 303 eingebaut sind, zu erkennen.

England verdankt sein Überleben in der großen Luftschlacht von Sommer und Herbst 1940 in hohem Maße zwei hervorragenden Flugzeugen: der Spitfire *(oben)* und der Hurricane *(unten)*. Von den beiden war die Spitfire in vieler Hinsicht das überlegene Flugzeug. Sie hatte eine Höchstgeschwindigkeit von 590 Stundenkilometern gegenüber 510 km/h bei der Hurricane. Obwohl sie in der Steiggeschwindigkeit nicht an ihren Hauptgegner, die Me-109, herankam, war die Spitfire schneller als das deutsche Jagdflugzeug – die Hurricane dagegen nicht. Als Weiterentwicklung des Entwurfs für ein schnelles Wasserflugzeug ging die Spitfire im Jahr 1938, noch vor dem Ausbruch des Zweiten Weltkriegs, bei der *Supermarine Division* von Vickers-Armstrong in Serie. Die Stromlinienform gestattete ihr, neben dem Piloten und einem Rolls-Royce-Motor von 1175 PS noch acht Maschinengewehre unterzubringen; dennoch behielt sie ein so hohes Maß an Wendigkeit, daß sie engere Kurven als jeder andere Jäger im Fronteinsatz fliegen konnte. Geschwindigkeit und Wendigkeit der Spitfire veranlaßten einen Flugzeug-Experten, sie als „den besten konventionellen Abfangjäger des Krieges" zu bezeichnen.

Ein robuster Verteidiger

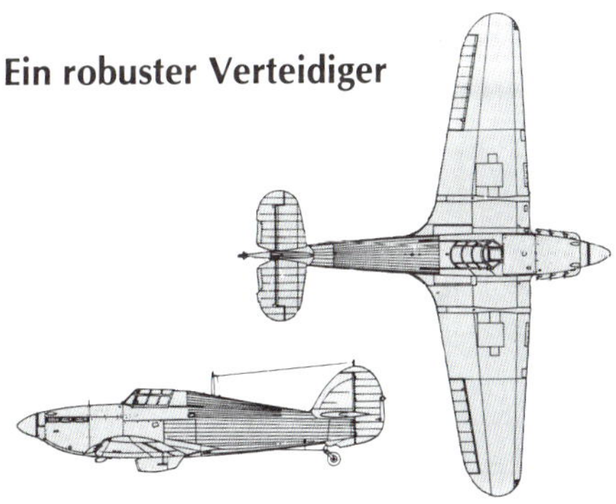

Obwohl sie an Schönheit, Geschwindigkeit und Wendigkeit nicht der Spitfire gleichkam, war die etwas größere Hawker Hurricane die Hauptwaffe bei der britischen Luftverteidigung im Sommer 1940. Die erste Hurricane wurde 1937 in Dienst gestellt – fast ein Jahr bevor die erste Spitfire flog –, und im September 1940, als die Luftschlacht um England in vollem Gange war, war fast die Hälfte der 61 britischen Jagdstaffeln mit Hurricanes ausgerüstet – nur 20 hatten Spitfires.

Obwohl die Höchstgeschwindigkeit der Hurricane – respektable 510 Stundenkilometer – mehr als 50 Kilometer unter der Höchstgeschwindigkeit der Messerschmitt-109 lag, konnte sie wegen ihres größeren Aktionsradius – 950 Kilometer – länger als der deutsche Jäger in der Luft bleiben. Da die gepanzerten Hurricanes langsamer und weniger manövrierfähig als die Spitfires waren, wurden sie hauptsächlich zur Bekämpfung der verwundbaren deutschen Bomber eingesetzt, während die Spitfires Jagd auf die deutschen Jäger machten. Infolgedessen schossen die Hurricanes während der Schlacht um England mehr Flugzeuge als jedes andere Flugzeug ab.

gezogen wurde. Aber während dieser Kriegsphase bildeten die britischen Bombenangriffe – obwohl es ihnen gelang, einen Teil der deutschen Luftwaffe zu binden – im wesentlichen nur eine Nebenerscheinung. Worauf es im Sommer 1940 ankam, war die Verteidigung der britischen Inseln, und diese Aufgabe fiel hauptsächlich der britischen Jagdwaffe zu.

Die Deutschen mußten außerdem mit den Einrichtungen der britischen Bodenverteidigung, vor allem mit dem Radar, rechnen. Im Jahre 1940 waren diese bemerkenswerten Geräte noch relativ neu, aber sie hatten sich bereits bei der Entdeckung von Objekten auf große Entfernungen bewährt; sie konnten außerdem deren Geschwindigkeit messen und sie ziemlich genau orten, indem die Reflektion von Ultrahochfrequenzwellen ausgenutzt wurde.

Schon im Jahre 1936 hatten die Briten damit begonnen, eine Kette von Radarstationen um das Vereinigte Königreich herum aufzubauen – von den Orkney-Inseln an Schottlands Nordspitze bis zur Isle of Wight im Ärmelkanal. Diese Stationen waren am dichtesten an der Süd- und Ostküste Englands konzentriert – eine „unsichtbare Bastion", wie man diese Einrichtungen gelegentlich nannte, gegen jegliche Art deutscher Luftangriffe, die eventuell über den Kanal vorgetragen werden würden.

Auch die Deutschen besaßen Kenntnisse über das Radar – sie nannten ihr eigenes System Freya, nach der germanischen Göttin, die sich gefallener Krieger annimmt –, und in gewisser Hinsicht waren sie England in der Radartechnik sogar voraus. Sie hatten die britische Entwicklung im Radarwesen aufmerksam beobachtet und im späten Frühjahr 1939 das große Luftschiff *Graf Zeppelin* über die Nordsee entsandt, um Reichweite und Frequenzen der britischen Radargeräte, die an der englischen Küste installiert waren, aufzuzeichnen. Irgend etwas muß dabei nicht funktioniert haben – wahrscheinlich lag es an den in der Gondel untergebrachten Empfängern –: Die Besatzung hörte nichts. Die britischen Radarauswerter, die den Kurs des *Graf Zeppelin* auf ihren Bildschirmen verfolgten, waren überglücklich, als sie die Signale des Luftschiffs auffingen, aus denen die Ergebnislosigkeit des Fluges hervorging.

Ein für die Deutschen unglücklicher Umstand lag darin, daß ihre eigene Radarentwicklung der Kriegsmarine übertragen worden war. Obwohl die deutschen Admirale in dem Gerät ein nützliches Hilfsmittel für die Seeaufklärung sahen, entging ihnen dessen Bedeutung für den Luftkampf. Andererseits hatten die britischen Verfechter der Radarentwicklung in dem Gerät stets eine unschätzbare Unterstützung für die RAF und die Luftabwehr gesehen. Die beiden führenden Verfechter waren Robert Watson-Watt, ein schottischer Physiker, der die Forschungsabteilung für das *National Physics Laboratory* leitete, sowie Sir Henry Tizard, der wissenschaftliche Berater des Luftfahrtministeriums. Watson-Watt und sein Expertenteam, dem einige Flüchtlinge aus dem nationalsozialistischen Deutschland angehörten, arbeiteten 1939 und das Frühjahr 1940 daran, das bereits bestehende Radarnetz um Großbritannien in seiner Reichweite und Genauigkeit zu verbessern.

Noch lange bevor die Luftschlacht um England begann, konnte Watson-Watt einem wissenschaftlichen Beraterausschuß des Kabinetts melden, daß seine Radarstationen schon jetzt in der Lage waren, ein bis zu 240 Kilometer entferntes Flugzeug am Himmel zu orten. Bei dieser Behauptung räusperte sich ein anderes Ausschußmitglied ungläubig. Der Skeptiker war Professor Frederick Lindemann, lange Zeit enger Vertrauter von Churchill und jetzt dessen einflußreichster wissenschaftlicher Berater. Nach Churchills Einzug in Downing Street Nr. 10 mußten alle von der Regierung auf wissenschaftlichem Gebiet zu treffenden Entscheidungen vorher von Lindemann gebilligt werden. Der Professor maß allen wissenschaftlichen Projekten, die von Sir Henry Tizard – seinem einstigen Freund und jetzigen Konkurrenten – gefördert wurden, nur wenig Bedeutung bei und weigerte sich, der Radarentwicklung die Dringlichkeitsstufe einzuräumen, die von ihren Vertretern gefordert wurde. Lindemann gab seinen eigenen Lieblingsvorhaben zur Abwehr feindlicher Bombenangriffe den Vorzug, wie etwa der Feststellung anfliegender Maschinen durch Infrarotgeräte und die Bekämpfung solcher Formationen nach ihrer Ortung.

Wenn Churchill noch vor dem Ausbruch des Zweiten Weltkriegs Premierminister geworden wäre, dann hätte Lindemanns Opposition gegen die Radarentwicklung vielleicht dazu geführt, daß diese Geräte nicht mehr rechtzeitig zum Einsatz gekommen wären. Aber im Sommer 1940 gelang es Lindemann nicht mehr, den Fortschritt aufzuhalten. Von Land's End an der Westspitze der Kanalküste bis hinüber zur Nordsee waren die Radarstationen bereits unermüdlich tätig. Von diesen Stationen wurden die Flugtätigkeit des Gegners in Frankreich und alle Flugzeugbewegungen an die zentrale Auswertung im Stab der britischen Jagdwaffe bei Bentley Priory, in unmittelbarer Nähe von London, gemeldet.

Bentley Priory war nach der alten Mönchsklause, die einmal hier gestanden hatte, benannt worden und bot einen merkwürdig romantisch gefärbten Rahmen für diesen modernen Zweck. Das im 18. Jahrhundert erbaute Herrenhaus, in dem so berühmte Gäste wie der Herzog von Wellington und Lord Nelson Unterkunft gefunden hatten, war aus der früheren Abtei entstanden und hatte sich über einen Gutshof, ein Hotel, eine Mädchenschule bis zu einer verlassenen Ruine verwandelt. Jetzt war dieses Gebäude als streng geheimer Angelpunkt der britischen Luftverteidigung zu einem neuen Leben erwacht.

Im Lageraum schoben Angehörige des Weiblichen Hilfskorps der Air Force (WAAF) Flugzeugsymbole auf einer riesigen Karte hin und her, je nach den Meldungen, die von den Küstenstationen

EIN TÖDLICHER WIDERSACHER DER BRITISCHEN JÄGER

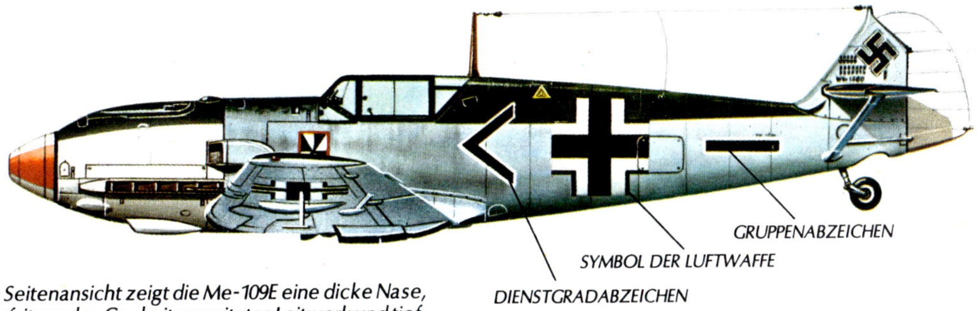

In Seitenansicht zeigt die Me-109E eine dicke Nase, tiefsitzendes Cockpit, gespitztes Leitwerk und tiefliegende Tragflächen. Der Winkel hinter dem Cockpit weist den Flugzeugführer als Offizier, der einfache Streifen als Adjutant aus. Die schwarzweiße Farbe dieser Dienstgradabzeichen zeigt, daß die Maschine zur Staffel 4 gehört; der waagerechte Balken hinter dem Luftwaffenkreuz weist auf die II. Gruppe des Geschwaders hin.

Die Tragflächen der Me-109E mit ihren abgestumpften Enden hatten eine Spannweite von nur 9,85 Metern – gegenüber den 11,20 Metern Spannweite der Spitfire. Meist waren zwei 20-mm-Kanonen in den Tragflächen und zwei 7,92-mm-MG unmittelbar hinter der Luftschraube untergebracht.

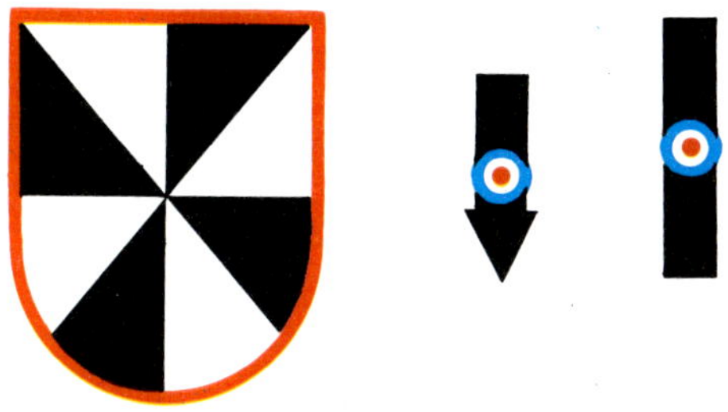

Weitere Abzeichen an den Messerschmidt-109E waren zum Beispiel die Geschwaderabzeichen – in diesem Fall der rot-schwarz-weiße Schild des Geschwaders 3 – zu Ehren des Generalluftzeugmeisters und erfolgreichen Jagdfliegers aus dem Ersten Weltkrieg, Ernst Udet, auch „Jagdgeschwader Udet" genannt. Balken für die Luftsiege (links) waren mit der Kokarde der RAF verziert und am Leitwerk der Messerschmitt direkt vor dem Hakenkreuz angebracht; stumpfe Balken bedeuten Treffer, gepfeilte Balken bedeuten Abschüsse.

Vielleicht die gefährlichste Waffe im Arsenal der Luftwaffe während der Schlacht um England war das Jagdflugzeug Messerschmitt Bf-109E, in deutschen Fliegerkreisen „Emil" (auch Me-109) genannt. Die Maschine besaß eine Steiggeschwindigkeit von 945 bis 1000 Metern in der Minute – gegenüber 770 Metern in der Minute bei der Spitfire. Obwohl ihre Höchstgeschwindigkeit mit 571 Stundenkilometern um 19 Kilometer unter der der Spitfire lag, gab der Me-109 ihre maximale Flughöhe von 11 000 Metern einen Vorteil von 610 Metern gegenüber der Spitfire. Diese Faktoren und ein Einspritzsystem, das den 1200 bis 1300 PS starken Daimler-Benz-Motor auch bei plötzlichen Sturzflügen nicht absterben ließ, ermöglichten es den gut ausgebildeten Piloten, sich mit ihren Me-109 über und hinter den Gegner zu setzen und dann zum Abschuß auf ihn herunterzustoßen.

Obwohl einige deutsche Flieger die Spitfire für manövrierfähiger hielten, waren britische Flieger, die Gelegenheit zum Fliegen einer Me-109 hatten, der Ansicht, beide Maschinen seien in dieser Hinsicht ebenbürtig. Und alle Piloten waren der Auffassung, daß nur ein Fachmann die Me-109 fliegen konnte. Sie war nicht leicht auf Kurs zu halten und hatte die unangenehme Neigung, beim Start nach links und bei der Landung nach rechts oder links auszubrechen. Hinzu kam, daß die Konstrukteure zur Erreichung der Höchstgeschwindigkeit und Wendigkeit ein gewisses Maß an innerer Festigkeit geopfert hatten, was oft dazu führte, daß Tragflächen oder Fahrgestell bei maximaler Belastung auseinanderbrachen. In der Schlacht um England, wo die Me-109 in erster Linie Begleitschutzaufgaben hatte, lag ihr Hauptnachteil jedoch im relativ bescheidenen Aktionsradius von etwa 700 Kilometern, wodurch der Me-109 nur etwa 20 Minuten Einsatzzeit über feindlichem Territorium blieben. In mehr als einem Fall erwies sich diese Begrenzung als verhängnisvoll. Nach einem zweistündigen Begleitschutzeinsatz über England versuchte ein Jagdgeschwader in letzter Minute noch seine Einsatzhäfen zu erreichen. Fünf Maschinen gelang es noch, an der französischen Küste notzulanden, aber sieben weitere verschwanden im Kanal.

hereinkamen. Ergänzt wurden diese Meldungen durch andere Daten, die von Mitgliedern des Observer Corps telephonisch beigesteuert wurden; dieser Hilfsdienst beobachtete den Himmel von Berggipfeln, Kirchtürmen und anderen günstig gelegenen Aussichtspunkten aus. Neben Radar und Fliegermeldungen bildeten diese Beobachter die Hauptinformationsquelle über die Aktivitäten des Gegners im Luftraum über Großbritannien.

Von einem Innenbalkon im Lagezimmer aus beobachteten Air Chief Marshal Dowding und seine Mitarbeiter die große Lagekarte weiter unten. Sobald eine Rotte deutscher Flugzeuge in Frankreich startete und an Höhe gewann, begannen die Luftwaffenhelferinnen die Symbole auf der Karte zu verschieben, und die Einsatzbefehle für die Royal Air Force konnten herausgegeben werden.

Bei der Abfassung dieser Einsatzbefehle stand Dowding neben dem Radar noch ein anderes, unschätzbares Hilfsmittel zur Verfügung – ein Hilfsmittel, das so geheim war, daß nicht einmal seine Kommandeure davon wußten. Die Briten waren in den Besitz einer Maschine gelangt, die es ihnen ermöglichte, den komplizierten deutschen Code zu knacken; auf diese Weise konnten sie die vorgesehenen Zielräume der Luftwaffe und die Anzahl der eingesetzten Maschinen noch vor dem Start der deutschen Fliegerverbände erfahren. Protokolle über den deutschen Funkverkehr lagen Dowding vor, wenn er seine eigenen Maschinen zum Einsatz brachte.

Mitte Juli 1940 waren beide Seiten für die bevorstehende große Auseinandersetzung gerüstet. Der Schwerpunkt des deutschen Angriffs sollte bei den beiden stärksten Luftflotten der deutschen Luftwaffe liegen. Die eine war die Luftflotte 3 unter Generalfeldmarschall Hugo Sperrle; ihr vorgeschobener Führungsstab lag in der Nähe des eleganten französischen Badeorts Deauville. Sperrles Verbände waren für Angriffe auf die Isle of Wight, den Hafen von Southampton und die bedeutenden britischen Marinestützpunkte von Portsmouth und Plymouth bestimmt. Die Luftflotte 2 unter Generalfeldmarschall Albert Kessselring hatte ihren Einsatzstab an die Klippen bei Boulogne im Nordosten Frankreichs vorgeschoben; ihre Angriffsziele lagen in der Straße von Dover und an der Südostecke Englands bei der Themsemündung und dem Londoner Hafen. Eine dritte Luftflotte, die Luftflotte 5, operierte von Norwegen und Dänemark aus; sie sollte freilich in der Schlacht um England nur eine untergeordnete Rolle spielen.

Göring und seine Berater hatten die Operationen gegen England in drei Hauptphasen unterteilt. Zuerst kamen die Aktionen über dem Kanal, bei denen alle britischen Handelsschiffe versenkt, Einheiten der Royal Navy, ihre Stützpunkte und Einrichtungen angegriffen und alle britischen Jagdflugzeuge, die dieses Vorhaben zu stören versuchten, vernichtet oder vertrieben werden sollten. In der zweiten Phase sollten die britischen Luftstreitkräfte und alle fliegenden Verbände ein für allemal dadurch gelähmt werden, daß alle britischen Militärflugplätze, Luftverteidigungsanlagen und Flugzeugfabriken in einem gigantischen, von Bombern und Jagdflugzeugen gemeinsam durchgeführten Angriff zerstört wurden. Generalfeldmarschall Milch, Görings Bridge spielender Staatssekretär, nannte diese Operation ursprünglich „Großer Schlemm", sie erhielt aber bald den passenderen Decknamen *Adlerangriff.* In der dritten und letzten Phase würde die Luftwaffe bei der Operation *Seelöwe,* der Invasion durch die vereinigte Streitmacht des Deutschen Reiches, mitwirken.

Für die Phase Eins, die Neutralisierung des Ärmelkanals, erwarteten weder Göring noch seine Mitarbeiter besondere Schwierigkeiten; deshalb wurde diese Aufgabe auch nur Teilen der Luftflotten 2 und 3 übertragen. Den Auftrag erhielten nur zwei Fliegerkorps, das eine unter General Bruno Lörzer am Pas de Calais und das andere unter General Wolfram von Richthofen mit dem Stab bei le Havre. Richthofen war Deutschlands führender Experte für den Einsatz von Sturzkampfbombern.

Die Luftwaffenführung hielt es für das Einfachste, in der ersten Phase die 34 Kilometer breite Straße von Dover, die von allen britischen Geleitzügen aus dem Atlantischen Ozean auf dem Wege in den Hafen von London passiert werden mußte, zu sperren. Dieser Auftrag wurde Oberst Johannes Fink, einem Untergebenen des Generals Lörzer, gegeben.

Die britische Jägerführung unter der Leitung von Air Chief Marshal Dowding hatte im wesentlichen zwei Gruppen bereitgestellt, die den Angriff erwarteten. Eine von ihnen, die sogenannte Jagdflieger-Gruppe 11, unter Air Vice Marshal Keith Rodney Park, einem Neuseeländer, hatte ihr Hauptquartier in Northholt bei London. Ihr Auftrag lautete, die Südküste Englands von einem Punkt nahe der Westküste der Isle of Wight über die Straße von Dover und den Unterlauf der Themse bis nach London zu verteidigen. Die andere, die Jäger-Gruppe 12 unter der Leitung des bulligen Air Vice Marshal Trafford Leigh-Mallory, sollte das Gebiet von der Themsemündung nach Norden durch das englische Industriegebiet bis nach Yorkshire überwachen.

Die Jäger-Gruppen 11 und 12 hatten es gemeinsam auf eine Stärke von 640 einsatzfähigen Frontflugzeugen gebracht, meist Hurricanes und Spitfires, dazu noch eine Anzahl Defiants. Die deutschen Luftflotten 2 und 3 verfügten zusammen über 824 Jagdflugzeuge – 656 Me-109 und 168 Me-110. In einem Kampf Jäger gegen Jäger schien das Kräfteverhältnis für die Briten gar nicht so ungünstig. Doch das Hauptziel der britischen Jagdwaffe waren die deutschen Bomber; ihre Gesamtzahl belief sich auf 1191 Einsatzflugzeuge – darunter waren 316 Stukas. Um solche Feindschwärme vom Himmel zu fegen, meinte Air Chief Marshal Dowding grimmig:

„Unsere jungen Männer werden ihre jungen Männer im Verhältnis von fünf zu eins vom Himmel holen müssen."

Auch während der von Hitler angeordneten relativen Ruhe nach Dünkirchen waren die deutschen Jäger immer wieder über der englischen Südküste erschienen und hatten versucht, die Royal Air Force aus der Reserve zu locken. Als sich die britischen Jäger nicht provozieren ließen – sie hatten strikten Befehl, mit den Kräften hauszuhalten –, entsandten die Deutschen neben den Jägern auch eine Anzahl von Bombern. Da die Bomber eine leichtere Beute waren, ließen sich auch einige Spitfires in Luftkämpfe verwickeln.

Auf diese Weise lernten die deutschen Flugzeugführer etwas mehr von den Fähigkeiten und dem Kampfgeist der Spitfires und ihrer Piloten kennen. Über den weiten Flächen von Hampshire entdeckte das deutsche Flieger-As Adolf Galland eines Tages eine Spitfire, die etwa 300 Meter unter ihm dahinflog. Er ging zum Sturzflug über. Aber der Pilot der RAF hatte Galland gesehen und riß seine Maschine in eine Steilkurve. Galland versuchte, ihm zu folgen, mußte aber feststellen, daß seine Me-109 dieser Belastung nicht gewachsen war. Als er seine Maschine wieder aufrichtete, war der Gegner verschwunden.

Zum Einsatzhafen zurückgekehrt, setzte sich Galland mit seinem Freund Werner Mölders zusammen. Auch dieser hatte ein scheinbar leichtes Ziel entdeckt und feststellen müssen, daß ihm der Brite aus dem Schußfeld weggerutscht war – „wie ein Aal, der sich ringelt, um einem Hai zu entkommen", wie er sagte.

„Die Royal Air Force", erinnerte sich Galland später, „darüber bestand bei uns kein Zweifel mehr, war ein sehr ernster Gegner."

Die erste große Kraftprobe kam am 10. Juli über einem Teil des Kanals im Gebiet von Dover, das später allgemein als *Hellfire Corner* bekannt werden sollte. An diesem Tag sprachen Hitlers Emissäre in den neutralen Hauptstädten Europas noch immer von seinem tiefen Wunsch, zu einem Frieden mit England zu gelangen. Aber Göring war darauf erpicht, die erste Phase seines Einsatzplanes durchzuziehen: die RAF durch Angriffe gegen britische Geleitzüge im Kanal aus der Reserve herauszulocken und dadurch zwei Fliegen mit einer Klappe zu schlagen – die Jagdwaffe der RAF zu vernichten und gleichzeitig den Kanal als eine der Lebensadern Großbritanniens unpassierbar zu machen.

Am 10. Juli wehte über Südostengland ein böiger Wind, und die Straße von Dover war von niedrigen Wolkenbänken verhangen. Aber am frühen Nachmittag entdeckte ein deutscher Aufklärer durch ein Wolkenloch hindurch einen Geleitzug, der, von sechs Hurricanes eskortiert, aus der Themsemündung heraus nach Westen dampfte. Eine an der französischen Küste eingesetzte Einheit der deutschen Funküberwachung fing die Meldung des Piloten auf und gab sie sofort an die Luftwaffe weiter. Oberst Fink – Kommandeur des Bomberverbands, der oben an der Steilküste von Kap Blanc-Nez stationiert war – erhielt daraufhin einen Einsatzbefehl, der nur aus einem einzigen Wort bestand: „Vernichten!" Fink, der erst vor kurzem den Auftrag erhalten hatte, die, wie es hieß, „Schlacht über dem Kanal" zu schlagen, griff zum Feldfernsprecher in dem alten französischen Bus, der ihm als Befehlsstelle diente.

Um 13.30 Uhr erschienen auf den britischen Radarschirmen bei Dover, 34 Kilometer von der französischen Küste entfernt, zahlreiche kleine Punkte, die darauf hindeuteten, daß hinter Calais eine größere Fliegerformation zusammengezogen wurde. Ein paar Minuten später erwies es sich, daß mindestens 70 Feindflugzeuge im Anflug waren – eine wesentlich größere Anzahl, als bei deutschen Einsätzen in den letzten Wochen beobachtet worden war. Von der Jägerführung in Bentley Priory erging sofort der Befehl, die als Eskorte des Geleitzugs fungierenden sechs Hurricanes zu verstärken. Teile von vier in der Nähe stationierten Staffeln der RAF stiegen auf, um sich über der Straße von Dover zu versammeln.

Mit dem für seine Landsleute typischen Understatement faßte ein britischer Berichterstatter das Folgende in den Ausdruck zusammen: „Eine lebhafte Aktion". Der deutsche Flugzeugführer, der den Alarm ausgelöst hatte, drückte sich lyrischer aus. Er ließ den Blick über den Himmel schweifen und sah „einen großartigen Luftkampf ... aus der Entfernung wirkten die Maschinen wie Weintrauben". Der Kampf dauerte weniger als 30 Minuten. Als er vorüber war, hatten die Angreifer vier Jäger, die zahlenmäßig unterlegenen Verteidiger drei Maschinen verloren; außerdem war ein kleines Schiff des Geleitzugs versenkt worden. Aber beide Seiten waren mit dem Ergebnis der Begegnung zufrieden – die Engländer vor allem über das gelungene Zusammenwirken verschiedener Staffeln, die Deutschen deshalb, weil es ihnen gelungen war, so viele feindliche Maschinen aus der Reserve zu locken. Je mehr Flugzeuge sie auf gegnerischer Seite zum Einsatz bewegen konnten, desto schneller würde die RAF vernichtet sein.

In dem kleinen Garten außerhalb seiner Befehlsstelle tranken Oberst Fink und ein Dutzend seiner Flugzeugführer einander mit Champagner zu; sie sahen der Fortführung ihrer neuen Strategie mit Zuversicht entgegen.

EIN UNERSCHROCKENER PREMIER

Churchill hat die Melone vorübergehend mit dem Stahlhelm vertauscht und sitzt, zuversichtlich lächelnd, während einer Luftschlacht über Dover in einem Luftschutzbunker.

DIE RUHMREICHE KARRIERE EINES HARROW-SCHÜLERS

Winston Churchill im Alter von 15 Jahren in Harrow. Auf diesem 1889 entstandenen Photo trägt er die offizielle Schulkleidung: Zylinder, Cutaway und Stock.

In dem unheilvollen Sommer des Jahres 1940 hatte England ein Glück, wie es nur wenigen Nationen in Zeiten der Not beschieden war. In dem neuen Premierminister Winston Leonard Spencer Churchill besaß das Land einen Politiker, der nach Arbeitsstil, Charakter und Herkunft die ideale Führerpersönlichkeit im Kriege war – genau der richtige Mann, um das Land, das Reichsmarschall Görings Luftwaffe durch Bombenangriffe zur Kapitulation zwingen wollte, zum Durchhalten zu veranlassen.

Churchill liebte Einfluß und Macht, und er liebte auch einen guten Kampf. Er war ungeheuer tatkräftig und selbstbewußt; er wollte sich nicht nur in seiner politischen Laufbahn auszeichnen, sondern bemühte sich auch auf anderen Gebieten, wie der Malerei, der Schriftstellerei, beim Polo und auf der Jagd, um besondere Leistungen. Als Knabe kämpfte er sich auf seine unorthodoxe Weise durch die strenge Internatsschule Harrow und weigerte sich hartnäckig, das vorgeschriebene Pensum in Latein und Mathematik zu lernen. Dann ging er auf die Militärakademie Sandhurst und diente mit Begeisterung als Kavallerieoffizier in Indien. Mit 26 wurde er ins Parlament gewählt. 1908 war er schon Handelsminister, 1910 Innenminister und im Jahr 1911, knapp 37 Jahre alt, wurde er Marineminister, begründete die damals als revolutionär geltende Marine-Luftwaffe und lernte auch selbst zu fliegen.

Churchill war auch ein kluger Opportunist, der es in seiner politischen Laufbahn nicht für unter seiner Würde hielt, die Partei zu wechseln, wenn es ihm vorteilhaft erschien. Und schließlich war er ein ausgesprochener Egozentriker, der elegante Anzüge und auffallende Hüte liebte und der einmal gesagt haben soll, daß der Größenwahnsinn die einzige Form der Vernunft sei. Noch als Premierminister liebte Churchill es, hohe persönliche Risiken einzugehen. Aber die Bevölkerung bewunderte seine Mißachtung der Gefahr. Als einmal eine deutsche Bombe in der Nähe seines Wagens niederging und diesen beinahe umkippte, meinte er: „Es muß mein Gewicht gewesen sein, das die Räder auf dem Boden gehalten hat" – womit er auf seine Körperfülle anspielte.

Normalerweise reagierte Churchill auf die deutschen Bombenangriffe viel kämpferischer. Als er einmal in London Bombenschäden besichtigte, notierte er in seinem Tagebuch: „Als wir wieder in den Wagen gestiegen waren, wurde die ausgemergelte Menge von wilder Wut gepackt. ‚Zahl es ihnen heim', riefen die Leute, und ‚*Die* sollen es auch zu spüren bekommen'. Ich habe es mir fortan zur Aufgabe gemacht, dafür zu sorgen, daß ihr Wunsch in Erfüllung ging; und dieses Versprechen habe ich auch gehalten."

Gelassen sitzt Churchill auf seinem Lieblingspferd. Diese Aufnahme entstand 1896, als Churchill in Indien bei den Fourth Queen's Own Hussars diente.

Kabinettsmitglied im Alter von 35 Jahren, gibt Churchill hier seinem Gastgeber, Kaiser Wilhelm, während eines Manövers in Deutschland 1909 die Hand.

Churchill neben einem Doppeldecker nach einem 200-Kilometer-Flug im Jahre 1914. Er war ein Pilot, den das Glück begünstigte. Einmal erlebte er eine Bruchlandung, blieb jedoch unverletzt.

Als Kommandeur eines Infanteriebataillons trägt Churchill (mit alliierten Offizieren im Jahre 1915 in Frankreich) einen französischen Stahlhelm; er war ihm bequemer als das britische Modell.

Churchill, hier mit seiner Frau Clementine, während eines für ihn erfolglosen Wahlfeldzugs als unabhängiger Unterhauskandidat im Jahr 1924. Im selben Jahr ließ er sich mit Unterstützung der Konservativen noch einmal aufstellen und gewann. Während seiner Laufbahn wechselte er die politischen Parteien ebenso unbekümmert wie seine Hüte. Diesen gehörte seine besondere Vorliebe. Für Churchill war der richtige Hut bei einer bestimmten Gelegenheit manchmal wichtiger als das richtige Wort. „Ein Hut war für ihn nicht bloß ein Hut", sagte ein Biograph. „Er war eine Entdeckung, eine Herausforderung, ein neuer Ausdruck seiner Persönlichkeit."

Während eines Jagdausflugs nach Frankreich im Jahre 1927 nimmt Churchill, damals noch Finanzminister, einen Schluck Brandy zu sich, bevor die Jagd auf Schwarzwild beginnt.

Churchill, in leichtem Galopp, vor dem Prince of Wales während eines Polospiels im Jahre 1924. Als Kavallerist in Indien führte er seine Regimentsmannschaft zum Sieg und erwies sich noch im Alter von über 50 Jahren als ausgezeichneter Polospieler.

Mit weißem Hut und Künstlermantel malt Churchill 1935 an der französischen Riviera. Er war ein begeisterter Maler und meinte einmal: „Wenn ich in den Himmel komme, werde ich einen erheblichen Teil meiner fünf Millionen Jahre mit Malen verbringen und es auf diese Weise zum Meister bringen."

Erster Lord der Admiralität, aber selbst ein alter Soldat, plaudert Churchill zu Anfang des Zweiten Weltkriegs mit einigen Offizieren des Britischen Expeditionskorps, das im Jahre 1939 in Frankreich stationiert war.

Als neuernannter Premierminister besichtigt Winston Churchill im September 1940 die Verteidigungsanlagen an der Südküste Englands. Hier beugt er sich mit Admiral Bertram Ramsay über den Lagetisch.

Während einer Inspektionsreise in ein Gebiet der engli-

schen Südküste, wo der Schwerpunkt einer deutschen Invasion erwartet wurde, tritt Premierminister Churchill nach der Besichtigung eines Bunkers wieder ins Freie.

Offiziere und Mannschaft eines Schlachtkreuzers bringen auf ihren Premierminister ein dreifaches Hoch aus. Churchill, der zwei Amtsperioden als Erster Lord der Admiralität absolvierte, hatte sich eine stille Liebe für die Marine bewahrt. Als Premierminister unterzeichnete er seine offiziellen Briefe und Telegramme an Präsident Franklin D. Roosevelt, der selbst einmal Stellvertretender Marineminister gewesen war, vorzugsweise mit „Former Naval Person" (ehemaliger Marineangehöriger).

EIN PRUNKLIEBENDER MARSCHALL

In Hemdsärmeln und Zivil bespricht Hermann Göring den Luftangriff auf England mit Offizieren des Luftwaffenführungsstabes auf seinem Landsitz bei Berlin.

DER STEILE AUFSTIEG EINES TOLLKÜHNEN FLIEGERHELDEN

Als Hermann Wilhelm Göring Mitte 1940 die von ihm in zwei Jahrzehnten aufgebaute deutsche Luftwaffe gegen England in den Kampf schickte, erreichte er den Gipfel einer Karriere, wie es sie in der deutschen Geschichte nur selten gegeben hatte. Seine Luftwaffe war mit ihren 3000 Flugzeugen die stärkste der Welt. Außerdem war Göring als Reichsmarschall des Großdeutschen Reiches nach Hitler der zweite Mann in der Hierarchie der NSDAP.

Göring betrachtete sich als den Inbegriff des modernen deutschen Fürsten. Unerschrocken und eitel, begann er schon als Knabe, seine Kräfte mit denen anderer zu messen und waghalsige Bergtouren zu unternehmen. „Ich habe keine Angst vor großen Höhen", bemerkte er einmal. „Sie reizen mich." Als Flugzeugführer im Ersten Weltkrieg schoß er 22 alliierte Maschinen ab und errang die höchste deutsche Tapferkeitsauszeichnung.

Schon früh ein Parteigänger Hitlers, wurde Göring 1923 bei dem Putsch in München verwundet. Während der Genesungszeit wurde er morphiumsüchtig – eine Neigung, von der er sich nie ganz befreien konnte. Aber seine Ergebenheit Hitler gegenüber blieb unerschütterlich: „Wenn der Führer es befiehlt", soll er verkündet haben, „sind zwei und zwei fünf!"

Als Dank für dieses Maß an Loyalität überschüttete Hitler Göring mit immer mehr Zeichen der Macht – einschließlich Titeln, Orden und anderen Requisiten, die der eitle Göring liebte. Göring wurde Reichstagspräsident, nominell Regierungschef des preußischen Staates, Reichsjägermeister und Reichsforstmeister, Reichsminister der Luftfahrt und Vorsitzender des Ministerrats für die Reichsverteidigung. Er baute sich einen eleganten Landsitz, auf dem er mit Emmy Sonnemann, einer Schauspielerin, lebte, die er nach dem Tode seiner ersten Frau geheiratet hatte. Dort frönte er seinen Lieblingsbeschäftigungen, die von der Jagd bis zum Spiel mit Modelleisenbahnen reichten.

Es konnte nicht ausbleiben, daß solche persönlichen Eigenarten – zu denen auch die Tatsache gehörte, daß er gern und viel aß – Zielscheibe von allerlei Witzen wurden. Göring hieß bald allgemein „Der Dicke"; ein Berliner Kabarettist meinte einmal, der Reichsmarschall habe sich Nachbildungen seiner Orden aus Gummi anfertigen lassen, damit er sie auch in der Badewanne tragen könne. Aber Göring ließ sich dadurch nicht aus der Ruhe bringen und veranlaßte sogar einmal die Freilassung einer Schauspielerin, die verhaftet worden war, weil sie sich über ihn lustig gemacht hatte. „Ihr Idioten!" sagte er voller Selbstsicherheit. „Wenn man Witze über mich macht, so zeigt das nur, wie beliebt ich bin."

Im Jahre 1908 erklimmt Hermann Göring als waghalsiger Fünfzehnjähriger den Großglockner (3797 Meter) über die Route mit dem größten Schwierigkeitsgrad.

Als erfolgreichem Jagdflieger war Hermann Göring 1915, als diese Aufnahme gemacht wurde, das Eiserne Kreuz I. Klasse verliehen worden.

Göring (ganz rechts) im Kreis von Fliegerkameraden während des Ersten Weltkriegs beim Bier in einem deutschen Gasthaus.

1915 sitzt Göring, damals 21 Jahre alt, auf dem hinteren Sitz eines „Albatros"-Beobachtungsflugzeugs, mit dem er als Beobachter die ersten Feindeinsätze flog, bevor er Flugzeugführer wurde.

Göring, inzwischen ein bekanntes Flieger-As, zeigt auf dieser im Jahre 1918 gemachten Aufnahme voller Stolz den Spazierstock des gefallenen Staffelkapitäns Baron Manfred von Richthofen.

Bei einem Aufmarsch in Bad Harzburg am 11. Oktober 1931 steht der ordensgeschmückte Göring (dritter von rechts), inzwischen Fraktionsvorsitzender der NSDAP im Reichstag, im Kreis anderer Parteiführer. In der vorderen Reihe stehen Reichsführer SS Heinrich Himmler (zweiter von links) und SA-Chef Ernst Röhm (dritter von links).

Hermann Göring blickt Franz von Papen (zweiter von links), der als Reichskanzler gegen Hitler Front machte, schließlich aber Hitlers Vizekanzler wurde, mit dem unverbindlichen Lächeln des Politikers an.

Göring in erregter Auseinandersetzung mit seinem Rivalen, Propagandaminister Goebbels, bei einer Versammlung in Berlin.

Hermann Göring, hier mit Hitler auf dem Berliner Flugplatz Tempelhof, trägt eine schwarze Armbinde wegen des Todes seiner ersten Frau, Karin (nächste Seite).

Bei Görings zweiter Hochzeit sitzen der strahlende Bräutigam und die Braut, die Schauspielerin Emmy Sonnemann, neben dem Ehrengast Adolf Hitler. Die Trauung war das gesellschaftliche Ereignis des Jahres 1935 in Deutschland. Über 30 000 SA-Männer standen Spalier, als das Paar unter dem Vorbeiflug von 200 Flugzeugen zu Fuß zur standesamtlichen Trauung in das Berliner Rathaus ging. Görings erste Frau, die Schwedin Karin von Kantzow (unten), war vier Jahre zuvor gestorben. Göring ließ 1934 ihre Gebeine nach Deutschland überführen; in einer feierlichen Zeremonie, die an heidnische Gebräuche erinnerte, wurde ihr Sarg nach Karinhall, dem Landsitz, den er ihr zu Ehren errichtet hatte, gebracht.

Göring, seit Anfang der dreißiger Jahre fülliger geworden, schlägt eine Rückhand.

Göring führt einem jugendlichen Besucher stolz seine Modelleisenbahn vor, deren

'üge, Schienen und Häuser auf dem geräumigen Dachboden von Karinhall aufgebaut sind.

Im Berliner Zoo spielt Reichsmarschall Göring mit Mucki, einem jungen Löwen.

In einem Dingi sitzend, bringt Göring das Modell eines Rahseglers zu Wasser.

Ein Photo von Göring in der offiziellen Uniform des Reichsjägermeisters nimmt den Ehrenplatz unter den Jagdtrophäen in Karinhall ein. Rechts schildert Göring, wie er zwei Wildschweine auf einer Jagd bei Hannover erlegte. Er war auch Reichsforstmeister, der auf strenge Einhaltung der Schonzeiten achtete und sich um die Rettung gefährdeter Arten, wie etwa Adler und Falken, bemühte.

3

Erfahrungen aus der Legion Condor
Eine kostspielige Lektion für die Briten
Rotes Kreuz unter Feuer
Wagenburgen in der Luft
Fallen für die Royal Air Force
Die Luftschlacht wird hitziger
Eine Jagd auf Leben und Tod
Ein voreiliges Glas Champagner
Ein Versuch, Englands Radar zu zerstören
Großeinsätze der Luftwaffe
Flieger-Asse über England
Der hohe Preis des Überlebens

ADLERTAG

Als Mitte Juli 1940 die Kämpfe zwischen RAF und Luftwaffe über dem Kanal an Heftigkeit zunahmen, bestand kein Zweifel darüber, welche Seite über die größere Anzahl erfahrener Flugzeugführer verfügte. Die Deutschen hatten sich seit dem Spanischen Bürgerkrieg als Kriegsflieger ständig weiter vervollkommnet. Dabei hatten sie sich nicht nur auf Übungen oder Kriegsspiele zu verlassen brauchen, sondern sie waren auf dem Kriegsschauplatz eingesetzt worden, wo man, wenn man nicht rasch reagierte, schnell ein toter Mann war. Viele Piloten, die über die Straße von Dover flogen, um den Kampf mit der Royal Air Force zu suchen, hatten zur Legion Condor gehört – dem deutschen Luftwaffenverband, der dazu beigetragen hatte, Generalissimo Franco zum Sieg in Spanien zu verhelfen. Sie verstanden es, den Himmel, die Sonne, die Schwächen des Gegners und ihr eigenes überragendes Gefühl für Disziplin und Zusammenarbeit aufs beste zu nutzen. Als Techniker hatten sie nicht ihresgleichen – jedenfalls vorläufig nicht –, und dies sollten die Briten sehr bald erfahren.

„Sie kommen aus der Sonne auf einen heruntergeschossen wie ein Blitz", berichtete RAF Flight Lieutenant Alan Deere. Deere flog eine Spitfire in der Staffel 54, als er sah, wie einer seiner Kameraden von einer Messerschmitt-109 angegriffen wurde und brennend abstürzte. Er selbst überlebte nur dadurch, daß er direkt auf eine Me-109 zuflog, diese streifte und dann mit ausgefallenem Motor und verbogenen Propellerblättern gerade noch eine Bruchlandung in Kent bewerkstelligte. „Es war ein Wunder, daß ich es überhaupt geschafft habe", sagte er.

Deere und seine Kameraden erkannten schon bald, daß sie eine falsche Einstellung zur Luftkampftechnik hatten. Daher waren auch die Verluste an Menschenleben und Flugzeugen so hoch. Adolf Galland, ehemaliger Angehöriger der Legion Condor und Kommandeur einer Jägergruppe über dem Kanal, nannte das Kind beim Namen, als er über die britischen Schwierigkeiten schrieb:

„Das A und O des Luftkampfes ist, den Gegner zuerst zu sehen. Wie der Waidmann sich, ohne selbst gesehen zu werden, anpirscht, bis er die günstigste Schußentfernung erreicht hat, so ist auch bei der Eröffnung des Kampfes Jäger gegen Jäger das Ausschlaggebende, den Gegner so früh wie möglich zu entdecken, um sich in die optimale Angriffsposition setzen zu können."

Diesen Grundsatz ließen die Briten manchmal außer acht – mit verhängnisvollen Folgen –, denn sie flogen meist in eng aufgeschlossener Formation. Dadurch waren ihre Sicht und Manövrierfähigkeit beschränkt. Bei Vorführungen der RAF in Friedenszeiten machte dies zwar einen großen Eindruck, aber im Kampf bewährte es sich nicht. Es ist sowieso nicht leicht, schnelle Flugzeuge im vorschriftsmäßigem Verbandsflug, Tragfläche an Tragfläche, zu fliegen. Die Briten waren so damit beschäftigt, in Formation zu bleiben – und sich nicht gegenseitig zu behindern –, daß sie wenig

Zeit hatten, nach dem Gegner Ausschau zu halten, und wenig Raum zum Manövrieren, wenn sie angegriffen wurden.

Auf der anderen Seite hatten die deutschen Jäger über Spanien gelernt, in aufgelöster Formation zu fliegen. Die Einheiten pirschten sich an den Feind in verschiedenen Höhen heran und hielten untereinander genügend Abstand. Jeder Flugzeugführer konnte sich ganz auf den Gegner konzentrieren, ohne sich durch die gefährliche Nähe seines neben ihm fliegenden Kameraden ablenken zu lassen. Er konnte aus eigenem Entschluß manövrieren und zum Angriff übergehen, und er besaß ein viel größeres Blickfeld. Und trotzdem waren seine Kameraden so nahe, daß sie ihm notfalls zu Hilfe kommen konnten.

So erlitt die Royal Air Force in den ersten Luftkämpfen mit den Deutschen erhebliche Verluste. Innerhalb von 10 Tagen, beginnend mit der ersten größeren Luftschlacht über „Hellfire Corner" in der Nähe von Dover am 10. Juli, verlor die RAF 50 Jäger – eine kritische Ziffer in Anbetracht der Geschwindigkeit, mit der der Luftkrieg an Heftigkeit zunahm. Gewiß, die Royal Air Force hatte in der gleichen Zeitspanne 92 Maschinen der deutschen Luftwaffe abgeschossen, aber darunter waren nur 28 der kostbaren – und gefährlichen – Messerschmitt-Jäger.

Am 20. Juli fielen sechs Flugzeugführer der Royal Air Force, bisher die höchste Verlustziffer, aber anderen gelang es, aus ihren angeschossenen Maschinen herauszukommen und mit dem Fallschirm im Kanal zu landen. Auch eine Anzahl deutscher Piloten fand sich im Wasser wieder, und zur Rettung dieser Männer entspann sich zwischen beiden Seiten ein Wettrennen. Für die RAF waren Flugzeugführer wertvoller als Flugzeuge, denn Piloten waren knapper als Maschinen. Auch für die Luftwaffe war jeder Flugzeugführer wichtig; ganz abgesehen davon, daß es der Kampfmoral schaden konnte, wenn ein Pilot ertrank, der eigentlich hätte geborgen werden können.

Um ihre Flieger zu retten – und um der RAF ihre eigenen Flieger wegzuschnappen –, verwendeten die Deutschen weiß angestrichene und mit dem Symbol des Roten Kreuzes versehene Wasserflugzeuge. Diese Maschinen flogen oft waghalsig nahe an Luftkämpfe heran, um auf dem Wasser niedergehen und Piloten bergen zu können, und es war nur eine Frage der Zeit, wann die erste dieser Maschinen von den Briten unter Feuer genommen werden würde. Als ein derartiges Rettungsflugzeug tatsächlich von einer Spitfire getroffen wurde, gab das Luftfahrtministerium in London die Warnung heraus: alle „Sanitätsflugzeuge" – Rotes Kreuz oder nicht – würden abgeschossen werden, wenn sie sich in die Kampfzone vorwagten. Die Briten behaupteten, diese Maßnahme deshalb zu ergreifen, weil der Feind die Konvention vom Roten Kreuz dadurch verletze, daß er die Rettungsflugzeuge zur Beobachtung britischer Geleitzüge einsetze. In Wirklichkeit fürchtete man, daß diese Maschinen nicht nur so viele deutsche Piloten, sondern auch abgeschossene englische Flieger retten und letztere in die Kriegsgefangenschaft abtransportieren würden.

Damals verfügte die RAF zur Bergung ihrer Männer nur über Motorboote. Unterstützt wurden diese Fahrzeuge durch andere kleine Boote, meistens Fischereifahrzeuge aus Kanalhäfen, deren Mannschaften bereit waren, das erhebliche Risiko einer solchen Rettungsaktion auf sich zu nehmen. Aber man wußte, daß sie Deutsche kaltblütig ertrinken ließen.

Geoffrey Page, der schwere Brandwunden erlitten hatte, als seine Spitfire von einer Me-109 getroffen und in Brand geschossen worden war, konnte trotz seiner Verbrennungen an den Händen noch aussteigen und den Fallschirm öffnen. Die Flammen hatten seine Uniform zerstört und ihm Gesicht und Oberkörper versengt. Er trieb halbnackt und von Schmerzen gepeinigt im Wasser und merkte irgendwie, daß er von einem Boot umkreist wurde. Schließlich hörte Page, wie eine Stimme rief:

„Wer bist du – ein Jerry oder einer von uns?"

Page brauchte einige Zeit, um das Seewasser auszuspucken und durch die halbverbrannten Lippen zurückzurufen:

„Verfluchte Idioten, zieht mich endlich 'raus!"

Das Boot kam sofort längsseits, und starke Arme hoben ihn aus dem Wasser an Deck.

„Als du fluchtest, Kumpel", sagte einer von der Besatzung des Bootes, „wußten wir, daß du von der RAF bist."

Zunächst schien die Schlacht über dem Kanal genau so zu verlaufen, wie es die Deutschen wollten. Im Führungsstab der Luftwaffe rieb man sich die Hände und befahl, die Angriffe weiter zu verstärken, während die Briten noch dabei waren, ihren Nachholbedarf an Kampferfahrung zu decken.

Aber sie lernten rasch dazu. Geoffrey Page war keineswegs der einzige Flugzeugführer, der mit schweren Verbrennungen ins Lazarett eingeliefert werden mußte. Angesichts der Lücken in ihren Reihen überdachten die Führungsstellen der RAF ihre Situation. Innerhalb von Tagen wurde das Fliegen im geschlossenen Verband aufgegeben, und man probierte neue Taktiken aus, wobei viele Methoden der Luftwaffe übernommen wurden. Schließlich begann die RAF, in der sogenannten Finger-Vier-Formation zu fliegen – jede Maschine an den Fingerspitzen einer imaginären, ausgestreckten Hand. Dieses Verfahren trat an die Stelle des starren Formationsflugs und verbesserte die Überlebenschancen bei Luftkämpfen mit den Deutschen.

Was sich jetzt über dem Kanal und über Südengland abspielte, glich gewissermaßen einem modernen Gladiatorenkampf, in dem Profikämpfer um den Sieg rangen. Die britischen Schiffe, die mit Lebensmitteln und Nachschubgütern die Straße von Dover zu passieren versuchten, und die Stukas, die diese Schiffe zu versenken trachteten, bevor sie außer Reichweite und in den Schutz der feindlichen Flak gerieten, spielten hierbei in gewisser Weise nur eine untergeordnete Rolle.

Wenn die Schiffe die Stukas hervorlockten, stürzten sich die Spitfires und Hurricanes auf die schwerfälligen Sturzkampfbomber hinab. Aber gerade darauf warteten Oberst Johannes Finks Begleitschutzstaffeln mit ihren Me-109 Hunderte von Metern höher am Himmel. Sie gingen sofort zum Angriff über und überraschten die britischen Jäger, die ganz mit den Stukas beschäftigt waren. So begannen die Luftkämpfe zwischen den Jägern, und von dem Ergebnis dieser Auseinandersetzungen sollte die nächste Phase des Krieges abhängen.

Bei diesen spektakulären Kämpfen, in denen der Himmel von wild ineinander verschlungenen Kondensstreifen überzogen wurde, schieden die Verwundbaren und die Unachtsamen rasch aus. Um zusätzliche Flugzeit über dem Kanal zu gewinnen, warf die Luftwaffe zweimotorige Me-110 in den Kampf, die aber durch ihre Schwerfälligkeit eine leichte Beute der RAF wurden. Nach schweren Verlusten versuchten sich die Me-110 dadurch besser zu schützen, daß sie in Ringformation flogen, was an die Wagenburgen erinnerte, mit denen sich die Siedler im amerikanischen Westen der Indianer erwehrten. Diese Taktik erwies sich als Fehlschlag. Um sich gegenseitig schützen zu können, mußten die Me-110 nicht nur ihre Hauptaufgabe, nämlich den Schutz der Bomber, aufgeben, sondern sie wurden selbst ein noch leichteres Ziel; oft trafen Piloten der RAF zwei oder drei Me-110 zugleich.

Auch die RAF hatte ihre Schwierigkeiten, besonders mit dem doppelsitzigen Defiant-Jäger. Die Deutschen erkannten schnell, daß die Defiant – anders als die Hurricane, der sie glich – keine in Flugrichtung feuernden Waffen besaß; ihre einzigen MGs waren nach rückwärts gerichtet. Als dies von den Deutschen erkannt worden war, hatte die Defiant weitgehend ausgedient.

Am 19. Juli trafen neun Defiants, die von Hawkinge, einem Feldflughafen in der Nähe des Kanals, aufgestiegen waren, auf 20 Messerschmitt-109, die die Defiants aus der Sonne heraus angriffen. Fast im selben Augenblick trudelten fünf Defiant-Jäger abgeschossen ins Meer. Einer sechsten Maschine gelang es, Dover zu erreichen, wo sie brennend abstürzte. Die restlichen drei Maschinen wurden von der Hurricane-Staffel 111 gerettet, die eine der Messerschmitt-109 abschoß und die anderen so lange in Schach hielt, bis die deutschen Jäger wegen Treibstoffmangels den Rückflug nach Frankreich antreten mußten.

In dieser Phase der Schlacht über dem Kanal waren die meisten Flugzeugführer auf beiden Seiten jetzt täglich über 12 Stunden in Alarmbereitschaft. Die Staffeln der RAF in den Kampfzonen am Kanal, in Kent, Sussex und Hampshire, flogen bis zu vier Einsätze pro Tag, von je etwa anderthalb Stunden Dauer. Die Jäger- und Bomberstaffeln der Luftwaffe waren vorläufig zwar noch nicht so stark belastet, aber auch bei ihnen waren drei Einsätze für die Jäger und zwei für die Stukas nichts Ungewöhnliches.

Der gefährlichste Teil der Einsätze, die Luftkämpfe, dauerte nur in den seltensten Fällen länger als 10 oder 15 Minuten. Oft waren sie von beiden Seiten des Kanals klar zu sehen. Die deutschen Soldaten verfolgten die Kämpfe vom Steilufer zwischen Calais und Boulogne; britische Zivilisten sahen von den Kreidefelsen außerhalb von Dover zu oder lauschten den Kommentaren der Kriegsberichterstatter von BBC.

Den größten Teil des Sommers 1940 war das Wetter warm, mild und sonnig; aber von Zeit zu Zeit trieben Regenschauer über die See, Nebelschwaden verhüllten die Küstenstriche, und kalte Winde trieben dicke Gewitterwolken über den Kanal. Die Deutschen wurden von solchen Wetterstürzen oft überrascht und gezwungen, auf Einsätze ihrer Luftwaffe zu verzichten. In dieser Hinsicht befanden sich die Briten im Vorteil; das Wetter zog gewöhnlich vom Atlantik her auf, so daß die Royal Air Force früher als die Luftwaffe wußte, mit welchen Witterungsverhältnissen zu rechnen sein würde. Aber die Luftwaffe flog bei fast jedem Wetter, denn Göring forderte schnelle Ergebnisse.

„Zwischen den Zielen der beiden Seiten bestand ein deutlicher Unterschied", schrieb Air Chief Marshal Dowding später. „Den Deutschen kam es darauf an, das Übersetzen von Erdtruppen über den Kanal zu ermöglichen, die Invasion durchzuführen und damit den Krieg zu beenden. Ich auf der anderen Seite wollte mit unserer Jagdwaffe den Krieg nicht beenden. Mir kam es nur darauf an, mit allen Mitteln zu verhindern, daß die Deutschen mit ihren Invasionsvorbereitungen Erfolg hatten ... Zu diesem Zweck mußte ich verhindern, daß sie die Luftherrschaft errangen."

Dowdings Annahme, daß die Deutschen eine Landung in England so frühzeitig wie möglich durchführen wollten, war durchaus wohlbegründet. Ende Juli hatte er vom Geheimdienst erfahren, daß die Deutschen 15 Heeresdivisionen in Norddeutschland, Belgien und Nordfrankreich in Küstennähe zusammengezogen hatten. Diese Meldungen stimmten ziemlich genau; tatsächlich bestanden die Invasionsverbände aus 13 Divisionen und zwei Reservedivisionen. Generalfeldmarschall von Brauchitsch, der Oberbefehlshaber des Heeres, hatte seinem Kollegen von der Marine, Großadmiral Erich Raeder, gesagt, sie würden sich binnen eines Monats auf englischem Boden wiedersehen.

Die deutschen Erwartungen waren hochgeschraubt, weil Göring mit seiner Strategie Erfolg zu haben schien. Ihm wurde von seinen Geheimdienstexperten immer wieder versichert, daß die Briten in dem verzweifelten Versuch, die Vorreiter der Invasion zurückzu-

Dieser Aufruf an die britische Bevölkerung, was sie im Falle einer deutschen Invasion zu tun habe, erschien am 9. Juli 1940 in englischen Zeitungen. Er enthielt eine Reihe von Ermahnungen, wie sich jeder bei einer amphibischen Landung oder einem Massenabsprung von Fallschirmjägern der Wehrmacht verhalten solle. Die Formulierung zeigt das typisch englische Understatement.

schlagen, jedes nur verfügbare Flugzeug in die Schlacht um den Kanal würfen. Aber für den Fall, daß die Briten doch noch Reserven in der Hinterhand hätten, drängte Göring die Generalfeldmarschälle Kesselring und Sperrle, alles zu unternehmen, um noch mehr Maschinen der RAF aus der Reserve herauszulocken. So wurden neben den normalen Operationen sogenannte Lockvögel eingesetzt, um britische Jäger in Versuchung zu bringen, die deutschen Flugzeuge bis zur französischen Küste zu verfolgen, wo die Messerschmitt-Jäger auf sie warteten.

Adolf Galland wandte mit Vorliebe einen Trick an, mit dem es ihm gelang, auch die erfahrensten britischen Piloten zu unüberlegten Aktionen zu bewegen – und dieser Trick besaß außerdem noch einen erheblichen Wert für die Ausbildung.

„Zu jener Zeit wurde eine ganze Reihe neuer Flugzeugführer in meine Gruppe versetzt", bemerkte Galland später dazu, „und ich wollte ihnen neben einer baldigen Feuertaufe auch Selbstvertrauen einflößen, indem ich ihnen eine Abschußmöglichkeit bot."

Galland flog zu diesem Zweck allein in seiner Me 109 über den Kanal; wenn er britische Jäger sah, zog er in ihrer Nähe, aber noch gerade außerhalb ihrer Reichweite, seine Kreise, bis ein Feindflugzeug ausscherte, um ihn aufs Korn zu nehmen. Dann drehte er um und nahm wieder Kurs auf Frankreich. Gleichzeitig nahm er Funkkontakt zu zweien seiner Neulinge auf, die bereits über der französischen Küste warteten.

„In vielen Fällen konnte der Engländer der Versuchung nicht widerstehen", sagte Galland. „Es war klar, daß er glaubte, ich hätte ihn nicht gesehen, und aus diesem Grunde wollte ich ihn auch nicht abschütteln. So blieb er mir auf den Fersen, in der Hoffnung, leichtes Spiel zu haben, und stieß auf meine Jungens."

Auf diese Weise geschah es, daß einer von Dowdings erfolgreichsten Jägern zum zweiten Mal seine Spitfire – und beinahe auch sein Leben – verlor. Alan Deere verfolgte eine Messerschmitt-109 zurück über den Kanal und merkte die Falle erst, als er sah, wie der Gegner „seine Maschine praktisch auf die Nase stellte und senkrecht auf den Flugplatz, den ich jetzt als Calais/Marck erkannte, hinunterstürzte". Calais/Marck war ein deutscher Fliegerhorst. Zwei andere Messerschmitt-109 tauchten am Himmel auf und versuchten, Alan Deere sofort abzuschneiden. „Mit Vollgas ging ich im Tiefflug auf Heimatkurs und schimpfte mit mir selbst: ‚Du blöder Hund'."

Nur äußerste Konzentration und Kampferfahrung retteten Deere vor den Angriffen seiner Feinde. Beim Rückflug nach England hielten sich die beiden Me-109 neben ihm und griffen ihn nacheinander an. Er zwang sie zum Abdrehen, indem er erst zur einen, dann zur anderen Seite in eine plötzliche Kurve ging. Dann setzte er die Flucht fort, bevor sie sich neu formieren konnten. Er sah bereits die Klippen von Dover vor sich, als eine der Me-109 sein Armaturenbrett, das Cockpitdach und den Benzintank zerschoß. Außerdem wurde ihm seine Uhr vom Handgelenk weggerissen, was er im Augenblick gar nicht bemerkte.

Als britische Jäger zu seinem Schutz auf der Bildfläche erschienen und die Me-109 abdrängten, brannte Deeres Spitfire bereits lichterloh. Aber es gelang ihm noch gerade rechtzeitig auszusteigen. Dabei brach er sich das Handgelenk, aber er hatte, wie immer, Glück und landete mit dem Fallschirm auf einem Acker nur 50 Meter von einem Sanitätskraftwagen der Royal Air Force entfernt, der auf einer nahe gelegenen Straße hielt, während Fahrer und Beifahrer ihr Lunch verzehrten.

Alan Deere kam zwar durch und konnte wieder fliegen, viele andere aber nicht. Angesichts dieser stetigen Personalverluste wies Dowding seine Kommandeure an, sich nie auf Luftkämpfe um ihrer selbst willen einzulassen und den Gegner niemals außerhalb der Gleitflugentfernung zur englischen Küste anzugreifen. „Ich brauche lebende Flieger und keine toten Helden", erklärte er.

Mit Hilfe des Radars konnte Air Chief Marshal Dowding seine Flugzeuge optimal einsetzen. Der Radar zeichnete jede Feindbewegung rund um die Uhr auf. Aber er war auch nicht immer unfehlbar. Wenn er auch die Entfernung des Feindes genau angab, so unterschätzte er oft die Flughöhe des gegnerischen Verbands, manchmal bis zu 1500 Metern. Nach einer gewissen Zeit gingen die Flugzeugführer dazu über, den ihnen von den Radarstationen übermittelten Höhenangaben mindestens 1500 Meter zuzurechnen, um nicht überraschend von oben angegriffen zu werden.

Die Deutschen sahen voller Neid auf diese technische Hilfe, die den englischen Piloten zugute kam. Ein deutscher Offizier meinte einmal bedauernd: „Wenn unsere Jungens starten, sind ihre Briefings manchmal zwei Stunden alt. Die Briten werden durch ihre Kopfhörer ständig auf dem laufenden gehalten, sogar noch während der Luftkämpfe."

In dem Versuch, den Radarvorteil auszugleichen, gingen die Taktiker der Luftwaffe dazu über, die RAF durch Scheineinsätze zu täuschen. Diese Bewegungen mußten als Punkte auf den britischen Radarschirmen erscheinen. Während die Spitfires und Hurricanes dann aufstiegen und den vermeintlich im Anflug befindlichen Feindverband erwarteten und inzwischen einen Teil ihrer kostbaren Flugzeit vergeudeten, erhielt die erste Welle der deutschen Maschinen den Befehl zur Umkehr, und neue Formationen der Messerschmitt-109 stiegen auf, um den Kampf mit den feindlichen Jägern zu suchen, die inzwischen schon einen erheblichen Teil ihres Treibstoffvorrats verbraucht hatten.

Um dieser Taktik zu begegnen, entwickelte die RAF eine Methode, die einen Einsatz nur dann vorsah, wenn ein echtes Ziel in Sicht war. Rotten von Spitfires und Hurricanes pendelten zwischen Landeplätzen weiter im Inland, wo sie sich außerhalb der Reichweite feindlicher Jäger befanden, und näher am Kanal gelegenen Flugplätzen hin und her; hier konnten sie den letztmöglichen Augenblick für den Start abwarten.

Im Juli vermerkte Dowding in seinem Tagebuch, er habe den Eindruck, daß die Zeit für die Royal Air Force und für Großbritannien arbeite, „wenn wir nur durchhalten können". Was er nicht wußte, war die Tatsache, daß auch die Feindlagebearbeiter der Luftwaffe auf seiner Seite standen. Die britischen Verlustzahlen, die sie Göring gegen Ende des Monats vorlegten, überzeugten den Reichsmarschall davon, daß die erste Phase der Schlacht um England bereits gewonnen war – daß der Kanal gesperrt war und die RAF in der Luft entscheidende Verluste erlitten hatte. In Wirklichkeit passierten kleine Geleitzüge weiterhin dicht unter Land die Straße von Dover und würden es auch weiterhin tun. Und die Royal Air Force besaß Ende Juli mehr einsatzfähige Jäger als zu Anfang des Monats. Allein in diesem Monat hatten die britischen Flugzeugfabriken 496 Jagdflugzeuge produziert – das waren viermal so viel wie in einem vergleichbaren Monat vor Dünkirchen.

Göring legte Hitler siegessicher seine Statistik vor und bat um Genehmigung, seine Kräfte für die zweite Phase der Schlacht um England bereitstellen zu dürfen. Er war hoch erfreut über Hitlers Antwort. Am 1. August gab der Führer grünes Licht für den massiven Angriff auf Englands Luftverteidigung. Die von ihm herausgegebene Weisung Nr. 17 ordnete an, daß von jetzt an, „um die Voraussetzungen für die endgültige Niederringung Englands zu schaffen", die folgenden Maßnahmen durchzuführen seien:

- Die Luftwaffe sollte die RAF und Englands Luftverteidigungsanlagen ein für allemal vernichten, und zwar durch Angriffe nicht nur gegen fliegende Verbände, sondern auch gegen Flugplätze und andere Landeplätze, Versorgungseinrichtungen, die Flugzeugindustrie und die Fabriken, die Flugabwehrgeräte herstellten.
- Sobald die Royal Air Force endgültig vernichtet war, sollten die britischen Hafenanlagen zerstört werden, außer denjenigen an der britischen Südküste, die für die Landung der deutschen Invasionstruppen vorgesehen waren.
- Die Luftwaffe sollte diesen Auftrag mit Schnelligkeit, Rücksichtslosigkeit, Unternehmungsgeist und Wagemut ausführen, sich aber ausreichende Kraftreserven bewahren, um bei der eigentlichen Invasion – der Operation *Seelöwe* – einsatzfähig zu sein.

Hitler setzte noch einen Vorbehalt hinzu. Die Luftwaffe dürfe unter keinen Umständen irgendwelche „Terrorangriffe" gegen die britische Zivilbevölkerung als Vergeltung durchführen, es sei denn, er ordne dies persönlich an. „Bombenangriffe mit dem Ziel, eine Massenpanik zu erzeugen", erklärte er, „müssen bis zuletzt aufgehoben werden." Er wies Göring an, daß sich dieses Verbot speziell auf London beziehe; die britische Hauptstadt sollte für die Bomber der Luftwaffe tabu bleiben.

Als Deckname für die massiven Luftangriffe auf England wählte die Wehrmachtführung die Bezeichnung *Adlerangriff.* Auf einen Termin für den Beginn – den Adlertag – legte sich Hitler nicht fest; er erklärte lediglich, es komme ein Tag „nach dem 5. August" in Frage. Er hinterließ jedoch den allgemeinen Eindruck, daß er mit dem Beginn etwa 48 Stunden nach diesem Datum rechne, und der britische Geheimdienst berichtete in diesem Sinne an Winston Churchill. Der Premierminister unterrichtete daraufhin die RAF, daß der Großeinsatz der Luftwaffe unmittelbar bevorstehe.

Und so gab Air Chief Marshal Dowding am 8. August folgenden Tagesbefehl an die Jagdwaffe heraus:

„Die Luftschlacht um England steht jetzt unmittelbar bevor. Angehörige der Royal Air Force, das Schicksal von Generationen liegt in Eurer Hand."

An jenem Tag nahm der Druck der Luftwaffenangriffe erheblich zu, und in der RAF war man allgemein der Auffassung, daß die

Dieses aus dem Cockpit eines deutschen Jägers in der Luft aufgenommene Photo zeigt eine britische Hurricane, die nach dem Feuerstoß einer deutschen Maschine die linke Tragfläche (oben rechts) verloren hat. Der Pilot der Hurricane (oben) ist bereits mit dem Fallschirm abgesprungen. Am unteren Bildrand sind die weißen Kreidefelsen von Dover zu erkennen, über denen zu Beginn der Luftschlacht um England die meisten Luftkämpfe stattfanden.

Entscheidungsschlacht begonnen habe. Vom frühen Morgen an führten Stukas in rollendem Einsatz Angriffe auf einen großen Geleitzug im Kanal durch, während andere Bomber vor fast allen Hafeneinfahrten an der englischen Südküste Minen legten.

Luftkämpfe wüteten über Hampshire, Sussex, Kent und dem Kanal, und bei Sonnenuntergang hatten beide Seiten zusammen über 1000 Einsätze geflogen. Beim Zusammenzählen ihrer Luftsiege rühmten sich die Flugzeugführer der RAF, insgesamt 24 deutsche Bomber und 36 Jäger abgeschossen zu haben, während die Deutschen nicht weniger triumphierend behaupteten, 49 britische Jäger vom Himmel geholt zu haben. Die Zahlenangaben waren auf beiden Seiten übertrieben. Die Luftwaffe hatte 31 und die RAF 19 Maschinen verloren. Jedenfalls hatte dieser Tag die bisher schwersten Verluste im Luftkrieg gefordert.

Aber der Adlertag war noch nicht gekommen. In einer Reihe von Besprechungen, die während der vorangegangenen Woche in Karinhall, Görings prunkvollem Landsitz in der Schorfheide bei Berlin, stattgefunden hatten, war es zu schweren Meinungsverschiedenheiten über die Operationspläne zwischen den Generalfeldmarschällen Kesselring und Sperrle, deren Luftflotten 2 und 3 die Hauptlast der Entscheidungsschlacht zu tragen haben würden, gekommen. Die beiden Männer hatten nicht viel füreinander übrig; ihre Zusammenarbeit war seit jeher nicht die beste gewesen, und auch diesmal brachen wieder Streitigkeiten aus.

Generalfeldmarschall Kesselring schlug vor, die Angriffe auf ein einziges Ziel zu konzentrieren – auf London. „Wenn wir erst einmal ein paar tausend Cockneys getötet haben", sagte er, „werden die Briten um Frieden betteln."

Sperrle erwiderte mürrisch, es sei Wasser auf die Mühlen der Engländer, alle Verbände gegen London einzusetzen, ohne vorher die Royal Air Force ausgeschaltet zu haben, denn so könnten die Briten ihre Jäger im Umkreis um die Hauptstadt zusammenziehen und den angreifenden deutschen Bomberverbänden schwerste Verluste beibringen. Die Gefahr würde dadurch noch erhöht, meinte Sperrles Generalstabschef Paul Deichmann, daß sich die Bomber außerhalb der Reichweite der Me-109 befinden und infolgedessen auf Begleitschutz verzichten müßten.

Reichsmarschall Göring machte diesem Teil der Auseinandersetzung mit der Bemerkung ein Ende, daß der Führer die Stadt London ausdrücklich für tabu erklärt habe.

Kesselring schlug dann vor, die Luftwaffenangriffe auf irgendeine andere Großstadt zu konzentrieren, statt sie, wie Sperrle wollte, über eine Vielzahl von Zielen zu verteilen. Die Einsatzhäfen der RAF und die Rüstungsfabriken könnten zu einem späteren Zeitpunkt bombardiert werden. Aber Sperrles Auffassung entsprach Görings Vorstellungen und Hitlers Befehlen mehr als die Kesselrings; schließlich befaßte man sich nur noch damit, welche Ziele der jeweiligen Luftflotte zuzuweisen seien und wie die Einsatzpläne miteinander koordiniert werden könnten.

Während ihre Stäbe die Einzelheiten ausarbeiteten, zogen sich die beiden Luftflottenbefehlshaber zu einer Ruhepause an Görings überdachtes Schwimmbad zurück. Aber auch hier brach der Streit wieder los. Schließlich sagte Kesselring erregt:

„Ich habe von dieser Art der Kriegführung gegen England nie viel gehalten! Nach meiner Überzeugung kommt es darauf an, Gibraltar in Besitz zu nehmen und die Engländer im Mittelmeer einzusperren. Das zwingt sie in die Knie!" Dieser unpopuläre Ratschlag stieß jedoch auf taube Ohren.

Erst am 6. August 1940 wurde schließlich ein Termin für den Adlertag festgesetzt. Er sollte in vier Tagen, am 10. August, sein – falls das Wetter günstig war.

Es war nicht günstig. Am 10. August peitschten Regenschauer über Südengland dahin, und Gewitterwolken hingen tief über dem Kanal und über Nordfrankreich. An den beiden nächsten Tagen blieb es neblig oder wolkig. Die wartenden Bomberbesatzungen der Luftwaffe, die Gerüchte über den bevorstehenden Großeinsatz gehört hatten, begannen unruhig zu werden. Im Bewußtsein der psychologischen Gefahren, die eine weitere Verzögerung mit sich bringen könnte, setzte Hermann Göring nunmehr den Adlertag auf den 13. August fest.

Diesmal wurde der Termin eingehalten – gerade noch. Wie der Wetterdienst vorausgesagt hatte, war es am Morgen stürmisch; Göring ordnete daraufhin sofort eine Verschiebung auf den Nachmittag an, für den eine Wetterbesserung angekündigt worden war. Aber Görings Befehl kam zu spät, um einen Verband von 74 Dornier-Bombern und 50 Begleitschutzjägern Me-110 aufzuhalten, die bereits zum Angriff auf Flugplätze und Einrichtungen der RAF in Kent unterwegs waren.

Feldmarschall Kesselring beorderte die Angreifer mit dringenden Funksprüchen zurück. Die Me-110 drehten daraufhin auch prompt ab, aber die Dorniers standen unter der persönlichen Führung von Oberst Johannes Fink, und dies war der Tag, auf den der Führer der Schlacht über dem Kanal schon seit langem gewartet hatte. Er beschloß weiterzufliegen und verließ sich darauf, daß eine dichte Wolkendecke ihm den Schutz bieten würde, den er durch die Umkehr seines Jägerbegleitschutzes verloren hatte. Er hatte Glück. Ein britisches Radarteam verkalkulierte sich hinsichtlich der Anzahl der angreifenden Bomber und gab falsche Informationen an die Jägerführung durch, so daß nur eine ungenügende Zahl von Jägern gegen diesen starken Bomberverband zum Einsatz gelangte. Die Dorniers kamen durch und warfen ihre Bomben auf den Flugplatz von Eastchurch ab; bei den darauf folgenden Luftkämpfen verloren sie nur vier Maschinen, vier weitere wurden beschädigt.

DAS BRITISCHE FRÜHWARNSYSTEM

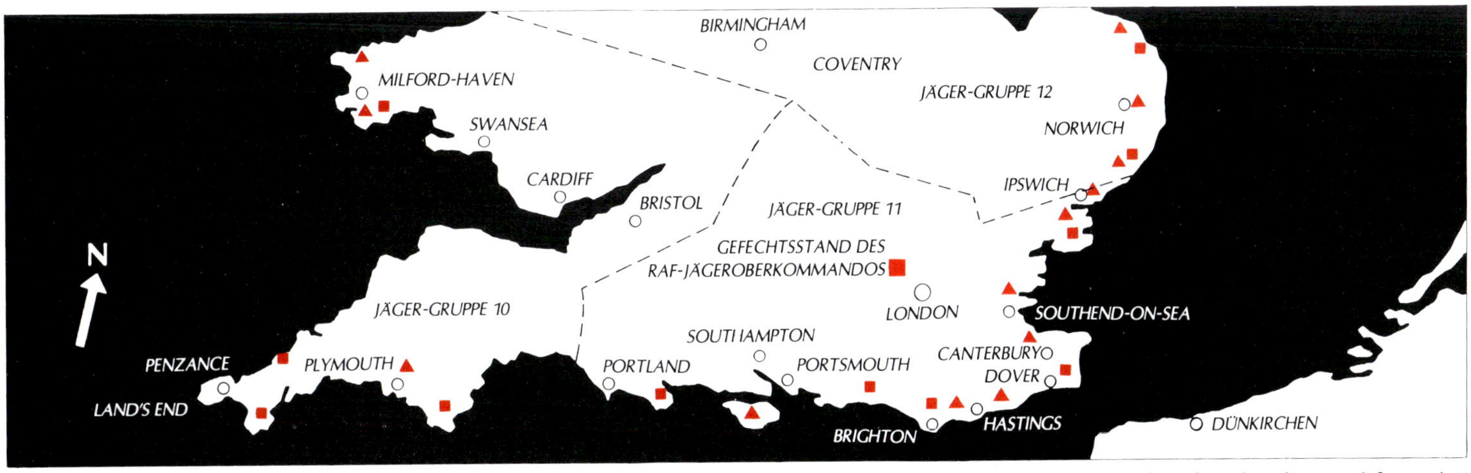

Die Quadrate und Dreiecke auf dieser Karte (oben) zeigen die Radarstationen, mit denen Flugzeuge beim Anflug auf Englands Süd- und Ostküste erfaßt wurden.

Das Radarnetz, mit dessen Hilfe es England gelang, den deutschen Luftangriffen standzuhalten, war das erste seiner Art auf der Welt und blieb lange Zeit auch das leistungsfähigste. 1936 begonnen, entstand es mit Schwerpunkt an der britischen Süd- und Ostküste. Das System basierte ursprünglich auf 75 Meter hohen Antennen *(Quadrate auf der Karte)*, mit denen Flugzeuge in einer Entfernung bis zu 240 Kilometern und einer Flughöhe von 10000 Metern erfaßt werden konnten. Aber Tiefflieger entgingen diesen Radartürmen, so daß 1939 Niedrigantennen *(Dreiecke)* dem System hinzugefügt wurden. Diese orteten Maschinen, die sich dicht über dem Wasserspiegel des Kanals näherten.

Sobald Feindflugzeuge vom Küstenradar erfaßt wurden, stellte das Personal deren Zahl, Entfernung und ungefähre Flughöhe fest und gab diese Daten telephonisch an die Befehlsstelle der britischen Jägerführung weiter. Dort wurden diese Informationen durch Ergebnisse der Augenbeoachtung ergänzt und sofort an die Jagdgruppen weitergeleitet. Während die Jagdstaffeln den Kampf mit dem Gegner aufnahmen, hielten Angehörige des Weiblichen Hilfskorps die jeweiligen Gefechtspositionen auf einer Karte fest, während Stabsoffiziere von einer darüberliegenden Galerie aus den Ablauf der Luftschlacht dirigierten.

Auf dem Gefechtsstand der Jägerführung bei London schieben mit Kopfhörern ausgerüstete Stabshelferinnen auf der Lagekarte Erkennungszeichen für britische und deutsche Staffeln hin und her, während ihnen Offiziere von oben zuschauen.

Der Rest gelangte wohlbehalten nach Frankreich zurück und meldete, daß ein wichtiger Jägerplatz der RAF unbrauchbar gemacht und 10 Spitfires auf dem Boden zerstört worden wären. In Wirklichkeit war Eastchurch nur mit Jägern und leichten Bombern der zweiten Linie belegt, und der Platz war trotz der schweren Schäden nach 10 Stunden wieder benutzbar.

Die eigentliche Adlertag-Offensive begann um 15.45 Uhr mit einem Angriff von Bomberstaffeln unter Jagdschutz gegen Ziele in Südengland von Southampton bis zur Themsemündung – auf einer Breite von 240 Kilometern. Auf Southampton, Englands größten Hafen, setzten die Deutschen 150 Bomber mit einem aus Me-109 bestehenden Begleitschutz an. Vier Jagdstaffeln der RAF wurden ihnen entgegengeschickt.

Zu dem angreifenden Bomberverband gehörten sowohl Stukas als auch zweimotorige Junkers-88, die schnellsten und modernsten mittleren Bomber der Luftwaffe. Ihre Annäherung an Southampton wurde nur von Blenheim-Jägern, einer abgeänderten Version des Bombers Blenheim Mark IV überwacht. Gewöhnlich für die Nachtjagd verwendet – sie hatten als erste Radar an Bord –, waren die Blenheim-Jäger für Luftkämpfe bei Tage nicht schnell genug, da sie fast 20 Kilometer langsamer als eine vollbeladene Ju-88 waren. Die Ju-88 nahmen es mit den Blenheims auf, beschädigten mehrere und begannen den Hafen zu bombardieren, wobei sie zahlreiche Docks und Lagerhäuser zerstörten oder in Brand setzten.

Die Stukas hatten weniger Glück; sie gerieten unter Spitfires. 13 Spitfires kreisten hoch über dem Kanal und stürzten sich durch die Jägereskorte der Stukas hindurch, schossen dabei eine Me-109 ab und griffen dann die 40 Stukas an. Die Spitfires hatten die Sonne im Rücken, und die Stukas hatten keine Chance. Neun wurden abgeschossen, mehrere andere beschädigt, und der Rest entledigte sich der Bombenlast im Notwurf und wurde vertrieben.

Dieses Massaker war das Werk von Angehörigen der Jagdstaffel 609 der RAF, von denen einer einen Kommentar abgab, der später in die Kriegstagebücher der Royal Air Force einging. Am Tage zuvor, dem 12. August, hatte offiziell die Jagd auf die schottischen Moorhühner begonnen. Diesen Tag nennt man in Großbritannien *The Glorious Twelfth*. Der in Hochstimmung befindliche Spitfire-Pilot meinte: „Ich konnte mich in diesem Jahr für den *Glorious Twelfth* nicht freimachen – aber am *The Glorious Thirteenth* erlebte ich die beste Jagd meines Lebens!"

Auch die Deutschen prahlten mit ihrer Leistung. Obwohl der Adlertag erst am Nachmittag begonnen hatte, hatten sie eine noch nicht dagewesene Zahl von Einsätzen geflogen – 1485 im Vergleich zu 700 der RAF. Die deutschen Besatzungen meldeten bei ihrer Rückkehr die erfolgreichen Angriffe auf sechs britische Flugplätze und andere Einrichtungen, die Zerstörung von Dutzenden von Maschinen auf dem Boden, die Vernichtung mehrerer kleinerer Fabriken und außerdem die schwere Beschädigung des Hafens von Southampton.

Was Göring aber am meisten freute, war die Anzahl der britischen Flugzeuge, die seine Piloten als abgeschossen meldeten. An jenem Abend gab der deutsche Wehrmachtbericht bekannt, daß 88 britische Jagdflugzeuge vernichtet worden seien – 70 Spitfires und Hurricanes sowie 18 Blenheims. Die Verluste der Luftwaffe wurden mit 12 Maschinen angegeben. Der begeisterte Reichsmarschall ordnete an, daß in allen Fliegerkasinos im Kampfgebiet Champagner ausgeschenkt werden solle. Wegen der allzu optimistisch gefärbten Lageberichte kannte er die wahren Verluste des Adlertages nicht: 13 britische Jäger waren abgeschossen worden, gegenüber 23 Bombern und 11 Jägern der Luftwaffe. Diese Verluste waren für beide Teile schmerzlich – aber ein wichtiger Punkt sprach für die RAF: Die Luftwaffe hatte sich in ihrer Gewinn- und Verlustrechnung verschätzt.

Bei der Befragung von Flugzeugführern und Besatzungen erfuhren die Feindlagebearbeiter der Luftwaffe, daß ein Umstand für die Bomberverbände ganz besonders unangenehm gewesen war: Die

Hitlers kühne Behauptung, er werde die britische Kapitulation am 15. August 1940 entgegennehmen, wurde von David Low mit dieser Zeichnung karikiert: ein Empfangskomitee steht wartend mit Blumen und Maschinenpistolen an der Küste. Zufällig führte die Luftwaffe gerade an dem Tag, als diese Karikatur erschien, einen ihrer schwersten Angriffe gegen England; die deutschen Flugzeugtrümmer auf dieser Zeichnung wirkten wie ein Omen, denn die deutschen Verluste bei diesem Angriff waren mehr als doppelt so hoch wie die der RAF.

Briten schienen immer zu wissen, wo sich der Feind befand. Mehr denn je begann das britische Radarsystem, eine entscheidende Rolle zu spielen. Obwohl den Deutschen die Leistungsfähigkeit dieser Geräte seit über einem Monat bekannt war, wurde jetzt die zunehmende Genauigkeit des Radars von allen Luftwaffeneinheiten in der Kampfzone gemeldet.

Die Briten hatten insofern Glück, als die Einsatzberichte weder Reichsmarschall Göring noch seinen Führungsstab überzeugt zu haben schienen, daß der Radar bei weitem die gefährlichste Bedrohung des deutschen Landungsvorhabens darstellte. Obwohl bei den Besprechungen in Karinhall auch vom Radar die Rede gewesen war, hatte niemand den Vorschlag gemacht, seine Zerstörung in die erste Dringlichkeitsstufe einzureihen. Man hatte lediglich vereinbart, vor dem eigentlichen Adlertag einige Angriffe gegen das Radarsystem zu fliegen.

Der erste dieser Angriffe hatte am 12. August stattgefunden. Sechs Radarstationen an der Südküste Englands wurden mit Bomben angegriffen; die Station bei Ventnor auf der Isle of Wight wurde völlig zerstört. Da es sich bei Ventnor um die Station handelte, die den Zugang zum Hafen von Southampton überwachte, war ihre Zerstörung ein großer Erfolg für die Deutschen.

Aber sie wußten es nicht. Sie merkten offenbar nicht, daß Ventnor nicht mehr funkte und daß eine 16 Kilometer breite Lücke in die Radarkette an der Küste gerissen worden war. Durch dieses Loch hätten ihre Bomber ohne Vorwarnung in großen Mengen vordringen und Tod und Verderben säen können.

Radarstationen wurden auch einige Tage später angegriffen, doch wurden sie nicht länger als für ein paar Stunden lahmgelegt. Das britische Radarsystem war – wenn auch den Deutschen unbekannt – in besonderer Hinsicht verwundbar; denn das hier eingesetzte Personal war weitgehend ungeschützt. Es bestand hauptsächlich aus Mitgliedern des Weiblichen Hilfskorps, die in der Nähe der Radartürme in kleinen Holzhütten arbeiteten; diese waren oberirdisch angelegt und so dürftig getarnt, daß sie leicht zu erkennen waren. Bei gezielten Bombenabwürfen – oder auch durch Beschuß von Jagdflugzeugen – hätten diese Hütten ohne weiteres zerstört werden können.

Aber dies geschah nur bei zwei Gelegenheiten und auch dann – allem Anschein nach – nur durch Zufall. Was die Sturzkampfbomber der Luftwaffe vernichten sollten, waren die schlanken Radartürme selbst, und diese zu treffen war ungefähr ebenso schwierig, als wollte man eine Erbse auf eine Nadelspitze fallen lassen. Aber nicht nur das – die Radartürme waren sehr leicht zu ersetzen, das ausgebildete Personal jedoch nicht. Während die Angriffe gegen die Türme weitergingen, setzten die Luftwaffenhelferinnen ihre Arbeit fort und lieferten der Jägerführung ständig die Informationen, die der Vernichtung des Angreifers selbst dienten.

Wenn Göring das Ausmaß der Krise erkannt hätte, die für die RAF durch die Ausschaltung der Station von Ventnor entstanden war, dann hätte er vielleicht eine Intensivierung der Bombenangriffe auf die britische Radarkette angeordnet. Aber die offenbar nutzlosen Angriffe auf die Radarstationen überzeugten ihn von deren Unverwundbarkeit. In einer von Göring herausgegebenen Weisung an seine Kommandeure hieß es:

„Es ist zweifelhaft, ob es Sinn hat, die Angriffe gegen Radaranlagen fortzusetzen, wenn man bedenkt, daß nicht eine einzige von ihnen bisher außer Betrieb gesetzt werden konnte."

Reichsmarschall Göring machte während des Zweiten Weltkriegs viele Fehler, und dies war vermutlich einer der schwereren – aber es war nicht seine Schuld, daß er keine Ahnung von einem weiteren Pluspunkt hatte, den die Briten neben dem Radar besaßen: die Möglichkeit, den verschlüsselten deutschen Funkverkehr mitzulesen. Wenn das Radarnetz der Royal Air Force zerstört worden wäre, dann hätten die Deutschen wahrscheinlich schon bald folgern können, daß die Briten ihre Informationen auch noch über eine andere Quelle – den deutschen Funkverkehr – bezogen und hätten vermutlich ihren Code geändert.

Zwei Tage nach dem Adlertag, am Morgen des 15. August, stand die Luftwaffe wieder zum Großeinsatz bereit. Es war sonnig und warm, eine dünne Wolkendecke hing über dem Kanal, und über der Nordsee herrschte wolkenloses Wetter. Göring befahl den Befehlshabern der Luftflotten 2 und 3, jeden verfügbaren Jäger einzusetzen, dazu 75 Prozent der Sturzkampfbomber und 50 Prozent der Bomber. Wenn man die neuen Maschinen mitrechnete, die als Ersatz für die bisherigen Verluste zugeführt worden waren, ergab dies eine Zahl von 975 Jägern, 190 Sturzkampfbombern und 432 Bombern – die größte Luftstreitmacht, die bisher für eine einzige Operation eingesetzt worden war. Die übrigen Bomber wurden für Angriffe der zweiten Welle zurückgehalten.

General Hans-Jürgen Stumpff, Befehlshaber der Luftflotte 5 in Norwegen und Dänemark, erhielt jetzt auch seinen Einsatzbefehl. Unter völliger Außerachtlassung des Radars und im unklaren darüber, daß der deutsche Code vom Gegner geknackt war, entschloß sich Stumpff zu einem Überraschungsangriff über die Nordsee gegen Flugplätze und Flugzeugfabriken im Nordosten Englands, zwischen Tynemouth und dem Norden von Yorkshire.

Seine Flugzeuge erschienen schon mindestens eine Stunde vor ihrem Auftauchen auf den Radarschirmen, und die britischen Jäger hatten genügend Zeit, sich, mit der Sonne im Rücken, so zu versammeln, daß sie auf die beiden Hauptangriffswellen der Bomberverbände herabstoßen konnten. Ein unter Begleitschutz durch 35 Me-110 anfliegender Verband von 65 Heinkels wurde sofort aufgesplittert und gezwungen, seine Bomben weit von den

RETTUNG AUS DER SEE FÜR WEITERE KÄMPFE

Ein abgeschossener britischer Jagdflieger, der einen Feindbomber vernichtete, bevor er mit dem Fallschirm absprang, wird in einem Ruderboot an Land gebracht.

Während der Sommermonate befanden sich die deutschen und britischen Flieger oft in doppelter Hinsicht in Gefahr. Wenn sie während eines Luftkampfes „aussteigen" mußten, landeten sie mit dem Fallschirm in dem kalten, bewegten Wasser des Ärmelkanals. Beide Seiten verloren zahlreiche Piloten auf diese Weise. Aber bei Beginn der Schlacht um England waren die Deutschen bei ihrer typischen Gründlichkeit viel besser auf die Bergung ihrer Flieger vorbereitet.

Die Deutschen hatten eine ganze Flotte von Rettungsflößen dicht vor der französischen Küste verankert *(rechts)*. Jedes Floß war mit Dekken, Lebensmitteln und Sanitätsmaterial ausgestattet, damit sich ein Flieger wärmen und verpflegen konnte, bis er von einem Boot gerettet wurde. Wer weiter draußen ins Wasser fiel, hatte ein aufblasbares Schlauchboot bei sich, das zur Standardausrüstung jedes Fliegers gehörte. Und außerdem führte jeder Flieger einen Behälter mit einer fluoreszierenden, leuchtendgrünen Farbflüssigkeit mit sich, die sich rasch über die Wasseroberfläche ausbreitete und leicht von den sanitätsmäßig ausgerüsteten Seenotrettungsflugzeugen He-59 der Luftwaffe gesichtet werden konnten.

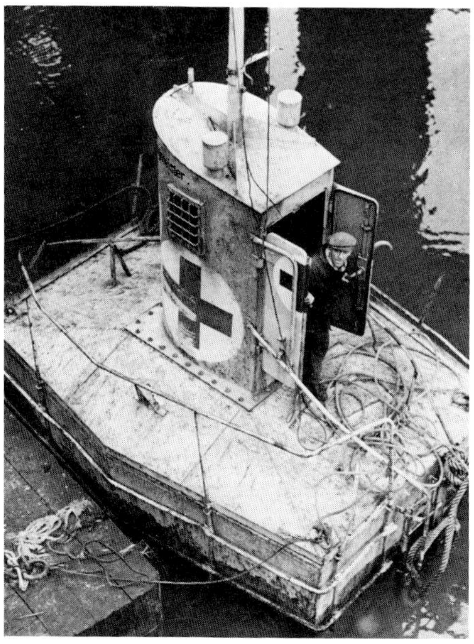

Ein neugieriger Engländer schaut aus einem deutschen Rettungsfloß heraus, das über den Kanal an die britische Küste getrieben ist.

Die Briten verließen sich zunächst weitgehend auf vorbeifahrende Schiffe, Flugzeuge, die abgeschossene Piloten erkannten, und eine Flotte kleiner Boote, die in den Küstengewässern patrouillierten *(oben)*. Im übrigen besaßen die britischen Flieger lediglich ihre Schwimmwesten – und die Hoffnung, daß einer ihrer Staffelkameraden sie sichten und die Position per Funk ans Ufer melden würde.

Im Juni und Juli 1940 kamen so viele britische Flieger im Wasser um, daß Aufklärer eigens zum Auffinden dieser Männer eingesetzt wurden. Deren Aufgabe wurde dadurch erleichtert, daß die Royal Air Force ihre Piloten mit Signalfeuern und – wie die Deutschen – mit fluoreszierenden Farbstoffen ausrüstete. Die Ergebnisse waren befriedigend: Wenn auch die Verluste auf beiden Seiten durch die Intensivierung des Luftkriegs im August und September zunahmen, ertranken weniger britische Flieger im Kanal.

vorgesehenen Zielen abzuwerfen. 50 Ju-88, ebenfalls von Me 110 begleitet, gelang es jedoch, das Munitionsdepot auf einem Flugplatz bei Bridlington in die Luft zu jagen und 10 Whitley-Bomber auf einem Flugplatz bei Driffield zu zerstören, bevor sie von britischen Jägern zurückgeschlagen wurden. Stumpffs Verbände büßten 16 He-111 und 6 Ju-88 ein – ein Verlust, der 20 Prozent von General Stumpffs Bombenflugzeugen ausmachte. Außerdem wurden 7 Me-110 abgeschossen.

Kein einziges Flugzeug der RAF ging bei diesem Luftkampf verloren. Wenn man bedenkt, daß die britische Jagdverteidigung im Nordosten Englands zugunsten der Kanalküste drastisch reduziert worden war, hatten die Engländer einen eindrucksvollen Sieg errungen. Stumpffs fliegende Verbände waren so stark angeschlagen, daß sie nach nur einem weiteren Einsatz von der Luftschlacht um England zurückgezogen wurden.

In Südengland sah es am 15. August jedoch für die Briten nicht so gut aus, weder in der Luft noch auf der Erde. Stukas, He-111 und Ju-88-Bomber flogen systematisch über den Kanal hin und her und bombardierten Flugplätze der RAF. Hangars wurden in Brand gesetzt und Landebahnen durch Bombentrichter vorübergehend unbrauchbar gemacht. Diese Einsätze reichten von Portsmouth bis zur Themsemündung und landeinwärts sogar noch bis Biggin Hill am äußeren Stadtrand von London. Es gab kaum einen Fleck am Himmel entlang der über 300 Kilometer langen Küste, wo keine Luftkämpfe im Gange gewesen wären.

Man sah nicht nur die Kondensstreifen in der Luft, sondern auch die Rauchfahnen beschädigter Maschinen oder das plötzliche rote Aufblitzen, wenn ein Flugzeug durch eine Explosion zerrissen wurde. Obwohl die Luftkämpfe hoch oben am Himmel stattfanden, war der Lärm der Kämpfe auch unten auf der Erde zu hören: das Aufheulen hochgejagter Motoren, das Kreischen von Propellern und Motoren, wenn die Flugzeuge in scheinbar unmögliche Kurven und Sturzflüge gingen, das Rattern von Maschinengewehren und der dumpfe Ton der Bordkanonen – und ab und zu das Krachen, wenn eine Spitfire, eine Hurricane oder eine Messerschmitt in der Luft auseinanderflog.

Einen solchen Tag hatte es noch nicht gegeben. Und es würde, was Luftkämpfe anging, auch nie wieder einen solchen geben. Am Ende der Kämpfe, als die erschöpften Piloten gegen Abend heimkehrten, hatte die deutsche Luftwaffe 1780 Einsätze geflogen, davon 520 Bomberangriffe; die Deutschen behaupteten, 12 Flugplätze der RAF zerstört und 99 britische Flugzeuge abgeschossen zu haben. Die Briten meldeten ihrerseits, daß sie dem Gegner schwere Verluste zugefügt hätten – 182 Flugzeuge der Luftwaffe seien im Laufe von 974 Einsätzen vernichtet worden.

Wie bei früheren Fällen, waren auch hier die Behauptungen auf beiden Seiten übertrieben. In Wirklichkeit hatte die Luftwaffe 34 und nicht 99 britische Flugzeuge, die RAF 75 und nicht 182 deutsche Maschinen zerstört. Aber beiden Seiten machte das Ausmaß ihrer Verluste, sowohl an Flugzeugführern wie an Maschinen, schwer zu schaffen. Viele der abgeschossenen deutschen Flugzeuge hatten drei- oder vierköpfige Besatzungen, während sich die Verluste der Briten, deren Maschinen meistens Einsitzer waren, insgesamt nur auf 17 Gefallene und 16 Verwundete beliefen.

In der dritten Augustwoche herrschte bei wolkenlosem Himmel echtes Sommerwetter. Die Flugbedingungen waren ideal. Die Piloten auf beiden Seiten führten jetzt ein seltsames Leben. Von Tagesanbruch an vertrieben sie sich auf dem Flugplatz die Zeit und warteten auf die Glocke, die sie zum Einsatz rufen würde. Dann stiegen sie auf zu einer Begegnung mit dem Feind, die selten länger als fünfzehn Minuten dauerte. Aber es waren fünfzehn Minuten, in denen man am Leben blieb oder starb, Verbrennungen erlitt oder verstümmelt wurde; man fiel ins Wasser oder kletterte noch unversehrt aus dem Wrack oder landete wieder auf dem Einsatzhafen, um einen Luftsieg zu melden.

Die britischen Flugzeugführer hielten es für schlechten Stil, tote Kameraden zu betrauern oder zuzugeben, daß auch sie Angst hatten; nach außen hin neigten sie eher dazu, die Dinge leicht zu nehmen. Sobald die Dunkelheit hereinbrach und die Kämpfe ein Ende gefunden hatten, waren sie unterwegs nach London, um sich eine Show anzusehen, in einen Nachtklub zu gehen oder sich mit Luftwaffenhelferinnen oder Revuemädchen zu treffen.

Die in Nordfrankreich stationierten Flugzeugführer der Luftwaffe fanden die Bewohner reserviert, wenn nicht geradezu feindselig ihnen gegenüber eingestellt; die Flieger blieben unter sich. Im Gegensatz zu den Engländern betrauerten sie tote Kameraden ostentativ dadurch, daß sie am Tisch einen Platz freiließen und einen Abschiedstoast ausbrachten. Aber sie lebten gut – es gab ausgezeichnete französische Weine und beste französische Küche. Und ab und zu konnten sie sogar irgendwo eine Frau finden, die ihnen dabei half, das Alleinsein erträglicher zu machen.

Während der Luftkrieg weiter wütete, stiegen die blutigen Verluste auf beiden Seiten, und einzelne Fliegerhelden bildeten sich heraus. Die Luftschlachten waren so verbissen und ereigneten sich so häufig, daß es für einen Flugzeugführer schon eine Leistung war, am Ende eines mit Luftkämpfen ausgefüllten Tages sich selbst und seine Maschine wieder heil auf den Boden zu bringen. Aber bestimmte Flieger schafften noch mehr. Einige bewiesen große Führereigenschaften und verstanden es, ihre Kameraden mitzureißen, andere erwiesen sich als Spezialisten im Luftkampf, und wieder andere vereinigten diese beide Begabungen in sich.

Aus dieser letzten Kategorie ragten zwei besonders heraus. Der eine war Engländer, der andere ein Deutscher. Robert Stanford

Tuck war ein magerer, rotgesichtiger Brite, der 1935 in die RAF eintrat, aber die Kunst des Jagens schon als Knabe gelernt hatte, als er in Schottland auf die Rotwildpirsch ging und in Sussex an Entenjagden teilnahm. Während des Rückzugs von Dünkirchen hatte Stanford Tuck in vier Tagen acht deutsche Flugzeuge abgeschossen. Die Zahl seiner Luftsiege stieg im Juli und August weiter an. „Er ist immer irgendwie zur Stelle, wenn die Nazis kommen", meinte einer seiner Kameraden, als Stanford Tuck während eines „kleinen Ausflugs" zwei Feindflugzeuge abgeschossen hatte. Bis November betrug seine Strecke 25 Maschinen.

Neben seiner fast unheimlichen Fertigkeit, beim Luftkampf Sieger zu bleiben, wußte Stanford Tuck, wie man einen Verband führen mußte, wie schwächere Kameraden zu schützen und Neulinge anzulernen waren und wie er seine Formation nach dem Kampf wieder wohlbehalten nach Hause bringen konnte.

Auf der deutschen Seite stand der nicht minder eindrucksvolle Werner Mölders, ein überragender und ideenreicher Flieger. Es war Mölders, der seinen Kameraden über Spanien gezeigt hatte, wie man in weit auseinander gezogener Formation fliegen müsse, um den spanischen Republikanern 1937 die schwersten Verluste beizubringen; dieselbe Taktik erwies sich 1940 gegen die RAF als ebenso erfolgreich. Mölders war ein unversöhnlicher Feind der Briten – und aller derjenigen, die Hitlers Plänen im Wege standen –, und im Luftkampf kannte er kein Pardon. Im November hatte er 45 Luftsiege errungen, womit er zum erfolgreichsten deutschen Jagdflieger und höchstdekorierten Soldaten wurde.

Ein weiterer großer Jäger, der am Himmel über dem Kanal auf Pirsch ging, war der Brite Douglas Bader, Kommandeur einer Jagdgruppe der RAF. Bader fiel den deutschen Gegner an, wo immer er ihm begegnete, und brachte sein hohes fliegerisches Können erfolgreich zum Tragen. „Ich gehöre nicht zu denen", meinte er einmal, „die im Krieg ein Cricketspiel sehen – erst schießt man aufeinander, und dann gibt man sich die Hand."

Bader war 1930 als Kadett in die Royal Air Force eingetreten und hatte 18 Monate später bei einem Flugunfall beide Beine verloren. Als dienstuntauglich ausgeschieden, hatte er sich mit seinen Beinprothesen abgefunden und sogar gelernt, Golf zu spielen. Als 1939 der Krieg ausbrach, hatte er die RAF überredet, ihn wieder einzustellen, und seine jüngeren Kameraden durch seine Behendigkeit überrascht. Mit seiner Willenskraft und seinem fliegerischen Können als Jäger hatte er dem Gegner einen solchen Respekt abgenötigt, daß die Deutschen, als er 1941 über Frankreich nach 23 Luftsiegen abgeschossen wurde, dafür sorgten, daß die RAF ihm eine Ersatzprothese für die bei der Bruchlandung beschädigte über dem Feldflugplatz abwarf.

Später entwickelte sich eine seltsame Freundschaft zwischen Bader und dem gefürchteten, aber ritterlichen Adolf Galland, der bereits Anfang der dreißiger Jahre in die Luftwaffe eingetreten war, als die deutsche Wiederaufrüstung noch geheimgehalten wurde. Galland hatte als Segelflieger angefangen. Später vervollkommnete er als Jagdflieger über Spanien sein fliegerisches Können. Gutaussehend, mit einem Schnurrbart à la Groucho Marx und einer Vorliebe für elegante Uniformen, Zigarren, Champagner und Frauen, war Galland im Herbst 1940 mit seinen 40 Luftsiegen nach Mölders der erfolgreichste deutsche Jagdflieger. Mehr deutscher Patriot als Parteigänger der NSDAP, machte er Göring für die Fehler verantwortlich, die Deutschland beging, als sich die Luftschlacht um England ihrem Höhepunkt näherte.

Galland hielt mit seiner Meinung auch nicht zurück, als der Reichsmarschall die Front besuchte. Göring fragte ihn, was er und

Diese beiden Flieger-Asse, erbitterte Feinde über England, lernten sich in Frankreich persönlich kennen. Als Bader, der trotz zweier Beinprothesen seine Spitfire flog, abgeschossen wurde und in Gefangenschaft geriet, plagte ihn die Vorstellung, womöglich von einem Unteroffizier besiegt worden zu sein. Galland, der die deutsche Jagdstaffel führte, erinnerte sich später, daß man in seiner Staffel nicht genau wußte, wer tatsächlich den Luftsieg über Bader errungen hatte; so wurde Bader ein junger Oberleutnant als sein Bezwinger vorgestellt – zu Baders großer Erleichterung.

seine Kameraden am dringendsten brauchten, um die Schlacht zu gewinnen. „Ich bitte um Ausrüstung meines Geschwaders mit Spitfires", sagte Galland.

Galland lehnte es rundweg ab, einen Befehl der Luftwaffenführung zu befolgen, demzufolge britische Piloten, die nach dem Verlust ihrer Maschinen mit dem Fallschirm abgesprungen waren, unter MG-Feuer genommen werden sollten. Er wies die Flugzeugführer seiner Gruppe an, diese Männer nicht zu behelligen. Der Befehl war als Vergeltung für den britischen Entschluß erlassen worden, die Flugzeuge des Seenotdienstes, die von der Luftwaffe mit der Suche nach abgeschossenen deutschen Piloten beauftragt waren, zu vernichten. Für Galland war dies barbarisch von den Briten, aber er wollte sich in seiner ritterlichen Einstellung dem Feind gegenüber dadurch nicht beeinflussen lassen. Seine Feinde behandelte er stets ehrenvoll – einschließlich Bader selbst. Als Bader sich im Krankenhaus von Saint-Omer von seinen Verletzungen erholte, ließ Galland ihn in seinem Dienstwagen zu einer Teestunde und einer Rundfahrt durch den deutschen Fliegerhorst abholen. Es war ebenfalls Galland, der bei Göring vorstellig geworden war, damit Baders Reserveprothese abgeworfen wurde, und er kritisierte als „nicht sehr freundlich" die Tatsache, daß die RAF die Gelegenheit benutzte, eine schwere Bombenlast über dem Flugplatz und anderen Zielen in der Nähe von Saint-Omer abzuladen.

Als Galland, inzwischen zum General befördert, bei Kriegsende 1945 zu Vernehmungen nach England gebracht wurde, war einer der Männer, vor denen er jetzt selbst als Gefangener stand, Douglas Bader. Der Engländer, durch die Beendigung der Feindseligkeiten versöhnlicher gestimmt, kümmerte sich um Gallands Wohlergehen und belieferte ihn mit Zigarren. In späteren Jahren entstand zwischen beiden eine enge Freundschaft, sie besuchten sich gegenseitig häufig und nahmen zusammen an fliegerischen Veranstaltungen teil.

Während der zunehmend härter werdenden Luftschlacht über dem Kanal nach dem Adlertag wäre jedem eine solche Entwicklung als absurd vorgekommen. Im Laufe der vier auf den 14. August folgenden Tage schoß die RAF 194 deutsche Flugzeuge ab – Verluste, die nicht einmal Göring hinzunehmen bereit war. Er befahl, die Stukas und Me-110, die am schwersten angeschlagen waren, aus der Schlacht zurückzuziehen, und verlangte von den Me-109 einen wirkungsvolleren Begleitschutz für die Bomber.

Inzwischen tröstete Göring sich mit Meldungen des Nachrichtendienstes, die die deutschen Verluste als leicht bezeichneten im Vergleich zu denen, die die Engländer hätten hinnehmen müssen. Aus der Statistik ergab sich, daß die RAF kein ernst zu nehmender Gegner mehr war. Am 16. August mußte – nach den Berechnungen von Görings Experten – die Zahl der britischen Frontflugzeuge auf 300 Maschinen abgesunken sein; vier Tage darauf, als angeblich weitere 160 britische Jäger abgeschossen worden waren, glaubte man im Luftwaffenführungsstab, daß der Royal Air Force jetzt nur noch knapp 150 Flugzeuge zur Verfügung standen.

In Wirklichkeit besaß die RAF immer noch 750 Jagdflugzeuge. Dennoch näherte sich die britische Jagdwaffe einem Zustand völliger Erschöpfung, und Air Chief Marshal Dowding wußte nicht, wie er die Forderungen erfüllen sollte, die an seine Jäger gestellt wurden. Viel zu viele Flugzeugführer waren entweder gefallen oder lagen verwundet in Lazaretten. Das East Grinstead Hospital in Sussex füllte sich mit Fliegern, die schwere und oft entsetzlich entstellende Verbrennungen erlitten hatten. Sie waren die erste Welle einer Gruppe junger Männer, die man später die Versuchskaninchen nannte, denn an ihnen mußten die Ärzte mit Hautverpflanzungen herumexperimentieren, um ihnen wenigstens den Anflug menschlichen Aussehens zurückzugeben.

Diejenigen ihrer Kameraden, die ohne Verwundungen davongekommen waren, waren vollkommen erschöpft. Ihr Kampfgeist ließ nach, denn die deutschen Angriffe schienen nicht weniger zu werden. Auf der Erde versuchten Arbeitskommandos bei Tag und Nacht, die durch Bomben beschädigten Flugplätze wieder einsatzbereit zu machen. Oft war ihre Anstrengung ganz vergeblich, denn kaum hatten sie ein Rollfeld wieder instand gesetzt, als es von deutschen Bomben abermals unbrauchbar gemacht wurde.

Der Abspannung und Verzweiflung der überbeanspruchten britischen Flieger konnte sich auch Staffelkapitän E. M. Donaldson von der Jagdstaffel 151 nicht entziehen, als er im August in Urlaub fuhr. „Ich war überzeugt, daß wir geschlagen waren – daß wir die Schlacht verloren hatten", schrieb er später. „Ich war entsetzlich müde und tief deprimiert. Meine Staffel war seit Mai ohne Pause in schwere Kämpfe verwickelt gewesen. Als ich sie verließ, war sie in meinen Augen eine schwer angeschlagene Kampfeinheit." Und der eigentliche Test sollte erst noch kommen.

FLUCHT AUS DEN STÄDTEN

Kinder, die im Zuge der Evakuierung aufs Land und in die Vorstädte verschickt werden, winken ihren Eltern und Verwandten zum Abschied zu.

BESSERE TAGE FÜR MILLIONEN VON KINDERN

Während der Jahre 1939 und 1940 versammelten sich immer wieder Mengen manchmal widerstrebender Kinder auf Bahnsteigen und an bestimmten Treffpunkten an Durchgangsstraßen englischer Großstädte und stiegen in dort bereitgestellte Verkehrsmittel ein. Die Kleinen, die bisher in der Stadt gelebt hatten, wurden aufs Land oder in die Vorstädte verschickt. Jedes Kind hatte eine Erkennungskarte, eine Gasmaske, eine Zahnbürste, ein Handtuch und etwas Wäsche zum Wechseln bei sich. Genau wie viele Soldaten, wußten auch diese Kinder nicht, wohin sie gingen. Einige wirkten verängstigt, andere weinten, aber die meisten gingen tapfer einer ungewissen Zukunft entgegen.

Die Fahrt selbst verlief meist problemlos, aber die Probleme begannen, sobald sie an ihrem Bestimmungsort angekommen waren. In einigen Aufnahmegebieten suchten sich die Gastfamilien – die von der Regierung eine bescheidene Entschädigung erhielten – die Kinder aus, die den ordentlichsten und saubersten Eindruck machten, und überließen die verwahrlosteren Kleinen den Quartieranweisern. Und in den Augen der britischen Familien auf dem Lande und in den Villenvororten waren einige der Kinder, besonders die aus den Elendsvierteln der Großstädte, erschreckend verwahrlost. Manche hatten Läuse, andere verrichteten ihre Notdurft an der erstbesten Straßenecke.

Trotz des anfänglichen Entsetzens und der hier und da auftretenden Feindseligkeit erwies sich die Verschickung der Kinder aber letzten Endes als ein Erfolg. Viele Familien schlossen die kleinen Evakuierten in ihr Herz und hielten die Verbindung zu ihnen auch in den Nachkriegsjahren aufrecht.

Die meisten Kinder genossen die Ferien auf dem Lande, wo sie auf richtigem Gras herumtollen konnten und entdeckten, daß Äpfel auf Bäumen wuchsen und daß die Milch von einem wundersamen Tier stammte, das man Kuh nannte und das, wie eines dieser Kinder einmal meinte, „sechs Seiten hatte ... und einen Kopf, der dazu dient, Hörner anzusetzen".

Im Verlaufe von zwei Jahren wurden etwa zwei Millionen Kinder aufs Land oder in die Vorstädte verschickt. Einige Mütter von Kleinkindern sowie viele schwangere Frauen, Invalide und alte Leute wurden ebenfalls evakuiert. Manche Kinder kehrten schon nach einigen Wochen wieder nach Hause zurück, andere blieben während des ganzen Krieges bei ihren Pflegeeltern. In den Großstädten fühlten sich ihre Eltern, wie es ein Vater ausdrückte, „besser imstande, die Bombenangriffe zu ertragen, wenn wir uns um unsere Kinder keine Sorgen zu machen brauchen".

Zwei Passagiere lesen auf der Londoner Charing Cross Station, daß einige fahrplanmäßige Züge für die Evakuierung von Kindern umgeleitet worden sind.

Ein Soldat gibt seinem Sohn einen Abschiedskuß. Der Kleine ist mit einer Erkennungsmarke, ein paar Kleinigkeiten in einem Paket und einer Gasmaske ausgerüstet worden.

Kinder versammeln sich in ihrem Londoner Schulhof für die Reise. Während eine Lehrerin das Namensschild eines Mädchens überprüft, schickt sich ein Pfadfinder an, die Kleinen zum Bahnhof zu führen.

In Plymouth rennen drei Kinder auf einen Lastwagen zu. Als die Bahnverbindungen überlastet oder durch Bomben zerstört waren, wurden für die Evakuierung von Kindern aus den Großstädten auch Lastwagen, Busse und Privatautos eingesetzt.

Kinder, die aus Krankenhäusern in den Großstädten in Spitäler auf dem Lande verlegt werden, werden hier von ihren Krankenschwestern aus dem Zug getragen.

Evakuierte Kinder stellen sich in einem Landhaus in Devonshire an, um auf dem Küchenboden in einer Blechwanne gebadet zu werden. Die Besitzer, die sich ursprünglich zur Aufnahme von zwei Kindern bereit erklärt hatten, fanden so viel Gefallen an den Kleinen, daß sie schließlich neun beherbergten.

Um die Wohnungsnot, die durch die Kinderverschickung entstand, zu lindern, verliehen Bewohner einiger Städte ihre Wohnwagen – wie diesen in Cambridge. Die Evakuierten haben diese Unterkunft sofort mit Tarnfarbe angemalt.

Kinder und ihre Mütter, die aus den ausgebombten Slums des Londoner East End evakuiert wurden, versammeln sich zu einer gemeinsamen Teestunde bei Brot, Margarine und Marmelade.

Hier erhalten Kinder neue Schuhe, die von einer Fabrik bei Bletchley bei Northampton gespendet wurden. Andere Fabrikanten und Privatpersonen im ganzen Land stifteten Wolldecken, Spielzeug, Obst und Gemüse für die Evakuierten.

Londoner Kinder fassen sich am Rockzipfel und spielen „Raupe" in ihrer neuen Heimat auf einem Gut in Buckingham. Obwohl viele Besitzer großer Häuser auf dem Lande die Kinder gern bei sich aufnahmen, weigerten sich andere oder erklärten sich nur widerwillig dazu bereit. Ein Witzbold meinte über diese Leute scherzhaft: „Ich bin ein guter Patriot / und leide, weiß Gott, keine Not / Geselligkeit ist meine Pflicht / doch Landverschickte mag ich nicht".

Unter den wachsamen Augen ihrer Lehrerin entdecken Stadtkinder die neue, faszinierende Welt der Käfer, Blätter und Pflanzen entlang einer ruhigen Straße auf dem Lande.

Zwei Knaben vom Londoner East End befreunden sich mit jungen Ziegen auf einer Farm in Worksop, Notts.

Auf einer Party versuchen die Gäste, dem Mann, der all das Übel angefangen hat, einen Schnurrbart anzukleben.

Evakuierte Kinder treffen sich jubelnd mit ihren Eltern auf dem Bahnsteig einer Eisenbahnstation auf dem Lande. Um den Familien die Trennung während der Zeit der

Kinderlandverschickung zu erleichtern, führte die Regierung „billige Tage" bei der Eisenbahn ein, damit die Eltern und ihre Kinder sich gelegentlich wiedersehen konnten.

4

DER ANGRIFF AUF LONDON

Reichsmarschall Hermann Göring war fest davon überzeugt, die beste Methode, andere zu Höchstleistungen anzuspornen, sei der Wechsel zwischen Zuckerbrot und Peitsche, und als er am 21. August 1940 zur Besichtigung von Luftwaffeneinheiten in Nordfrankreich erschien, brachte er die Peitsche mit. Bislang war der Reichsmarschall für seine Flugzeugführer des Lobes voll gewesen; jetzt, am Kap Blanc-Nez, überhäufte er sie mit Vorwürfen.

Hinter seinem Zorn lag die Tatsache, daß der Zeitplan für die Vernichtung von Englands Kriegspotential nicht eingehalten wurde und der Termin für den Beginn der Operation *Seelöwe* – die Landung auf der Insel – verschoben werden mußte. Jedesmal, wenn ihm seine Nachrichtenoffiziere die fast völlige Vernichtung der Royal Air Force gemeldet hatten, erschienen prompt Staffeln von Spitfires und Hurricanes am Himmel und schossen seine Bomber ab. Die Rückschläge in der Luftwaffe warfen eine Vielzahl von Fragen auf. Woher kamen die britischen Jäger? Warum wurden sie nicht in ihren Schlupfwinkeln aufgestöbert? Und warum wurden die Flugzeugfabriken und Instandsetzungseinrichtungen der RAF nicht mit Bomben zerstört?

Göring beschimpfte seine kampfesmüden Flieger. Die unerschrockeneren unter ihnen, wie etwa Adolf Galland, verteidigten sich. Sie fanden seine Kritik ungerecht und brausten auf, als er einige von ihnen Feiglinge nannte. Aber Göring hatte mit seiner rauhen Taktik Erfolg. Sein Hohn rief eine Wut hervor, die den Männern die Müdigkeit aus den Knochen trieb, und ihr Kampfgeist wurde wieder geweckt, als er ihnen die nächste Aktion im Kampf gegen die RAF auseinandersetzte.

Sie würde in genau drei Tagen – am 24. August – eingeleitet werden, und ihr Ziel sollte nicht mehr und nicht weniger als die totale Vernichtung der britischen Luftmacht sein. Die Zeit der Einzelkämpfe über dem Kanal sei vorbei. Phase 2 des Luftwaffeneinsatzes stehe bevor: Stärkste Bomberverbände sollten, unter ausreichendem Jagdschutz, nicht nur die Bodeneinrichtungen der RAF, sondern auch die Öllager und die Fabriken, von denen die RAF ihre Maschinen und Ersatzteile bezog, dem Erdboden gleichmachen. Die Angriffe gegen diese würden „bei Tag und Nacht" durchgeführt werden, erklärte Göring. Auf diese Weise würde die RAF gezwungen, ihre Jäger einzusetzen und zum Kampf zu stellen. Der Reichsmarschall wies seine Flieger an: „Der Feind muß durch pausenlose Angriffe veranlaßt werden, die Jagdwaffe, die sich bisher nicht hat fassen lassen, in den Kampf zu werfen."

Vor der Rückkehr nach Deutschland fuhr Göring noch zu einer vorgeschobenen Beobachtungsstelle am Kap Gris-Nez; dort blieb er eine Weile stehen und blickte durch ein starkes Fernglas über den Kanal zu den Kreidefelsen von Dover hinüber. Die Türme der Radarstation von Dover waren deutlich zu erkennen, aber er äußerte sich nicht darüber. Ein Mitglied seiner Begleitung meinte:

„Es war, als versuche er, über die weißen Felsen hinaus in die Köpfe seiner britischen Widersacher hineinzuschauen."

Wäre ihm dies gelungen, so hätte er zweifellos Grund zur Freude gehabt, denn die Jägerführung der RAF befand sich in ernsten Schwierigkeiten. Das Problem bildeten nicht so sehr die Flugzeuge, sondern vielmehr die Piloten, die sie fliegen sollten. Dank der gesteigerten Flugzeugfertigung konnte die Royal Air Force immer noch etwa 700 Jagdflugzeuge einsetzen – und dieses trotz eines Gesamtverlustes von 270 Maschinen, die seit dem 8. August entweder abgeschossen, schwer beschädigt oder am Boden zerstört worden waren. Aber die britische Jägerführung hatte außerdem 94 Flugzeugführer verloren, die entweder gefallen waren oder vermißt wurden, und weitere 60 Flieger lagen mit Verbrennungen oder anderen Verwundungen im Lazarett.

Um die Lücke auszufüllen, konnten Air Chief Marshal Dowding und seine Gruppenkommandeure auf eine Anzahl von Freiwilligen zurückgreifen, die aus anderen Ländern stammten. Eine Staffel bestand ganz aus Kanadiern, und andere Staffeln hatten Unterstützung durch polnische und tschechische Flugzeugführer erhalten. Viele der Kanadier neigten zu Aufschneidereien, und die im Exil lebenden Piloten, deren Heimat erobert und besetzt war und deren Familien unerreichbar fern waren, flogen mit der verbissenen Entschlossenheit von Männern, die eine Rechnung zu begleichen hatten. Aber der Ausbildungsstand dieser Neuzugänge entsprach noch nicht ganz den speziellen Anforderungen, die bei der Schlacht über dem Kanal gestellt werden mußten; außerdem neigten diese Piloten dazu, zu viele Risiken mit sich selbst und ihren Maschinen einzugehen.

Was Dowding brauchte, war eine große Zahl kampferprobter Flieger, die in der Lage waren, Feindbomber abzuschießen, den feindlichen Jägern aus dem Wege zu gehen und wohlbehalten wieder zu ihren Einsatzhäfen zurückzukehren. Ein Flugzeugführer mit Kampferfahrung wog zwei oder sogar drei Neulinge auf, und der zunehmende Mangel an Männern mit Erfahrung zehrte an der Stärke der britischen Jagdwaffe.

Ein weiteres Problem, das Dowding zu schaffen machte, ergab sich aus den ständig heftiger werdenden Meinungsverschiedenheiten zwischen seinen beiden führenden Gruppenbefehlshabern, Air Vice Marshal Park und Air Vice Marshal Leigh-Mallory, den Befehlshabern der Jäger-Gruppen 11 beziehungsweise 12. Dowdings Ordonnanzoffizier, Pilot Officer Robert Wright, schrieb darüber später: „Während zwischen Dowding und Park völlige Einigkeit darüber herrschte, welche Taktik den Erfordernissen der Jägerführung am besten entsprach, kann dies nicht vom Befehlshaber der Gruppe 12 gesagt werden. Leigh-Mallory schien überzeugt zu sein, daß er über den zweckmäßigsten Einsatz der Jagdflieger besser Bescheid wußte als sogar Dowding."

Auf eine einfache Formel gebracht, strebte Leigh-Mallory nach Dowdings Posten. Mit seinen 58 Jahren galt der britische Jägerführer bei jüngeren Mitgliedern des Luftfahrtministeriums als zu alt für diese Aufgabe; nur auf den ausdrücklichen Wunsch des Premierministers Winston Churchill hatte Dowding seine Stellung bis jetzt halten können. Leigh-Mallory glaubte, seine Aussichten, Dowdings Nachfolge anzutreten, hingen weitgehend davon ab, daß er sich in der Luftschlacht um England durch einen großen Sieg über die Deutschen profilierte. Und eine solche Gelegenheit würde sich seiner Überzeugung nach nicht bieten, falls seine Jäger-Gruppe vom eigentlichen Kampfgeschehen mehr oder weniger ausgeschlossen blieb.

Wie Leigh-Mallory die Dinge sah, waren an diesem höchst unbefriedigenden Zustand hauptsächlich die „verrückten Ideen" von Dowding und Park schuld. Der Hauptauftrag der Jäger-Gruppe 12 bestand darin, das englische Industriegebiet in den Midlands vor Bombenangriffen zu schützen, allerdings war die Luftwaffe noch nicht mit stärkeren Verbänden über diesem Gebiet erschienen; sie legte den Schwerpunkt weiterhin auf Südengland, wo die Abwehraufgaben der Jäger-Gruppe 11 von Park übertragen waren. Park vertrat – mit Dowdings voller Unterstützung – den Standpunkt, daß Leigh-Mallory mit seinen weniger beanspruchten Flugzeugführern zum Schutz der Flugplätze der Jäger-Gruppe 11 herangezogen werden könnte, wenn sich Parks Staffeln mit den Staffeln der Deutschen herumschlugen.

Leigh-Mallory verabscheute den Gedanken. Angeregt durch seinen erfolgreichsten Flugzeugführer, den ungeduldigen und wortgewandten Douglas Bader, ging er statt dessen dazu über, die Maschinen seiner Jäger-Gruppe 12 über Parks Territorium zur freien Jagd einzusetzen. Auf diese Weise waren sie meistens nicht zur Stelle, wenn Park ihre Hilfe brauchte.

Welche Konsequenzen diese Eigenmächtigkeit für die Jäger-Gruppe 11 hatte, wurde sehr schnell deutlich, als am Morgen des 24. August die Phase 2 der deutschen Angriffe begann.

Es war ein Sonnabend, und etwa um 9 Uhr früh erschienen bei schönem Wetter über 100 deutsche Bomber und Jäger über den Plätzen der Jäger-Gruppe 11. Als erster Flugplatz wurde Manston bei Ramsgate getroffen. Seine Start- und Landebahnen wurden durch Bombentrichter unbrauchbar gemacht, praktisch alle Gebäude zerstört und die Fernsprech- und Fernschreiblinien unterbrochen. Die entstandenen Schäden waren so groß, daß Manston endgültig aufgegeben werden mußte. Auch die Stadt Manston wurde schwer getroffen, und es gab viele Verluste unter der Zivilbevölkerung. Nicht weit von London entfernt erlitten zwei weitere Jägerplätze, North Weald und Hornchurch, schwere Zerstörungen. Auf diesen Zielen Treffer zu landen bedeutete einen besonderen Triumph für die Angreifer, denn es handelte sich um Nervenzentren der britischen Jägerführung; von ihnen aus wurden die britischen Maschinen nach dem Start kontrolliert und geleitet. Ein Hilfeersuchen an die Jäger-Gruppe 12 brachte zwei Staffeln von Duxford auf den Plan, aber sie kamen zu spät.

In den folgenden Tagen wurde den britischen Verteidigern immer deutlicher und immer schmerzlicher bewußt, daß die deutsche Luftkriegführung mit ihrer neuen Strategie Erfolg hatte. Hinzu kamen taktische Einfälle. Um die britischen Radarauswerter zu verwirren, flogen Luftwaffenformationen den ganzen Tag hindurch an der französischen Küste auf und ab – gerade noch innerhalb der Reichweite der britischen Radarschirme. Das britische Bedienungspersonal konnte nie im voraus wissen, wann eine dieser Formationen plötzlich nach Norden einschwenken und quer über den Kanal zu einem echten Angriff ansetzen würde.

Inzwischen hatten die Deutschen ihre zu leicht verwundbaren Stukas zurückgezogen, dafür aber ihre Ju-88 und Do-17 eingesetzt, die bis an den Stadtrand von London vordrangen und ihre tödliche Last über Kommandozentralen, Flugplätzen, Rüstungsfabriken und Instandsetzungseinrichtungen abluden.

Den Begleitschutz der deutschen Bomber hatten Me-110 übernommen; sie hatten einen größeren Aktionsradius als die Me-109 und waren zum Teil auch mit Bomben ausgerüstet, so daß sie auch selbst Angriffe fliegen konnten. Oft genug mußten britische Jäger beim Heimflug feststellen, daß während ihrer Abwesenheit die Luftwaffe aus ihrem Flugplatz einen Trümmerhaufen gemacht hatte. Als einige Maschinen der Jäger-Gruppe 11 dennoch zu landen versuchten, gingen die Maschinen zu Bruch, und die Piloten kamen dabei ums Leben.

Es dauerte nicht lange, da bat Air Vice Marshal Park nicht nur um Hilfe von Leigh-Mallorys Jäger-Gruppe 12 – er forderte sie. Dowding gab deshalb einen Befehl an Leigh-Mallory heraus, in dem er anordnete, daß die Jäger-Gruppe 12 Flugsicherung über den Plätzen der Jäger-Gruppe 11 zu fliegen habe.

Leigh-Mallory gehorchte nur zögernd; es kam immer wieder vor, daß seine Jäger erst dann erschienen, wenn die Luftwaffe bereits schweren Schaden angerichtet hatte. Die Jäger-Gruppe 12 war hauptsächlich auf einem anderen Gebiet tätig. Mit Leigh-Mallorys Einverständnis testete Douglas Bader eine neue Taktik: Er vereinigte fünf oder mehr Staffeln in der Luft zu einem einheitlichen Verband mit dem Ziel, die angreifenden Luftwaffengeschwader in großem Stil zu vernichten. Diese sogenannten *Big Wings* errangen beim Abfangen und Aufsplittern feindlicher Bomber- und Jagdverbände, die sich auf dem Rückflug von ihren Einsätzen befanden, zwar gewisse Erfolge, aber es dauerte meistens so lange, bis sie sich versammelt und die richtige Flughöhe erreicht hatten, daß die

feindlichen Flugzeuge ihre Bomben schon abgeworfen hatten und längst wieder verschwunden waren.

Bei einer eiligst einberufenen Besprechung in Bentley Priory brachte Dowding eines Tages die beiden feindlichen Befehlshaber zusammen. Beide machten aus ihrer Erbitterung kein Hehl. Sofort begann eine lautstarke Auseinandersetzung über die Vorzüge und Nachteile der *Big Wings*. Es stellte sich sehr schnell heraus, daß Park und Leigh-Mallory grundverschiedene Auffassungen von den Kämpfen hatten, in die ihr Land verwickelt war. Leigh-Mallory kam es lediglich darauf an, die feindlichen Bomber abzuschießen – ganz gleich *wann*. Park wollte die Bomber ausschalten, *bevor* sie seine Flugplätze oder lebenswichtige Anlagen der Rüstungsindustrie treffen konnten.

Dowding, der auf der Seite von Park stand, sah in einer Fortsetzung der Diskussion schließlich keinen Sinn mehr. Er beendete das Gespräch, indem er seine Befehlshaber daran erinnerte, dies seien allenfalls taktische Überlegungen – und in der Zwischenzeit verschlechtere sich die strategische Lage von Tag zu Tag. Der britischen Jagdwaffe fehlten jetzt 200 Flugzeugführer, und diejenigen, die noch fliegen konnten, befanden sich am Rande völliger Erschöpfung. Bis jetzt lagen die täglichen Verluste beim Gegner zwar noch höher als bei der RAF, aber dieses Verhältnis konnte sich jeden Augenblick umkehren.

Dowdings Befürchtungen erwiesen sich als begründet. Am 31. August erlebten die britischen Jäger ihren schwärzesten Tag. In rollendem Einsatz erschienen die deutschen Bomber am Himmel und setzten die meisten Flugbasen im Südosten Englands außer Gefecht. Die Landebahnen wurden von Bombentrichtern übersät, Hangars und Dienstgebäude wurden dem Erdboden gleichgemacht, die Stromversorgung wurde unterbrochen, viele Flugzeuge am Boden zerstört, und das Bodenpersonal hatte schwere Verluste zu erleiden. Insgesamt warfen die Angreifer eine Bombenlast von mehr als 4400 Tonnen ab.

Bei Einbruch der Dunkelheit hatte die britische Jagdwaffe 39 Maschinen und 14 Flugzeugführer verloren – es waren die schwersten Verluste für einen einzigen Tag. Zum ersten Mal seit dem Beginn der Luftschlacht um England waren die deutschen Tagesausfälle geringer als die der Engländer. Die Phase 2 schien schon nach einer Woche größere Erfolge zu zeitigen, als es sich Reichsmarschall Göring hatte träumen lassen.

Am nächsten Tag, am 1. September, berichteten amerikanische Korrespondenten aus Berlin, die Bevölkerung befinde sich in einem Freudentaumel. Aus deutschen Militärkreisen sei zu erfahren, daß die Operation *Seelöwe* „in den nächsten vier Tagen" beginnen und das Hakenkreuz bald über der britischen Hauptstadt flattern werde. Zwei Tage darauf, am 3. September, nahm Hitler als Termin für *Seelöwe* den 21. September in Aussicht.

Für Dowding zeichnete sich ein düsteres Bild ab. Die von den deutschen Bombenangriffen an den Flugzeugfabriken angerichteten Schäden hatten nicht nur den Ausstoß neuer Maschinen, sondern auch die Reparaturen an alten Flugzeugen verzögert. Die Flugzeugverluste überstiegen jetzt die Neuzugänge. Aber noch viel unerträglicher waren für Dowding die Verluste beim Flugpersonal. Außerdem bestand durchaus die Gefahr, daß die Überlebenden, am Rande ihres Durchhaltevermögens, bald Leistungsfähigkeit und Zusammenhalt einbüßen würden.

Air Chief Marshal Dowding war ein religiöser Mann, der nie in seinem Glauben schwankend geworden war, daß Gott auf Seiten der Briten stehe. Aber im gegenwärtigen Augenblick sehnte er sich nach irgendeinem Zeichen vom Allmächtigen. „Was wir jetzt brauchen", bekannte er, „ist ein Wunder."

Was er nicht wissen konnte, war, daß ein solches Wunder bereits geschehen war: ein Navigationsfehler, der zwei deutschen Fliegern bei einem Nachteinsatz unterlaufen war, sollte dazu führen, daß sich der ganze Verlauf der Luftschlacht um England auf entscheidende Weise änderte.

Beim Beginn der Phase 2 hatte Reichsmarschall Göring seinen Männern in jeder Hinsicht – mit einer einzigen Ausnahme – freie Hand gegeben. Sie hatten grünes Licht für Tages- wie für Nachtangriffe gegen alle Ziele, wo die britische Luftverteidigung getroffen werden konnte – einschließlich der Städte. Aber Göring hatte eine Stadt ausdrücklich ausgenommen: Englands Hauptstadt. Er hatte eine Linie um die äußere Begrenzung der Innenstadt von London gezogen und jegliche Bombenangriffe innerhalb dieser Linie auf Hitlers Weisung hin verboten.

Welche Gründe Hitler bewogen haben können, London zu verschonen, ist nie völlig geklärt worden. Vielleicht hat er sich gewünscht, nach der Eroberung Großbritanniens im Triumphzug über eine unversehrte Pall Mall von einem unversehrten Buckingham Palace zum unversehrten Parlament fahren zu können. Vielleicht hatte er auch negative Reaktionen in der neutralen Welt befürchtet, wenn die historischen Baudenkmäler in London zerstört würden. Oder er hat sich einfach ausgerechnet, daß ihm eine Vernichtung der Hauptstadt keinerlei strategische oder taktische Vorteile einbringen würde.

Unter den Offizieren der Luftwaffe gab es einige, die auf dem Standpunkt standen, daß pausenlose Terrorangriffe auf London den Widerstandswillen der Bevölkerung ebenso wie seinerzeit in Warschau lähmen würden, daß ein gnadenloser Bombenkrieg die demoralisierten Briten an den Verhandlungstisch bringen könnte. Göring war anderer Meinung. „Würde die Bevölkerung von Berlin unter Terrorangriffen kapitulieren?" fragte er. „Ich glaube es nicht. Und ebensowenig glaube ich, daß die Bevölkerung von London um

Ein britischer Jagdflieger, dessen Maschine in der Schlacht um England abgeschossen wurde, erzählt den Arbeitern in der Fallschirmfabrik, wie einer ihrer Fallschirme ihm das Leben gerettet hat. Der spätere Group Captain Peter Townsend (links), einer der erfolgreichsten britischen Flieger, und ein weiterer Pilot werden als nächste den Arbeitern ihren Dank aussprechen. Solche Besuche und Ansprachen wurden vom Luftfahrtministerium und Versorgungsministerium arrangiert, denn man rechnete damit, daß die Stimmung und damit auch die Arbeitsmoral und Produktivität in den Fabriken, in denen Flugzeuge und Zubehör hergestellt wurden, auf diese Weise neuen Auftrieb erhalten würden.

Gnade betteln wird." Deshalb wollten im Augenblick weder Göring noch Hitler, daß London bombardiert wurde.

In Großbritannien gab es andererseits Menschen in führenden Positionen, die geradezu hofften, daß die Luftwaffe ihre Angriffe gegen die Hauptstadt richten würde. Nach einer damals umlaufenden Geschichte soll Churchill jeden Abend, während das Bombengetöse aus den äußeren Stadtbezirken herüberdrang, in den Garten seines Dienstsitzes Downing Street Nr. 10 gegangen sein, die Hände zum Himmel gehoben und ausgerufen haben: „Warum kommt ihr nicht hierher? Bombardiert uns doch!" Ob diese Geschichte nun wahr ist oder nicht – jedenfalls brauchte England in dieser Phase des Krieges alle Unterstützung der Vereinigten Staaten, die es bekommen konnte, und Churchill war überzeugt, daß nichts geeigneter wäre, amerikanische Hilfe zu gewinnen, als der Anblick eines von Bomben zerstörten London.

Auch Dowding hoffte, daß die Luftwaffe über London erscheinen würde, wenn auch aus ganz anderen Gründen. Wenn die deutschen Angriffe auf die Einsatzhäfen der britischen Jagdwaffe im bisherigen Stile weitergingen, würde London sowieso ein ungeschütztes Ziel sein, denn das Luftverteidigungssystem, das die Hauptstadt schützen sollte, wäre dann vernichtet. Wenn die Deutschen aber mit der Bombardierung der Hauptstadt begännen, würde es zu einer Zersplitterung der deutschen Bomberverbände kommen. Die britische Jagdwaffe erhielte dann eine gewisse Atempause, in der sie sich erholen und für die Fortsetzung des Kampfes rüsten könnte.

Hitler war jedoch zu schlau, um in diese Falle zu gehen, und hielt seinen Befehl an die Luftwaffe aufrecht, das Stadtgebiet von London zu meiden; es gab keine Anzeichen dafür, daß er seinen Entschluß ändern würde.

Aber der Irrtum, der zweien seiner Flugzeugführer bereits unterlaufen war, sollte Hitler dennoch umstimmen. In der Nacht vom 24. August waren 170 deutsche Bomber zum Angriff auf Ziele von Kent bis hinauf zur schottischen Grenze unterwegs. Eine Anzahl von Maschinen hatte den Auftrag, die Flugzeugfabriken von Rochester und Kingston an der Themse sowie große Öllager bei Thameshaven, etwa 25 Kilometer flußabwärts von London, mit Bomben anzugreifen. Den Führerflugzeugen, die nach Funkrichtstrahlen flogen, folgten andere, die nicht mit diesen Geräten ausgerüstet waren. Beim Anflug auf die Ziele verloren zwei dieser Maschinen die Sichtverbindung mit den Pfadfindern und flogen über das angegebene Zielgebiet hinaus. Heftiges Flakfeuer schlug ihnen entgegen, und die Luftabwehr wurde immer dichter, während sie, dicht nebeneinander, weiterflogen. Sie erkannten schließlich, daß sie sich verirrt hatten und beschlossen, jetzt gäbe es nur noch eines für sie zu tun. Sie entledigten sich ihrer Bombenlast, drehten nach Osten ab und begannen den Heimflug.

Sie befanden sich zufällig über London, als sie ihre Bomben abwarfen. Zwei Bomben fielen auf das Zentrum der City, zerstörten die alte Kirche St. Giles in Cripplegate und rissen John Miltons Statue von ihrem Sockel auf einem nahe gelegenen Platz. Die übrigen Bomben fielen in den nördlichen und östlichen Stadtvierteln, in Islington, Finchley, Stepney, Tottenham und Bethnal Green; es gab Tote und Verletzte unter den Londonern, die sich gerade auf dem Heimweg aus Gaststätten und Kinos befanden.

Es bestand sogar damals kaum ein Zweifel darüber, daß diese Bombenabwürfe nicht beabsichtigt gewesen waren. Und aus späteren Analysen geht in der Tat hervor, daß die Einsatzpläne der Luftwaffe für die nächsten Nächte keine Angriffe auf London vorsahen; als Schwerpunkt waren statt dessen Angriffe auf wichtige Industriezentren wie Liverpool und Birmingham vorgesehen. Aber Churchill war hocherfreut, das Ereignis anders deuten und entsprechend reagieren zu können.

Er berief eine Besprechung der Stabchefs ein und erreichte eine einhellige Entscheidung. Ein Befehl erging an die Bomberführung der RAF und über diese an ein in Norfolk, an der englischen Ostküste, stationiertes Bombergeschwader. Während der letzten Woche hatte dieses Geschwader lediglich den Auftrag gehabt, Propagandaschriften über Deutschland abzuwerfen; in diesen Schriften hieß es, daß „der Krieg, den Hitler angefangen hat, so lange weitergehen wird, wie Hitler lebt".

Jetzt erhielt der Geschwaderkommodore, John Oxley, den Auftrag, seine Maschinen für einen Vergeltungsangriff auf Berlin mit Bomben zu beladen. Reichsmarschall Göring hatte Hitler und dem deutschen Volk stets versichert, daß feindliche Bomber die deutsche Hauptstadt nie erreichen würden („sonst will ich Meier heißen", soll er gesagt haben).

Der Reichsmarschall war, gelinde ausgedrückt, fassungslos, als am 25. August britische Bomber einen Nachtangriff auf die Berliner Vorstadt Ruhleben durchführten. Obwohl nur geringer Sachschaden entstand, erzeugten die Bomber unter der Zivilbevölkerung eine erhebliche Panik, und sie verletzten Görings Prestige. Die Bomben waren kaum gefallen, als er Hitler auch schon das Versprechen gab, daß sich solche Angriffe nicht wiederholen würden. Aber er täuschte sich. Churchill erließ sofort eine Weisung an die Royal Air Force, die Angriffe auf Berlin fortzusetzen, bis die Deutschen eine Reaktion zeigten.

Nach drei weiteren kurzen britischen Angriffen war Hitler so aufgebracht, daß er Reichsmarschall Göring zu sich rief und ihm befahl, die deutschen Bomberverbände auf einen größeren Gegenschlag vorzubereiten. Am 4. September, kurz nach dem vierten britischen Angriff – wiederum bei Nacht –, sprach der Führer vor einer Massenveranstaltung im Sportpalast von Berlin.

„Herr Churchill [führt uns] seine Erfindung der Nachtangriffe vor", rief er aus. „Er tut es nicht deshalb, weil diese Luftangriffe etwa besonders wirkungsvoll wären, sondern weil seine Luftwaffe bei Tage nicht über deutsches Land fliegen kann."

Aber der Führer versicherte dann seinen Zuhörern, daß er etwas gegen diesen neuen Affront durch die Briten zu tun gedenke: „Wenn sie erklären, sie werden unsere Städte in großem Ausmaß angreifen – wir werden ihre Städte ausradieren. Wir werden diesen Nachtpiraten das Handwerk legen, so wahr uns Gott helfe ... Und wenn die britische Luftwaffe zwei- oder drei- oder viertausend Kilogramm Bomben wirft, dann werfen wir jetzt in einer Nacht 150 000, 180 000, 230 000, 300 000, 400 000, 1 Million Kilogramm ... Und wenn man in England heute sehr neugierig ist und fragt: ‚Ja, warum kommt er denn nicht?' Beruhigt euch, er kommt! Man muß nicht immer so neugierig sein! ... Es wird die Stunde kommen, da einer von uns beiden bricht, und das wird nicht das nationalsozialistische Deutschland sein!"

Mehr brauchte Göring nicht. Der Reichsmarschall fuhr am nächsten Morgen in seinem Sonderzug nach Nordfrankreich; am Abend des nächsten Tages gab er auf einem Abstellgleis zwischen den Häfen von Calais und Boulogne für seine Luftflottenbefehlshaber ein Bankett, bei dem nur das Beste serviert wurde, was Küche und Keller an französischen Speisen und Weinen zu bieten hatten. Von jetzt an, erklärte Göring seinen Gästen, werde er selbst den Befehl beim Einsatz gegen England übernehmen. Dann wurde ein Toast auf den Sieg ausgebracht.

Zwölf Stunden danach, am Nachmittag des 7. September, stand der Oberbefehlshaber der Luftwaffe auf der vorgeschobenen Beobachtungsstelle beim Kap Gris-Nez in Frankreich. Sein rundes rötliches Gesicht glühte vor Begeisterung. Über seinen Kopf hinweg donnerten die Bomber der deutschen Luftwaffe, eine Welle nach der anderen, über die schmale Wasserstraße nach England hinüber. Ihr Ziel war London. Hitler hatte sich doch noch zu einer Änderung der Kriegführung gegen England entschlossen.

Die Briten hatten zwar eine derartige Wendung des Luftkriegs erwartet, waren aber durch die Wucht des Angriffs überrascht und gerieten gefährlich nahe an eine völlige Katastrophe, bevor es ihnen gelang, sich wieder zu sammeln.

Um 16 Uhr an diesem Samstagnachmittag saß Air Chief Marshal Dowding an seinem Schreibtisch in Bentley Priory, als es klopfte und sein Ordonnanzoffizier Wright eintrat. Draußen herrschte angenehmes, mildes Wetter, aber in Dowdings Büro ergriff jeden ein Frösteln, wenn er an das drohende Unheil dachte. Die pausenlosen Angriffe der Luftwaffe hatten Dowding gezwungen, seine Jagdstaffeln weiter landeinwärts zu verlegen und die näher am Kanal und der Nordsee gelegenen Flugplätze aufzugeben. Aber so wie die Lage jetzt aussah, war diese Verlegung offenbar zum allerungünstigsten Zeitpunkt vorgenommen worden.

Am selben Vormittag war vom Luftfahrtministerium an alle Führungsstellen der Royal Air Force der kurze Befehl ergangen: *Invasionsalarm Stufe 1.* Dies war die höchste Alarmstufe, aus der hervorging, daß mit der Landung deutscher Truppen über See innerhalb der nächsten 24 Stunden zu rechnen sei. Um die deutschen Truppentransporter, Landungsfahrzeuge und begleitenden Jäger bei der Annäherung an die britische Küste zurückwerfen zu können, brauchte Dowding die vorgeschobenen Flugplätze – die er jetzt nicht mehr hatte.

Dowding blickte auf, als Wright an seinen Schreibtisch trat. „Sieht ganz nach einem Großangriff aus, Sir", meldete der Ordonnanzoffizier. „Mehrere Verbände von zwanzig und mehr Maschinen versammeln sich über Calais."

Die beiden Männer gingen zu der Galerie des Lagezimmers und schauten auf die große Karte des Kanals und der britischen Inseln hinab, die vor ihnen auf dem Tisch ausgebreitet lag. Luftwaffenhelferinnen, mit Kopfhörern ausgerüstet, schoben mit langen Stöcken kleine Markierungszeichen über die Lagekarte. Jedes Markierungszeichen stellte eine Kette Flugzeuge dar, je nach der Farbe Freund oder Feind. Die Positionen dieser Markierungszeichen wurden ebenso verändert, wie neue Informationen von den Außenstellen eingingen. Durch die Art und Weise, wie die

In Anlehnung an die alte, aus der Gladiatorenzeit stammende Geste „Tod!" droht eine italienische Zeitung 1940 der Stadt London Tod und Vernichtung an. Die Tower Bridge (rechts), der Tower von London (vier Türme, Mitte) und viele Kirchtürme werden als brennende Ruinen dargestellt. Solche Plakate sollten die Italiener davon überzeugen, daß die Luftmacht ihres deutschen Verbündeten unbesiegbar sei und die Städte ihrer Feinde zum Untergang verdammt seien.

Markierungszeichen über den Tisch geschoben wurden – und aus der Tatsache, daß ihre Zahl ständig stieg –, gewann man den Eindruck, Zeuge eines riesigen Roulettespiels zu sein.

Dowding konnte sehen, daß es sich um einen Großangriff handeln mußte, wahrscheinlich um den bisher größten. Mehr als 250 Bomber und 500 Jäger flogen bereits über den Kanal heran, während sich weitere Verbände hinter Calais versammelten.

Der Befehlshaber der Jagdflieger betrachtete die Lagekarte mit prüfenden Blicken, um zu erkennen, was die Jäger-Gruppe 11 unternahm, um für die Abwehrschlacht gerüstet zu sein. Er sah mit einer gewissen Erleichterung, daß sich Parks Spitfires und Hurricanes bereits in der Luft befanden. Dowding wußte, daß sie sich an die Taktik halten würden, die sich in den Luftkämpfen der letzten vierzehn Tage besonders bewährt hatte. Die britischen Jäger, über Sprechfunk von der Bodenleitstelle laufend mit den neuesten Lagemeldungen versorgt, würden eine Flughöhe von etwa 6000 Metern einhalten, bis sie erfuhren, daß sich die deutschen Luftwaffenverbände auseinanderzogen. Dieses Verfahren hatte der Feind bisher meistens angewandt, wenn er sich der englischen Küste näherte – und Kurs auf Flugzeugfabriken, Treibstofflager und Raffinerien an der Themse sowie auf Flugplätze und Industrieanlagen im Umkreis von London nahm. Sobald feststand, daß sich die angreifenden Formationen in kleinere Gruppen aufgelöst hatten, ließen die Staffelführer der RAF den traditionellen Ruf „Tally Ho!" ertönen, wie es bei der Fuchsjagd üblich war, wenn Meister Reineke gesichtet wurde. Dann stießen die Jäger auf den Feind herunter und versuchten, möglichst viele Gegner abzuschießen, bevor diese ihre Ziele erreichen konnten.

Während Dowding den Blick noch auf die große Lagekarte gerichtet hielt, um einen Überblick über die Abwehrmanöver der RAF zu gewinnen, kam ihm plötzlich eine dunkle Vorahnung – „wie ein Stich ins Herz", erinnerte er sich später. *Was würde geschehen, wenn sich die Angriffsverbände diesmal nicht auseinanderzogen, sondern statt dessen massiert weiterflogen?* Für eine solche Möglichkeit waren keine Vorkehrungen getroffen worden. Und die Stadt London lag weit offen. Dowding dachte noch über diese Gefahr nach, als sein Ordonnanzoffizier sagte: „Merkwürdig, sie bleiben offenbar dicht beisammen, nicht wahr, Sir?"

Über 300 mittlere Bomber vom Typ Do-17 und He-111 befanden sich jetzt im Schutz von 600 Me-109 und Me-110 im Anflug. Die erste Welle kam von Osten und nahm Kurs auf die Themse. Einige Maschinen luden ihre Bomben über den Tanklagern von Thameshaven ab, die nach dem Angriff des Vortages noch in hellen Flammen standen. Aber etwa 150 Bomber flogen weiter in Richtung London. Die Bombenflugzeuge flogen viel höher als sonst, in etwa 5000 Metern. Dicht bei ihnen befand sich eine Eskorte aus Me-110-Zerstörern, und über diesen wachten, in stufenförmiger Formation, Staffeln von Me-109, jederzeit bereit, den Kampf mit britischen Jägern aufzunehmen.

Vom Boden aus konnte man gelegentlich eine Tragfläche in der Sonne aufblitzen sehen, als die feindlichen Bomber sich näherten. Aber es waren keine britischen Jäger zur Stelle, um sie abzufangen, außer am Rande, wo sich einige Luftkämpfe entwickelten. Auf die Nachricht von diesem Großangriff hin eröffneten die Flakbatterien an den Ufern der Themse das Feuer. Aber die Bomber waren zu hoch, und die weißen Rauchbällchen berstender Flakgranaten wirkten eher wie ein Salut für die Angreifer als wie eine Drohung. Die deutschen Flugzeuge kamen wie eine sauber geordnete Prozession unaufhaltsam näher, und an bestimmten Punkten ihrer Flugroute würden sie sich auf ein Zeichen von den Führerflugzeugen hin ihrer Bombenlast entledigen.

Das erste Ziel, das getroffen wurde, war Woolwich Arsenal am Südufer der Themse, wo Granaten für das Heer und Bomben für die RAF hergestellt wurden. Zahlreiche Volltreffer schickten höllische Rauch- und Flammensäulen wie gigantische Raketen zum Himmel empor. Nächstes Ziel waren die Werftanlagen und Lagerhäuser der Londoner Hafenanlagen, wo die meisten Versorgungsgüter für die Stadt London aus Übersee ankamen. Dann wurden die Victoria und Albert Docks, das West India Dock und die Commercial Docks getroffen. Als der Bombenregen auf sie niederging, sanken Schiffe, Brücken und Laufplanken wurden zerstört, Kräne stürzten ins Wasser, und die Wasseroberfläche wurde mit auslaufendem brennendem Öl überzogen.

Die nächsten Bomberwellen benötigten keine nähere Zielansprache. Die Besatzungen öffneten die Bombenschächte, wo immer sie Rauch und Flammen unter sich sahen. Diese Angriffe forderten im armen und dichtbevölkerten Londoner East End zahlreiche Opfer. Die Viertel Silvertown, Canning Town, Limehouse, Barking, Tower Bridge, Poplar und Millwall wurden dem Erdboden gleichgemacht. Wer nicht in den Trümmern begraben wurde, packte ein paar Habseligkeiten auf Karren und Kinderwagen, um eiligst das Stadtzentrum zu verlassen, denn man nahm an – ganz zu Recht, wie sich herausstellte –, daß bei Einbruch der Dunkelheit weitere Bombenangriffe folgen würden.

Die überrumpelte Royal Air Force versuchte verzweifelt, das Blatt zu wenden. Park schickte jede Maschine der Jäger-Gruppe 11 in den Kampf. Dowding wies Leigh-Mallory an, Park zu Hilfe zu kommen. Bald schnitten Jäger beider Gruppen durch die aus Me-109 und Me-110 bestehenden Schutzschichten hindurch und griffen die Bomberverbände mit verbissener Entschlossenheit an. Einwohner von London, die voller Anspannung zum Himmel hinaufschauten, empfanden eine gewisse Genugtuung, wenn sie die Rauchfahnen brennender Dorniers und Heinkels sahen und

EIN DEUTSCHES PROPAGANDAPHOTO: DER PREMIERMINISTER ALS GANGSTER

Auf diesem während einer Truppenbesichtigung gemachten Photo beschäftigt sich der alte Soldat Churchill ausführlich mit dem Mechanismus einer Maschinenpistole.

Die Propagandisten auf beiden Seiten der Schlacht um England waren fast ebenso unermüdlich wie die Flieger, wenn auch weniger erfolgreich. Ein Beispiel für den Fehlschlag deutscher Propaganda war das rechts abgebildete Flugblatt, das angeregt wurde durch ein Pressephoto *(oben)* von Premierminister Winston Churchill bei einem Truppenbesuch im Juli 1940. Die Deutschen ließen auf dem Bild nur Churchill in der Pose eines Gangsters stehen.

Bald regneten Tausende dieser Flugblätter auf England nieder und zeigten den Regierungschef als zweiten Al Capone; außerdem wurden Churchills angebliche Verbrechen gegen die Menschlichkeit in alle Welt hinausgeschrien. Aber schon nach vierzehn Tagen stellte Joseph Goebbels den Abwurf dieser Flugblätter ein, da er mit Recht annahm, daß Churchills ohnehin große Popularität durch dieses Bild nur noch weiter zunehmen würde.

WANTED

FOR INCITEMENT TO

MURDER

This gangster, who you see in his element in the picture, incites you by his example to participate in a form of warfare in which women, children and ordinary civilians shall take leading parts.

This absolutely criminal form of warfare which is forbidden by the

HAGUE CONVENTION

will be punished

according to military law

Save at least your families from the horrors of war!

Dieses deutsche Flugblatt zeigt einen mit der Waffe drohenden Winston Churchill – ein Ausschnitt aus dem oben abgebildeten Zeitungsphoto.

Zeuge wurden, wenn die Wrackteile abgeschossener Bomber in die Trümmerhaufen der Straßenzüge stürzten.

Aber was London betraf, so war der Einsatz der Royal Air Force zu spät gekommen. Das Zerstörungswerk war bereits geschehen. Über 400 Menschen waren tot, Tausende verletzt. Die Hafenanlagen waren schwer beschädigt. Und durch die Vernichtung weiter Gebiete im East End waren unzählige Menschen obdachlos geworden. Für den Mann auf der Straße war es nur ein geringer Trost, daß die RAF 47 Feindflugzeuge auf dem Rückflug von ihrem Einsatz abgeschossen hatte.

Die deutsche Luftwaffe hatte guten Grund, mit ihrem Erfolg zufrieden zu sein. Mit ihrer Taktik hatte sie die Londoner Flakabwehr überlistet. Göring teilte seiner Frau Emmy telephonisch mit, die britische Hauptstadt stehe in Flammen; und dann hielt er eine Rundfunkansprache an das deutsche Volk. In überschwenglichem Ton erklärte er, er selbst habe nun die Leitung der Luftschlacht übernommen, das Ziel sei London, und er habe „dem Herzen des Feindes bereits einen vernichtenden Schlag" versetzt.

Es würde nicht der letzte sein, versprach er.

Als der Nachmittag des 7. September in den Abend überging, geschah etwas Seltsames. Alle, die um London herum von irgendwelchen Bodenerhebungen aus zum Himmel hinaufsahen, waren beeindruckt von dem roten Glühen der untergehenden Sonne. Dann kam ihnen allmählich zum Bewußtsein, daß die Sonne an der falschen Stelle unterging. Das Glühen war in Wirklichkeit der Widerschein des brennenden East End.

Die Brände dienten den Bombern, die dann während der Nacht in rollendem Einsatz herankamen, als Markierungspunkte. Und während diese ihre tödliche Last abwarfen, vergrößerten Winston Churchill und seine Stabchefs noch das Durcheinander, das von der Jägerführung angerichtet worden war.

Um 20 Uhr desselben Tages tauchten die britischen Führer nach einer den ganzen Tag währenden Sitzung aus dem *Hole in the Ground* (Loch im Boden) – dem unterirdischen Regierungssitz in Whitehall – wieder auf und sandten an alle auf dem Boden des Vereinigten Königreichs stationierten Streitkräfte ein dringendes Telegramm. Der Text bestand nur aus einem einzigen Wort, dem Decknamen *Cromwell*.

Es ist seither gelegentlich darüber gestritten worden, ob das Signal *Cromwell* „Invasion hat begonnen" oder „Invasion steht unmittelbar bevor" bedeutet habe. Jedenfalls bestand am 7. September 1940 kein Zweifel darüber, wie es zu deuten war, nämlich: „Die deutsche Invasion Großbritanniens hat begonnen."

In Wirklichkeit hatte die Invasion nicht begonnen, auch gab es weder in der Nordsee noch im Kanal irgendwelche Anzeichen dafür, daß deutsche Truppentransporter unterwegs gewesen wären. Aus der Tatsache, daß die Deutschen so viele Bomber über London einsetzten, mag Churchill den Schluß gezogen haben, daß ein Teil dieser Maschinen als Transportmittel für Fallschirmjäger und Luftlandeeinheiten bestimmt gewesen sein könne.

Die Deckbezeichnung *Cromwell* war zwar geheim und nur für die Armee bestimmt, aber inzwischen gehörten so viele aus Zivilisten bestehende Einheiten der Home Guard zu den Verbänden des Heeres, daß die Nachricht nicht geheimzuhalten war. Sie verbreitete sich wie ein Lauffeuer. Kirchenglocken wurden geläutet, um den Alarm weiterzutragen. Straßensperren wurden errichtet, und Brücken wurden gesprengt. Minen wurden auf Straßen sowie Äckern und Wiesen verlegt.

In Londons schwer heimgesuchtem East End waren Feuerwehrleute und Luftschutzwarte trotz des Bombenhagels dabei, die Großbrände unter Kontrolle zu bringen, Verschüttete zu bergen und Verletzte zu versorgen; ihre Arbeit wurde noch zusätzlich dadurch erschwert, daß sie außerdem ein wachsames Auge auf eventuelle Fallschirmjäger und Infiltratoren zu halten hatten.

„Wie soll man denn Freund und Feind auseinanderhalten können", fragte ein Londoner Feuerwehrmann, „wenn wir doch alle in demselben Dreck stecken?"

Während der nächsten sieben Tage dauerten die Bombenangriffe rund um die Uhr an. Dabei fanden weitere 2000 Londoner den Tod und mehr als 10 000 wurden verwundet oder unter den Trümmern begraben. Häßliche Wundmale breiteten sich über dem Antlitz der Stadt aus und brachten Schmerz und Verzweiflung all denen, die Londons Straßen und Kirchen, seine stolzen Bauwerke und historischen Denkmäler liebten.

Wenn auch Menschen und Bauwerke zu leiden hatten, so wurden die Strategen, die eine britische Niederlage abzuwenden versuchten, auf anderem Gebiet entschädigt. Der Umstand, daß sich die deutschen Angriffe auf die Hauptstadt konzentrierten, führte sofort dazu, daß der Druck auf die Flugplätze der Jäger und auf die Rüstungsfabriken nachließ. Außerdem konnte die Royal Air Force jetzt zurückschlagen und dem Gegner empfindliche Verluste beibringen, weil das Schwerpunktziel der deutschen Bombenangriffe bekannt war.

Am 15. September befahl Göring den bisher größten Einsatz der Bomber- und Jagdverbände. Der Reichsmarschall hatte die vergangene Woche zwischen Euphorie und nagendem Zweifel zugebracht. Auf der einen Seite war er voller Begeisterung auf Grund der eintreffenden Erfolgsmeldungen; er war überzeugt, daß mit der Zahl der Todesopfer in London auch Englands Bereitschaft zunehmen würde, um Frieden zu bitten. Mehrere Male versicherte er seinem Stab, daß die Luftwaffe schon jetzt die Luftherrschaft über England errungen habe und eine Operation *Seelöwe* eigentlich gar nicht mehr nötig sei. Er würde England zur Kapitulation zwingen, ohne daß ein einziger deutscher Soldat eingesetzt zu werden brauche, der sich von der englischen Küste den Weg landeinwärts zu erkämpfen hätte.

Andererseits verfiel Göring aber in dumpfes Brüten, wenn ihm die deutschen Verluste über England gemeldet wurden. Und wenn er seine Luftwaffeneinheiten in Nordfrankreich besuchte, fühlte er sich deprimiert, weil er nichts als Klagen zu hören bekam – von den Bomberstaffeln, weil der Begleitschutz nicht ausreiche, von den Jagdstaffeln, weil London am äußersten Rand ihres Aktionsradius liege und ihnen infolgedessen nur 10 oder 20 Minuten blieben, bevor sie den Heimflug antreten müßten.

Die Staffelkapitäne der Bomber und der Jäger waren tief besorgt über die steigenden Verluste. Die Bomber wurden von britischen Jagdstaffeln angegriffen, die nach dem Feindlagebild der Luftwaffe eigentlich gar nicht mehr existierten. Jäger wurden abgeschossen, weil ihnen der Treibstoff zum Einzelkampf fehlte; andere wiederum erreichten gerade noch die Küste von Calais, wo sie mit leeren Tanks Bruchlandungen machen mußten.

Göring versuchte sein Bestes, um die Beschwerdeführer zu besänftigen. Nur noch ein großer Tagesangriff, versicherte er ihnen, und alles würde vorbei sein; damit würde der Royal Air Force der Gnadenstoß versetzt und London so schwer getroffen werden, daß den Engländern gar nichts anderes mehr übrig bliebe, als um Friedensverhandlungen zu bitten.

Der 15. September, ein Sonntag – in den Annalen der Royal Air Force seither als *Battle of Britain Day* verzeichnet –, war wieder ein sonniger Tag, und nur ein leichter Dunst verschleierte den sonst klaren Herbsthimmel. Im Laufe des Vormittags erschienen Massen von Leuchtflecken auf den britischen Radarschirmen, und bald darauf befanden sich Bomberverbände der deutschen Luftwaffe in zahlreichen Wellen im Anflug. Etwa 400 Bomber und 700 Jäger hielten auf die britische Hauptstadt zu.

Aber diesmal wurden die Angreifer bereits beim Erreichen der englischen Küste attackiert und von diesem Augenblick an nicht mehr in Ruhe gelassen. Die britische Jägerführung setzte ihre gesamte Streitmacht – 24 Staffeln – ein, und 22 Staffeln, fast 300 Maschinen, verwickelten die deutschen Jäger schon bald in erbitterte Luftkämpfe oder suchten sich ihre Opfer unter den deutschen Bombenflugzeugen.

Die Kämpfe dauerten den ganzen Tag, bis der Himmel mit einem wirren Netz von Kondensstreifen überzogen war. Im letzten Luftkampf dieses Tages richtete der Pilot einer Hurricane, Sergeant R. T. Holmes, über dem West End von London seine Maschinengewehre auf zwei Do-17. Er schoß der einen die Spitze einer Tragfläche ab und traf die andere so schwer, daß sie in der Luft explodierte, wodurch seine eigene Hurricane gleichzeitig schwer beschädigt wurde. Die Besatzung der ersten Do-17 sprang mit dem Fallschirm ab und landete auf dem Cricketplatz von Kennington Oval in Surrey, während ihre Maschine auf dem Rangierbahnhof der Victoria Station im Herzen von London aufschlug. Holmes selbst kam mit dem Fallschirm herunter und landete in einer Mülltonne an der King's Road in Chelsea.

Am nächsten Tag verkündete eine Londoner Tageszeitung triumphierend „185 ALL OUT" (185 zerstört). Dies war nach den Angaben des britischen Luftfahrtministeriums die Anzahl der deutschen Flugzeuge, die von der RAF und den Flakeinheiten vernichtet worden waren.

Die tatsächlichen Zahlen sahen wesentlich bescheidener aus: 56 deutsche Flugzeuge waren von britischen Jägern abgeschossen worden, 26 britische Maschinen waren verlorengegangen. Aber Dutzende von deutschen Bombern waren so schwer beschädigt, daß sie ihre Heimathäfen nur noch mit Mühe erreichen konnten – ein Teil ihrer Besatzungen war gefallen, Motoren brannten, und einigen war das Fahrgestell weggeschossen worden. Mindestens 20 Me-109 mußten mit leeren Treibstofftanks zwischen Le Touquet und Boulogne vor der französischen Küste notwassern.

Göring war gedemütigt. Er hatte Hitler durch den Großangriff vom 15. September einen Wendepunkt in der Schlacht um England in Aussicht gestellt. Der Wendepunkt war zwar erreicht, aber nicht in der Richtung, wie ihn die Deutschen erwartet hatten.

Am Dienstag, dem 17. September 1940, entschloß sich Hitler, die Operation *Seelöwe* auf unbestimmte Zeit zu verschieben, und wies seine Generale an, die Unterwerfung Englands mit anderen Mitteln zu bewerkstelligen.

WARTEN AUF DEN EINSATZ

Jagdflieger der Royal Air Force in Fliegerkombination und mit Schwimmwesten erwarten den Einsatzbefehl.

JAGDFLIEGER IN STÄNDIGER ALARMBEREITSCHAFT

England wurde im Sommer 1940 von einer Wespenplage heimgesucht. Ein britischer Jagdflieger, der auf den Einsatzbefehl wartete, beruhigte sein Gemüt dadurch, daß er die stechenden Insekten tötete, indem er sie mit Erdbeermarmelade bepflasterte. „Sie sind die Ziele am Boden – die Marmelade ist die Bombenlast", erklärte er seinen Kameraden.

Er hatte gerade seine elfte Wespe erledigt, als der Lautsprecher in dem Bereitschaftsraum, wo der Erdbeerbomber mit seinen Kameraden saß, mit heiserer Stimme verkündete: „Alarmstart für alle! Siebzig und mehr Feindflugzeuge im Anflug, Anflugswinkel eins-fünf!" Über 70 Do-17 und He-111 kamen unter Jagdschutz in etwa 4500 Metern Höhe über den Kanal; sie mußten abgefangen werden. Die Jagdflieger griffen nach ihren Fliegerkappen und rannten hinaus zu ihren Hurricanes und Spitfires, die vom Bodenpersonal in gewissenhafter Arbeit einsatzbereit gemacht worden waren. Innerhalb weniger Minuten hob die Staffel, mit Vollgas und ohne Rücksicht auf die Windverhältnisse, vom Rollfeld ab.

Diese schwer beanspruchten Männer – mehr als tausend von ihnen unter dem Befehl von Air Chief Marshal Hugh Dowding – waren erstaunlich jung; einige waren gerade 19 oder 20 Jahre alt und nur wenige älter als 23. Winston Churchill nannte sie „Dowdings Kinder" und pries sie mit den berühmt gewordenen Worten: „Noch niemals haben so viele so wenigen so viel geschuldet." Worauf ein respektloser Flugzeugführer meinte: „Er muß wohl an unsere Whiskyrechnungen gedacht haben."

In den kurzen Atempausen zwischen ihren Einsätzen tranken und spielten diese jungen Männer ebenso verbissen, wie sie kämpften. Aber diese kurzen Augenblicke waren allzu selten. Die deutschen Angriffe im Sommer und Herbst des Jahres 1940 folgten so rasch aufeinander, daß viele britische Jagdflieger froh waren, wenn sie zwischen den Einsätzen wenigstens einen kurzen Imbiß aus kalt gewordenen Bohnen und lauwarmem Tee zu sich nehmen konnten. Um ihre liebgewordenen Gewohnheiten nicht ganz aufzugeben, setzten sich die Männer einer Jagdstaffel einmal mittags zu ein paar Scheiben kalten Roastbeefs zu Tisch, aber sie mußten das Mittagessen so oft unterbrechen, daß sie erst um halb vier beim Dessert waren. In einer anderen Kantine bestellten sich die Flugzeugführer mittags in aller Ruhe einen Drink, weil sie glaubten, es sei eine kurze Gefechtspause eingetreten, aber ihr Vorgesetzter meinte: „Laßt euch mit dem Sherry nicht zu viel Zeit. Ich habe nur deshalb Entwarnung gegeben, damit wir zu Mittag etwas Warmes in den Magen kriegen."

Aufgrund des Einsatzbefehls der Jägerführung läutet ein Flieger der Royal Air Force die Alarmglocke, das Zeichen für die Piloten, zu ihren Maschinen zu eilen.

Zurück auf ihrem Stützpunkt nach dem Kampf gegen feindliche Bomber und Jäger, lassen ermüdete Flieger der RAF den Tag noch einmal an sich vorbeiziehen.

Zwischen den Einsätzen versorgen drei Mechaniker die acht vorderen Maschinengewehre einer Hurricane mit neuer Gurtmunition; für jedes Jagdflugzeug der Royal Air Force waren zwölf Mann Bodenpersonal eingeteilt, damit die Maschine zu jeder Tages- und Nachtzeit einsatzfähig blieb.

Bei einer Spitfire wird in aufgebocktem Zustand die Zieleinrichtung getestet. Zwei Mann sitzen auf dem Leitwerk und verfolgen die Genauigkeit der Schußfolge auf ein Ziel hinten im Hangar; zwei andere sind für die Gegenkontrolle verantwortlich.

Männer des Bodenpersonals schieben eine angeschlagene Spitfire – die Motorverkleidung ist bereits abgenommen – zur Reparatur in den Hangar. Normalerweise wurden die Flugzeuge um das Rollfeld herum abgestellt, um Beschädigungen durch feindliche Angriffe in Grenzen zu halten.

Ein Offizier hält auf einem Feldflugplatz Unterricht über die Erkennung von Feindflugzeugen. Hier hat er das Modell eines deutschen Flugzeugs in der Hand. In der Hitze des Gefechts konnte rasches Erkennen über Tod und Leben entscheiden.

Ein Oberfeldwebel konzentriert sich, trotz der Behinderung durch eine pelzgefütterte Jacke, auf seinen Aufschlag beim Tischtennis in einem englischen Fliegerhorst.

Während der spärlichen Freizeit genießen die Männer des Bodenpersonals gemeinsam eine Tasse heißen Tee bei einem Gespräch in der Kantine eines Flugplatzes.

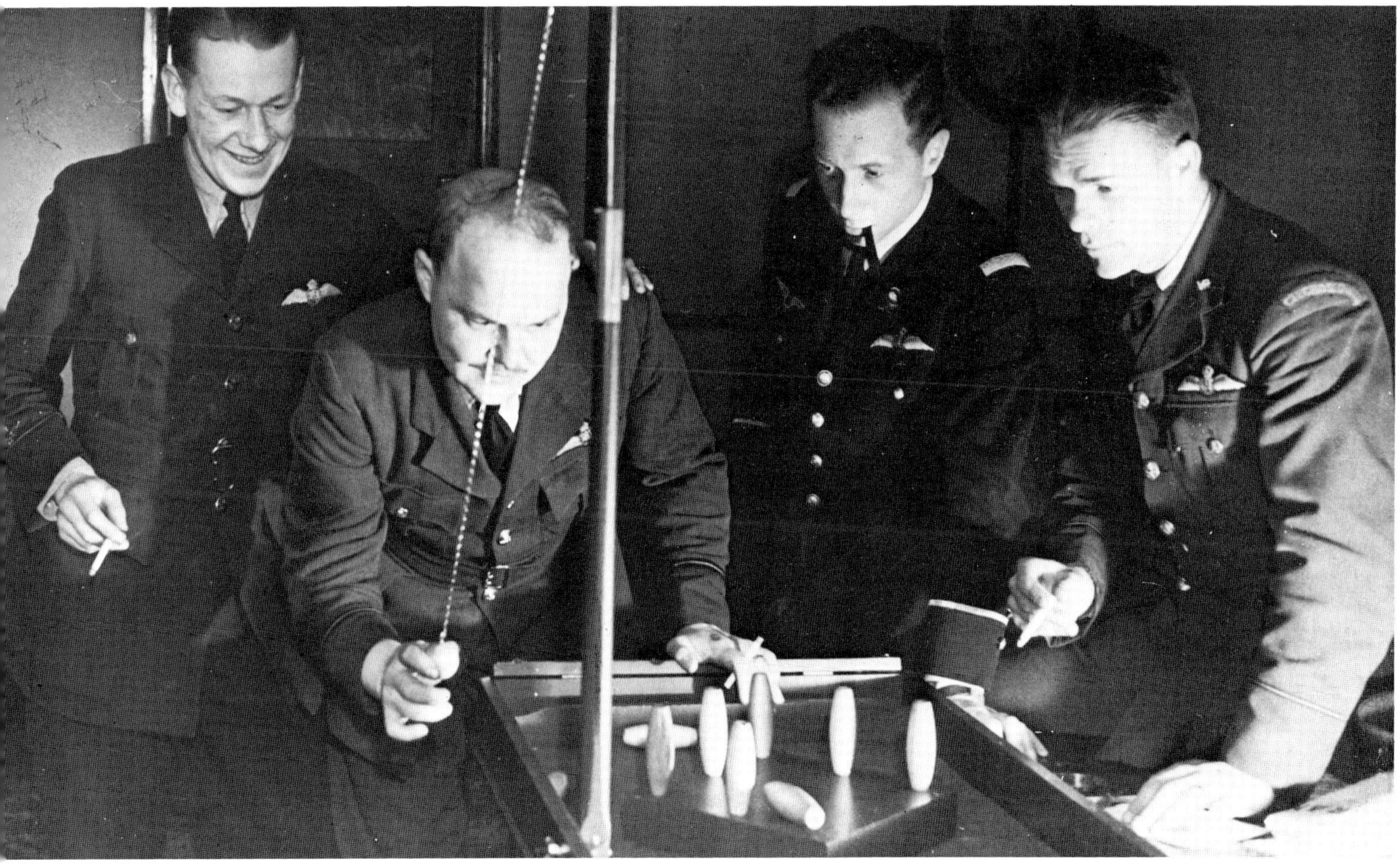

Vier Flieger der Royal Air Force beim Tischkegeln. Andere Soldaten verbrachten die Stunden während der Bereitschaftszeit mit Domino, Wurfringspiel und Rugby.

Angehörige einer Jagdstaffel stürzen bei Alarm aus ihrem Bereitschaftsraum. Noch im Laufen legen sie ihre Ausrüstung an. Auf dem Höhepunkt der Schlacht um England häuften sich die Alarmstarts zeitweise bis auf sechs an einem einzigen Tag.

A FLIGHT
READINESS
GRAHAM
LLOYD
AVAILABLE
MILES
DYE

Während sich die Luftschlacht ihrem Höhepunkt nähert, starten die Hurricanes der Staffel 615 von ihrem Feldflugplatz im Süden Englands, um deutsche Kampfflugzeuge

abzufangen. Zu den Hurricanes gesellten sich etwas später die schnelleren Spitfires. Die Hurricanes dieser Staffel schossen insgesamt fast 100 feindliche Flugzeuge ab.

5

Unruhen in der Bevölkerung
East End – ein Pulverfaß
Der Marsch auf das Savoy Hotel
Bomben auf den Buckingham Palace
Churchill tadelt die Zensur
Hiobsbotschaften für Göring
Nachtangriffe auf die Hauptstadt
Störung des deutschen Funkverkehrs
Provisorium in den U-Bahn-Schächten
Keine Vorwarnung für Coventry
Tödlicher Einsatz der Fallschirmminen
Die Suche nach Verschütteten
Ein Schlag gegen das Herz der City

EINE SCHWERGEPRÜFTE STADT

Eine zweite Legende über die Luftschlacht um England – fast ebenso weit verbreitet wie der Mythos, die Royal Air Force sei zahlenmäßig unterlegen gewesen – behauptete, die Briten seien trotz des Terrors und aller Entbehrungen in ihrer Unerschrockenheit nie wankend geworden. Sie hätten die Fäuste gen Himmel gereckt und seien stets ihrer Entschlossenheit treu geblieben, den Krieg bis zum siegreichen Ende durchzustehen. Winston Churchill hat mit verständlichem Stolz und seiner Neigung zum Theatralischen zu dieser simplifizierten Auffassung über seine Landsleute beigetragen, äußerte er sich doch in besonders eindrucksvollen Worten über ihre beherzte Tapferkeit. Das waren die Zeiten, sagte er nach dem Krieg, „als die Engländer, und besonders die Einwohner von London, die hier den Ehrenplatz einnehmen, ihre Sternstunde erlebten. Hart und nie ohne Humor, verbissen und umgänglich, mit dem natürlichen Selbstvertrauen eines niemals unterworfenen Volkes, gewöhnten sie sich an dieses merkwürdige neue Leben, mit all seinen Schrecken und Wechselfällen."

In Wirklichkeit war das Verhalten des britischen Volkes während der Bombenangriffe wesentlich vielschichtiger und menschlicher. Viele bewiesen in der Tat großen Mut, während andere verängstigt waren. Die einen wurden durch die Bomben zu größter Aktivität angeregt, die anderen waren deprimiert. Verständlicherweise richteten sich Stimmung und Entschlossenheit nach den jeweiligen Erfolgen oder Mißerfolgen im Luftkrieg. Während das Kriegsglück noch hin und her schwankte, wurde die britische Einstellung in vielen Fällen auch dadurch geprägt, daß die Klassenunterschiede deutlicher hervortraten und viele das bittere Gefühl hatten, die Last des Krieges sei nicht fair und gleichmäßig verteilt. Und es wurde sogar ein Punkt erreicht, an dem diese Bitterkeit fast in offene Revolte umgeschlagen wäre.

Am unruhigsten und unzufriedensten waren die Cockneys aus dem Londoner East End – eigentlich als die humorvollsten Einwohner Großbritanniens bekannt. Mit den Bombenangriffen der Nazis hatten sie sich abzufinden; aber sie waren nicht bereit, die ihrer Meinung nach gefühllose Einstellung der britischen Behörden hinzunehmen, die in herzlosem Perfektionsdrang sogar so weit gingen, Tausende von Särgen aus Pappe in Lagerhäusern, städtischen Bädern und anderen Orten in Erwartung der großen deutschen Luftoffensive zu stapeln; und in den Außenbezirken der Stadt wurden große Gruben ausgehoben und Kalk wurde in der Nähe bereitgestellt, damit die zu erwartenden zahllosen Opfer der deutschen Bombenangriffe möglichst rasch in Massengräbern beigesetzt werden konnten.

Den Leuten vom East End ging es, wie den meisten Menschen, mehr ums Überleben als darum, ordnungsgemäß begraben zu werden. Und sie waren wütend und erbittert darüber, daß ihre Regierung, die sich jetzt vor allem um die letzte Ruhestätte der

Toten bemühte, es versäumt hatte, rechtzeitig bombensichere Schutzräume für die Lebenden zu erstellen.

Ihre Notlage beruhte auf der Tatsache, daß die Elendsquartiere von Stepney, Wapping, Canning Town, West Ham und anderen Vierteln im East End ganz dicht neben einigen der wichtigsten Ziele in England lagen – Einrichtungen, die die deutsche Luftwaffe zerstören mußte, wenn sie das Leben in London zum Stillstand bringen wollte. Im East End befanden sich zum Beispiel die Londoner Hafenanlagen, die eine größere Aufnahmekapazität besaßen als jeder andere britische Hafen. Außerdem lagen dort Rüstungsfabriken, Eisengießereien, Montagewerke für Automobile, Panzer und Lastkraftwagen, kilometerlange Reihen von Lagerhäusern voll von Lebensmitteln und Versorgungsgütern; außerdem Spinnereien und Textilfabriken.

Viele der Fabriken gingen noch auf den Anfang des 19. Jahrhunderts zurück. Um diese „dunklen, teuflischen Werkstätten", wie der Dichter William Blake sie nannte, herum waren für die Masse der angelernten Arbeiter schäbige, baufällige Unterkünfte errichtet worden. Die Nachfahren der ersten Arbeiter lebten noch immer hier; einige arbeiteten noch an denselben Werkbänken, wenn auch unter etwas besseren Bedingungen.

Als die ersten Bomben auf die Hafengegend von Wapping und die Fabriken von Canning Town fielen, gingen die nahe gelegenen Häuser wie Zunder in Flammen auf. Viele Bewohner wurden unter den Trümmern begraben. Viel zu wenige Luftschutzbunker waren errichtet worden, und auch diese hielten den Bombenexplosionen nicht stand. Es gab keine Tiefbunker – jedenfalls keine, die den offiziellen Vorschriften entsprachen.

Zu den am schwersten getroffenen Elendsvierteln im Hafengebiet gehörte Silvertown, wo eine Firma namens S. W. Silver eine Gummiwarenfabrik betrieb. Außerdem wurden in Silvertown Düngemittel und Seife hergestellt; durch die Bombentreffer wurden giftige Gase frei, und es entsand eine höllische Szene, in der Tausende nach Atem ringender Menschen durch Flammen und Trümmer hindurch verzweifelt nach irgendeinem Schutz suchten.

Einige der Opfer suchten in einer Schule Zuflucht – durch einen Volltreffer kamen hier 450 ums Leben. Silvertown gehörte zum Verwaltungsbezirk des West-Ham-Stadtrats, dessen Mitglieder in der Mehrzahl Sozialisten und Pazifisten waren, und diese hatten sich geweigert, auch nur einen einzigen Luftschutzbunker bauen zu lassen. Als die Bombenangriffe anhielten, kam es deshalb hier zu einer Massenflucht der Bevölkerung. Ganze Familien packten den Rest ihrer Habseligkeiten auf Schubkarren oder Fahrräder und suchten Schutz in anderen Stadtvierteln.

Diese Menschen und andere Bewohner des East End richteten sich schließlich in einem stillgelegten Eisenbahntunnel ein, der neben der U-Bahn-Station Stratford Broadway lag. Der Tunnel wurde bald zu einer einzigen Kloake, wie aus den Worten des zuständigen Polizeichefs, Superintendent Reginald Smith, hervorgeht, den einer seiner Beamten dorthin führte.

„Das erste, was ich hörte", berichtete Smith, „war ein dumpfes Heulen und Stöhnen, als ob man dort Tiere eingesperrt hätte, die unablässig Klagelaute von sich gaben. Und als wir weitergingen, traf mich dieser entsetzliche Gestank. Er war schlimmer als der Leichengeruch; mir wurde übel, und ich mußte mich erbrechen. Nach etwa fünfzig Metern blieb ich stehen. Vor mir konnte ich im Schein von Kerzen und Laternen Gesichter sehen, die mich anstarrten. Es war wie ein Bild der Hölle."

Sein Begleiter fügte hinzu: „Alle Arten von Menschen sind dort drinnen, Weiße und Farbige, aber sie sind so dreckig, daß man sie nicht unterscheiden kann. Viele der älteren Leute liegen im Sterben, andere sind schon tot, aber man kann sie nicht zählen, bis die Leichen ans Tageslicht gebracht worden sind. Die Leute machen dort drinnen wirklich alles. Es gibt keine sanitären Einrichtungen, und die Menschen haben überhaupt keine Scham mehr."

Jede Nacht heulten die Luftschutzsirenen, aber vorläufig wurde nur das Gebiet von East End schwer getroffen. In den wohlhabenderen Stadtteilen – Chelsea, Knightsbridge, Mayfair, Westminster – konnte man in den verdunkelten Straßenzügen stehen, den roten Widerschein am Himmel sehen und das dumpfe Dröhnen der Bombenexplosionen hören. Aber man hatte den Eindruck, daß es aus weiter Ferne kam.

Die Bewohner von East End hatten nicht einmal die Genugtuung, über ihre besondere Notlage in der Zeitung etwas lesen zu können. Die Regierung hatte eine strenge Zensur angeordnet. Alle Meldungen darüber, welche Ziele bombardiert worden waren, wie hoch die Zahl der Bombenopfer war und welche Gebäude zerstört worden waren, wurden nicht nur aus der britischen Presse, sondern auch aus den Telegrammen der Auslandskorrespondenten herausgestrichen. So entstanden natürlich Gerüchte, die rasch die Runde machten und schließlich auch die Armee erreichten. In Heereseinheiten aus London, die in anderen Landesteilen stationiert waren, begannen sich die Männer über das Schicksal ihrer Familien, Frauen, Kinder und Eltern, Sorgen zu machen.

„In unserer Freizeit standen wir dauernd Schlange, um mit London zu telephonieren, erfuhren aber immer dasselbe: die Leitungen seien für unbestimmte Zeit gestört", sagte ein Soldat aus Bethnal Green später. „Es kamen fast keine Briefe mehr an, und die Stimmung wurde immer schlechter, wir hörten, daß es im Londoner Hafen keine Schiffe mehr gebe und die meisten Brücken zerstört seien. Jeden Tag warteten wir auf Nachricht, und was dann kam, war höchstens ein Telegramm: bei dem einen war die Mutter umgekommen, bei dem anderen die Frau; dem einen war das Haus in Flammen aufgegangen, dem anderen hatte eine Bombe die Ehefrau und das Baby in Stücke gerissen."

Der Einheitsführer dieses Mannes war so fürsorglich und vernünftig, einen Offizier und einen Feldwebel nach London zu schicken, um genauere Informationen zu beschaffen. Aber andere Truppenteile erhielten keine verläßlichen Nachrichten; viele Soldaten wurden von quälender Unruhe ergriffen, und Fälle von Fahnenflucht nahmen in alarmierender Weise zu.

Im East End machte die Bevölkerung, ganz gegen ihre sonstige Art, aus ihrer Wut und Erbitterung kein Hehl. Sie fühlte sich im Stich gelassen. Solange nur sie zu leiden hatten, sagten sich hier die Menschen, machten sich die feinen Leute in Mayfair und Knightsbridge keine sonderlichen Sorgen.

„Es ist, als ob man uns wie Aussätzige in Quarantäne gesperrt hätte", meinte ein Dockarbeiter.

Die Situation war für Agitatoren wie geschaffen, und zwei, die sich am meisten Gehör verschaffen konnten, waren Kommunisten aus dem East End von London. Phil Piratin gehörte zum Stadtrat von Stepney, und George „Tubby" Rosen war Vorsitzender des Mieterbundes von Stepney. In Übereinstimmung mit der offiziellen kommunistischen Parteilinie – die Sowjetunion befand sich mit Hitler noch nicht im Krieg – bezeichneten sie den Konflikt als „Krieg der Industriekapitäne" und die Bevölkerung als Opfer einer kapitalistischen Verschwörung. Als der Bombenkrieg im September 1940 an Härte zunahm, sprach Tubby Rosen auf einer Großveranstaltung an der Commercial Road.

„Unsere Leute krepieren hier in Stepney wie die Ratten", schrie er. „Und warum? Weil die Großkapitalisten uns das Geld verweigert haben, das zum Bau von Luftschutzbunkern für unsere Bevölkerung nötig gewesen wäre. Während wir also in die überzähligen Hühnerställe hineinkriechen, die man da oben Straßenbunker nennt und die nicht einmal einen Hahn vor dem Regen schützen würden, schlafen die reichen Freunde der Regierung mit ihren Mädchen sicher und gemütlich in Doppelbetten in ihren eigenen privaten Luftschutzkellern. Genossen", rief er seine Zuhörer auf, „es ist höchste Zeit, daß wir uns diese Bunker nehmen!"

Viele Hotels im Londoner West End hatten ihre Keller zu Luftschutzräumen ausgebaut, mit Betten für ihre Gäste, die zum Essen oder Tanzen gekommen und dann gewungen waren, über Nacht zu bleiben, wenn die Sirenen ertönten. Zu den beliebtesten Hotels gehörte das Savoy, ein bevorzugter Treffpunkt für Minister, Unterhausabgeordnete, Journalisten aus der Fleet Street und amerikanische Korrespondenten. Der Herzog und die Herzogin von Kent sowie elegante Damen der Gesellschaft wie beispielsweise Margot Asquith und Lady Diana Cooper konnten stets auf eigens für sie reservierte Kellerabteile zurückgreifen, falls sie sich während des Fliegeralarms zufällig im Hotel aufhielten.

Deshalb war auch das Savoy für Phil Piratin und Tubby Rosen das Ziel, als sie vom East End eine militante Demonstration anführten, „um euch einmal zu zeigen, wie die andere Hälfte lebt", wie es einer von ihnen ausdrückte. Angeführt von einem halben Dutzend schwangerer Frauen und anderen mit Säuglingen auf dem Arm, bahnten sie sich den Weg in die elegante Hotelhalle und schoben Hansen, den Chefportier, vor sich her. Das Hotelrestaurant wurde rasch geschlossen und verbarrikadiert; obwohl es einigen der Frauen gelang, hineinzukommen und Essen zu verlangen, wurden sie nicht bedient. Andere Demonstranten ketteten sich selbst an Pfeilern fest. Unter Führung von Tubby Rosen stürzten wieder andere in die Luftschutzkeller hinunter und riefen: „Jetzt wollen wir doch einmal sehen, ob wir hier nicht den Erzbischof von Canterbury mit seiner Freundin auf frischer Tat ertappen!"

Ein von Panik ergriffener Hotelangestellter rief die Polizei und bat diese, die Demonstranten dorthin zurückzutreiben, wohin sie gehörten. Die Polizei lehnte ab. „Dies ist ein Hotelbetrieb, verstehen Sie, Sir", meinte ein Polizeibeamter höflich. „Für Sie ist das Gaststättengesetz zuständig. Wenn ein Reisender eintritt und um eine Mahlzeit bittet – und diese Menschen hier machen auf mich genau diesen Eindruck –, dann haben sie auch ein Recht, bedient zu werden. Wenn sie jedoch Radau machen oder das Mobiliar zerschlagen oder sich sonst schlecht benehmen, sind wir bereit, die Leute hinauszubegleiten. Anderenfalls sind sie Gäste des Hotels und sollten als solche behandelt werden."

IMPREGNABLE TARGET

Aus einem übervollen Sack mit der Aufschrift „Terror, nicht Sieg" wirft Reichsmarschall Hermann Göring eine Bombenladung ab, die dem tapferen Cockney-Herzen Londons nichts anhaben kann. Die Karikatur stammt von David Low und erschien am 11. September 1940 in der Zeitung „Evening Standard". Sie veranschaulicht in schlagender Weise die britische Reaktion auf den ersten deutschen Großangriff auf London am 7. September.

Hugh Wontner, geschäftsführender Direktor des Savoy-Hotels, erkannte sofort, welche guten Möglichkeiten sich für ihn boten, und ordnete an, daß den Leuten vom East End Tee serviert werde. Aber bevor noch die Tassen auf die Tische gestellt werden konnten, blies Tubby Rosen zum Rückzug; zu spät hatte er seinen taktischen Fehler erkannt, denn er war in das Hotel bei Tageslicht eingedrungen, als die Luftschutzkeller nicht besetzt waren. Die Demonstranten zogen widerwillig ab, freilich nicht ohne regierungsfeindliche Parolen von sich zu geben.

Am nächsten Tag wurde diese Affäre auf Anordnung der Zensur von der Presse heruntergespielt. Aber eine andere Geschichte, die die Zensurbeamten am liebsten unterdrückt hätten, machte noch in derselben Woche Schlagzeilen; in diesem Falle wurden die anonymen Herren, die darüber zu entscheiden hatten, was die Öffentlichkeit erfahren dürfe und was nicht, von Premierminister Winston Churchill persönlich in ihre Schranken verwiesen.

Durch einen Navigationsfehler kam eine Kette deutscher Bomber, die, wie üblich, die Dockanlagen angreifen sollte, vom Kurs ab und warf ihre Bombenlast über Chelsea und der Victoria Station, dem eleganteren Teil von London, ab. Eine der Bomben traf den Buckingham Palace. König Georg VI., die Königin und die beiden kleinen Prinzessinnen befanden sich zu dem Zeitpunkt gerade im Palast. Die königliche Familie wäre beinahe verletzt worden, als die Bombe im Schloßhof explodierte. Die Zensur verbot daraufhin sofort jegliche Erwähnung dieser Geschichte in Presse und Rundfunk. Dann erfuhr Winston Churchill von dieser Anordnung und bekam einen Wutanfall.

„Schwachköpfe, Idioten, verdammte Narren!" soll er ausgerufen haben. „Die Nachricht wird sofort gebracht! Die einfachen Leute von London sollen wissen, daß sie nicht allein dastehen und daß der König und die Königin alle Gefahren mit ihnen teilen!"

Für eine Regierung, der die Opposition in der Bevölkerung zu schaffen macht, erwies sich die Bombardierung des Buckingham Palace als ein Geschenk Gottes. Premierminister Churchill war warnend darauf hingewiesen worden, daß er, falls nicht besser für die Bombenopfer in den Slums gesorgt werde, mit Unruhen rechnen müsse – und London war nicht das einzige Problem. In Liverpool, wo die Luftverteidigung aufgrund der letzten deutschen Bombenangriffe völlig zusammengebrochen war, waren die Bewohner der Hafenviertel auf die Straße gegangen, hatten Lebensmittelläden geplündert und die Inneneinrichtung von Regierungsgebäuden kurz und klein geschlagen.

In allen Großstädten, die das Ziel von Bombenangriffen geworden waren, hatte sich die Bevölkerung in zwei Lager gespalten: in „die da oben" und „wir". Gemeint waren damit die wohlhabenden, gutsituierten und wohlgenährten Angehörigen der oberen Schichten, die am Rande des Geschehens lebten, und auf der anderen Seite die ausgebombten und hungrigen Obdachlosen in den von den Bombenangriffen heimgesuchten Vierteln.

Die Gefahr, der die königliche Familie ausgesetzt gewesen war und aus der Churchill geschickt politisches Kapital schlug, brachte allen mit einem Schlage zum Bewußtsein, daß sie alle bedroht waren. Ein Stimmungsumschwung trat zwar nicht sofort ein; die Unzufriedenheit blieb vorläufig noch bestehen, während sich der schwerfällige Behördenapparat bemühte, die Forderungen nach bombensicheren Luftschutzräumen, Verteilungsstellen für Lebensmittel und Evakuierungsmaßnahmen zu erfüllen. Aber es mehrten sich die Anzeichen, daß das ganze Volk, ohne Rücksicht auf Klassenunterschiede, näher zusammenrückte – eine Entwicklung, die weiteren Auftrieb erhielt, als die deutschen Bombenangriffe auch auf andere Gebiete ausgedehnt wurden.

Der in London stationierte amerikanische Rundfunkreporter Edward R. Murrow spürte etwas von diesem neuen Geist, als er gegen Ende September vom Dach eines Hauses aus den Blick über die Stadt London schweifen ließ. An jenem Abend berichtete er seinen Zuhörern auf der anderen Seite des Atlantik: „Ich sah viele Flaggen an Fahnenmasten wehen", sagte er. „Niemand hat diese Menschen angewiesen, ihre Häuser zu beflaggen. Sie hatten einfach das Gefühl, es sei irgendwie an der Zeit, den Union Jack auf ihren Dächern zu zeigen." Und er setzte hinzu: „Weiße Fahnen habe ich nicht gesehen."

Ein weiterer Umstand, der den britischen Durchhaltewillen positiv beeinflußte, waren die Erfolge der Royal Air Force, die im Luftkrieg allmählich die Oberhand gewann. Zwei Tage nach der Bombardierung des Buckingham Palace erlitt die deutsche Luftwaffe bei ihrem Großeinsatz vom 15. September sehr schwere Verluste. Unmittelbar darauf mußte die deutsche Luftkriegführung noch weitere Rückschläge hinnehmen.

Am 27. September setzte Reichsmarschall Göring seine Luftflotten 2 und 3 zu den bisher schwersten Angriffen auf London ein. Während er noch auf die Ergebnisse wartete, ging er auf seinem 4000 Hektar großen Waldgut in Ostpreußen auf die Jagd. Zu dieser Jagd hatte er Adolf Galland eingeladen. Dieser erfolgreiche junge Jagdflieger hatte in der voraufgegangenen Woche über dem Kanal seinen 40. Luftsieg errungen, und Göring wollte ihm eine besondere Anerkennung zuteil werden lassen.

Als die beiden Männer den Forst durchstreiften, sahen sie auf einer Lichtung plötzlich einen kapitalen Hirsch stehen. Göring überließ ihn seinem Gast, und Adolf Galland erlegte den Hirsch mit einem wohlgezielten Blattschuß. Solche kapitalen Hirsche waren gewöhnlich Göring allein vorbehalten; daß er Galland zu Schuß kommen ließ, sollte seine besondere Wertschätzung für den erfolgreichen Jagdflieger zum Ausdruck bringen.

Für Göring bedeutete dieser mit Galland im Wald verbrachte Tag eine willkommene Atempause angesichts der immer schwieriger werdenden Lage im Luftkrieg gegen England. Hitler hatte angefangen, peinliche Fragen zu stellen. Der Führer hatte die Landung in England über See verschoben, aber Göring grünes Licht zur Niederringung Englands aus der Luft gegeben. Jetzt wollte Hitler wissen, warum es der Luftwaffe noch immer nicht gelungen war, ihren Auftrag zu erfüllen.

War schon die Verärgerung des Führers schlimm genug, so mußte sich Göring jetzt auch noch mit der wachsenden Mißstimmung bei seinen eigenen Flugzeugbesatzungen auseinandersetzen. Diese fragten sich laut, ob die Briten denn einen sechsten Sinn besäßen, denn es kam ihnen allmählich unheimlich vor, wie frühzeitig sie von der RAF beim Anflug auf ihre Ziele abgefangen wurden. Obwohl den Deutschen das Radarnetz des Gegners bekannt war, wußten sie nicht, daß die Briten den deutschen Geheimschlüssel geknackt hatten und die Einsatzbefehle mitlesen konnten.

Zur selben Zeit waren die deutschen Jagdflieger der Verzweiflung nahe. Göring war auf den Gedanken gekommen, die Me-109 mit zwei 250-Kilo-Bomben auszurüsten und als Jagdbomber über England einzusetzen. Nach anfänglichen Überraschungserfolgen wurden die Me-109 in zunehmendem Maße das Opfer von Spitfires, die über dem Kanal auf sie warteten. Mit der Bombenlast an Bord waren sie zu langsam und nicht wendig genug, um den britischen Jägern entgehen zu können.

Weitere Hiobsbotschaften erwarteten Göring, als er und Galland im Laufe des Nachmittags ins Jagdhaus zurückkehrten. Eine Meldung des Luftwaffenführungsstabes über die Ergebnisse des Angriffs auf London vom selben Tag versetzte Göring einen Schock. Zwei Me-109-Geschwader waren über London erschienen. Sie hatten den Auftrag, hier das Treffen mit einem großen, aus Do-17 und Ju-88 bestehenden Verband durchzuführen und den Begleitschutz während der Bombenangriffe auf die englische Hauptstadt zu übernehmen. Die Jäger hatten über dem Zielgebiet gewartet, bis die Warnlampen an ihren Treibstoffanzeigern aufleuchteten. Die Bomber kamen nicht. Sie waren über dem Kanal und Südengland in eine Jägerfalle geraten und hatten alle Mühe, unter pausenlosen Angriffen durch Spitfires und Hurricanes wieder ihre Heimathäfen zu erreichen.

Nachdem die Me-109 den größten Teil ihres Treibstoffs mit dem Warten über London verbraucht hatten, konnten sie sich Luftkämpfe mit dem Gegner nicht mehr leisten. Sie waren gezwungen, so schnell wie möglich zu ihren Basen in Frankreich zurückzukehren, wobei sie ständig von britischen Jägern unter Feuer genommen wurden. Viele mußten im Kanal notwassern. Andere schafften mit leerem Tank gerade noch eine Notlandung an der französischen

König Georg VI. und Königin Elisabeth besichtigen die Schäden am Nordflügel des Buckingham Palace, die am 10. September 1940 durch eine Luftmine entstanden waren. Dieser Bombentreffer gab dem Widerstandswillen des britischen Volkes neuen Auftrieb, weil er zeigte, daß alle Schichten der Bevölkerung unterschiedslos der gleichen Gefahr ausgesetzt waren. So sagte Königin Elisabeth: „Ich bin froh, daß wir bombardiert worden sind; jetzt kann ich den Menschen vom East End wieder offen ins Gesicht sehen."

Küste. Insgesamt verlor die Luftwaffe 55 Flugzeuge – davon 21 Bomber – im Vergleich zu nur 28 Jagdflugzeugen, die bei der RAF verlorengingen.

„Göring war erschüttert", schrieb Galland später. „Er konnte sich einfach nicht erklären, wie die immer empfindlicher werdenden Verluste der Bomber zustande kamen. Ich versicherte ihm erneut, daß trotz der schweren Verluste, die wir den englischen Jägern zufügten, ein entscheidendes Absinken ihrer Zahl und Kampfkraft nicht festzustellen sei."

Es lag auf der Hand, daß die Luftkriegsstrategie neu überdacht werden mußte. Seit dem Beginn der Luftschlacht um England hatte die deutsche Luftwaffe 1600 Maschinen verloren – mehr, wie Göring wußte, als sich das Reich leisten konnte. Während er noch über diese bedenklich hohe Zahl nachdachte, stieg sie weiter an. Am 30. September verlor die Luftwaffe bei einem weiteren Tagesangriff auf London 47 Flugzeuge, der Gegner dagegen nur 20 Maschinen. Adolf Gallands ungeschminkte Lagebeurteilung erwies sich als richtig. Wie hart auch die Bombenangriffe den Engländern auf der Erde zusetzen mochten, ihre Schlagkraft am Himmel wurde dadurch nicht geringer.

Im Oktober traf Göring eine Entscheidung, die den Verlauf des Luftkriegs grundsätzlich verändern sollte. Die Luftflottenbefehlshaber sollten die Angriffe rund um die Uhr einstellen und sich künftig ganz auf Nachtangriffe konzentrieren. Die Tagesangriffe hatten sich einfach als zu verlustreich erwiesen.

Durch das Fliegen bei Nacht würde die Luftwaffe ihre Verlustziffern senken, während sie der britischen Wirtschaft gleichzeitig schweren Schaden zufügen konnte. Außerdem erwartete man, daß die durch Nachtangriffe ausgelösten Schrecken dem erstarkenden britischen Durchhaltewillen einen schweren Schlag versetzen würden. Durch diese neue Strategie in der Luftkriegführung wurden sowohl der RAF als auch dem britischen Volk erhebliche Lasten aufgebürdet, und niemand hätte die unglaubliche Vielschichtigkeit der Probleme voraussagen können, die durch den Übergang von Tages- auf Nachtangriffe entstanden.

Zunächst einmal war der Luftkrieg bei Nacht an sich schon etwas relativ Neues. Zu Beginn dieser Phase besaß die RAF nur acht Jagdstaffeln – zwei waren mit Defiants und sechs mit Blenheims ausgerüstet –, die in erster Linie den Auftrag hatten, Feindbomber abzufangen, die sich nach Einbruch der Dunkelheit über dem Kanal näherten. Den Defiants und Blenheims wurde der Befehl zum Nachteinsatz aus einem merkwürdigen Grunde erteilt: Beide Flugzeugtypen hatten sich nämlich bei Tageseinsätzen als wenig wirkungsvoll erwiesen. England besaß überhaupt keine eigentlichen Nachtjäger, außer ein paar Beaufighters – ein neueres und schnelleres Flugzeug, als es die Blenheims oder Defiants waren. Und die Beaufighters wurden gerade erst in Serie produziert, als die Luftwaffe ihre Taktik änderte.

Das Radarnetz, das sich bis jetzt so hervorragend bewährt hatte, stellte auch einige schwer zu lösende neue Probleme. Die Radarstationen erfaßten nur das Küstengebiet, und die deutschen Nachtbomber drangen tief landeinwärts vor, also weit über die Reichweite der Radargeräte hinaus. Man entwickelte ein Radargerät, das ins Flugzeug eingebaut werden konnte, um dieser Schwie-

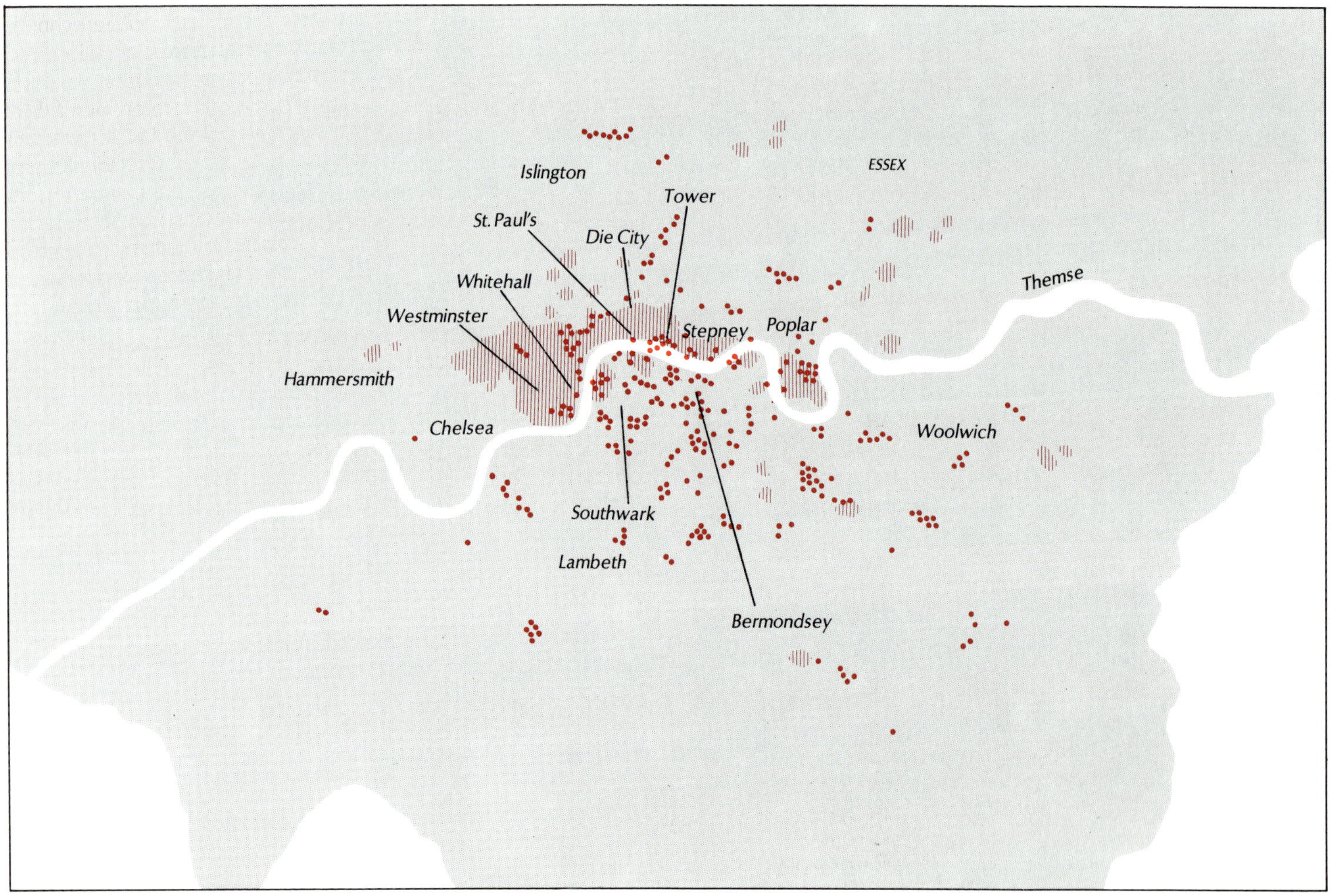

rigkeit zu begegnen, doch betrug seine Reichweite kaum mehr als drei bis fünf Kilometer – im Vergleich zu den etwa 240 Kilometern, die für das Bodenradar galten. Und die in der Luft zu verwendenden Geräte sollten erst gegen Ende des Jahres voll einsatzfähig sein. Obwohl einige Jäger schon in den voraufgegangenen Monaten entsprechend ausgerüstet waren, mußten die meisten zum Schutz gegen Nachtangriffe eingesetzten Maschinen blind fliegen.

Auch die Fliegerabwehr am Boden litt unter dem Fehlen von Radarstationen weiter landeinwärts. Zur Frühwarnung mußten die Bodenstationen statt dessen auf Horchgeräte zurückgreifen. Ihre Genauigkeit schwankte jedoch je nach den herrschenden Wetterverhältnissen; außerdem waren sie in vielen Fällen außerstande, mit der Geschwindigkeit der Feindflugzeuge fertig zu werden. Ein Experte meinte hierzu: „Ein in 6000 Metern Höhe mit einer Geschwindigkeit von etwa 500 Stundenkilometern dahinfliegendes Flugzeug ist bereits zweieinhalb Kilometer weiter, wenn sein Geräusch das Horchgerät am Boden erreicht, und acht oder zehn Kilometer weiter, wenn das Flakfeuer einsetzt."

Scheinwerfer und Flak wurden ebenfalls in ihrer Wirksamkeit erheblich eingeschränkt. Die Reichweite eines Scheinwerfers betrug höchstens etwa 4000 Meter, die eines schweren Flakgeschützes etwa 8000 Meter und die einer leichten Flak höchstens 2000 Meter. Die Deutschen machten sich diese Grenzwerte natürlich schon bald zunutze.

Angesichts aller dieser Unzulänglichkeiten in der britischen Luftverteidigung führte die neue deutsche Luftoffensive zunächst dazu, daß sich das Blatt wieder zugunsten Deutschlands zu wenden begann. Bei Nacht waren, wenigstens eine Zeitlang, London und andere Großstädte ohne wirksamen Abwehrschutz, und mit ihren ersten Nachtangriffen richteten die deutschen Flugzeuge große Zerstörung an.

Als Hilfsmittel zur Zielfindung hatte die Luftwaffe ihre Kampfflieger mit einem „Knickebein" genannten Funk-Leitstrahlverfahren ausgerüstet. Von der französischen Küste aus wurde der Flugzeugführer durch einen Funkleitstrahl gelenkt, der als Dauersummton im Kopfhörer zu hören war. Wich er vom richtigen Kurs ab, hörte er statt dessen kurze und lange Pieptöne. Kurz bevor er das ihm zugewiesene Ziel erreichte, wurde der Leitstrahl von einem zweiten, auf einer anderen Frequenz arbeitenden Leitstrahl gekreuzt, und der Flugzeugführer hörte einen anderen Ton. Von jetzt ab flog er nach der Uhr und warf seine Bomben nach einer genau vorgeschriebenen Zeitspanne ab. Das Knickebein-Verfahren arbeitete bis auf etwa zwei bis drei Quadratkilometer präzise.

Den Briten war Knickebein seit dem Frühsommer 1940 bekannt, und sie hatten ihre Wissenschaftler beauftragt, Gegenmaßnahmen zu entwickeln. Unter dem harmlos klingenden Namen RAF-Fliegergruppe No. 80 war eine Arbeitsgruppe tätig, die eine Fülle elektronischer Neuerungen ersann und damit erhebliche Rückwirkungen auf den Verlauf der Luftkriegsführung auslöste.

Flugzeuge wurden eingesetzt, um das deutsche Leitstrahlsystem zu erfassen, und Techniker kletterten an der englischen Südküste auf 100 Meter hohe Radartürme. In dieser luftigen Höhe hörten sie mit ihren Empfängern die Knickebeinsignale ab, um Ausgangspunkt und Frequenz festzustellen. Dann konnten wirksame Gegenmaßnahmen ergriffen werden.

Zu Anfang setzte man die Hochfrequenz-Diathermiegeräte ein, wie sie in Krankenhäusern gebräuchlich sind. In Polizeistationen und fahrenden Bussen eingesetzt und in die Zielgebiete entsandt, wurden die Geräte eingeschaltet, wenn der Anflug eines Feindflugzeuges von der Jägerführung der RAF gemeldet wurde. Das Geräusch dieser Signale überlagerte den Leitstrahl des Gegners und machte es dem deutschen Flugzeugführer unmöglich, die Töne des Knickebeinverfahrens zu hören.

Bald wurden wesentlich verfeinerte Methoden entwickelt, um die Knickebeinsignale zu stören. Durch Umstellung einiger ihrer eigenen Funkfeuer gelang es den Briten, den Funkleitstrahl des Knickebeinverfahrens so mit Morsezeichen zu überlagern, daß der Flugzeugführer getäuscht und veranlaßt wurde, über das vorgeschriebene Ziel hinauszuschießen.

Außerdem gelang es den Briten, eine andere Navigationshilfe der Luftwaffe auf elektronischem Wege zu stören. Um sich zu vergewissern, daß sie auf Kurs waren, errechneten die Angreifer ihre jeweilige Position durch das Anpeilen von zwei auf mittleren Frequenzen arbeitenden Peilstationen, die von den Deutschen an der französischen Küste errichtet worden waren. In diesem Falle schalteten sich die Briten unter Verwendung so hoher Energien ein, daß die eigentlichen Signale verzerrt und die Positionsberechnungen des Piloten unmöglich gemacht wurden.

Mindestens eines der Täuschungsmanöver, die von den Briten angewandt wurden, war so alt wie der Krieg selbst. Es wurden Scheinanlagen errichtet, die aus der Luft wie echte Einrichtungen der Royal Air Force aussahen. Wohl wissend, daß die zweiten und dritten Bomberwellen die von der ersten erzeugten Brände als Hilfsmittel zur Zielfindung benutzten, errichteten die Tarnexperten ungefähr 70 Scheinflugplätze und schalteten die Landebahnbefeuerung immer dann ein, wenn sich Feindflugzeuge näherten. Mancher Flugzeugführer der deutschen Luftwaffe flog nach Hause zurück und wußte gar nicht, daß er seine Bomben auf ein wertloses Ziel abgeworfen hatte.

Diese technischen Erfolge verringerten nicht nur die von der Luftwaffe angerichteten Schäden, sondern stärkten auch den Kampfgeist der Royal Air Force. In demselben Maße, wie es den Briten gelang, die Treffgenauigkeit der Luftwaffe in Frage zu stellen,

In der Nacht vom 29. Dezember 1940 verabschiedete sich die deutsche Luftwaffe vom alten Jahr mit dem bis dahin schwersten Angriff auf London. Die in erster Linie heimgesuchten Viertel sind aus dieser Karte ersichtlich. Mit diesem an einem Sonntag durchgeführten Angriff verwüsteten die Deutschen das Zentrum der City. Brandbomben (schraffierte Gebiete) riefen 1500 Feuersbrünste hervor, von denen viele, besonders in Westminster und der City, nicht gelöscht werden konnten. Die Angriffe mit Sprengbomben (jeder Punkt bezeichnet ein Bombenbündel) konzentrierten sich auf die entlang der Themse gelegenen Viertel Southwark, Bermondsey und Poplar mit ihren zahlreichen Bürogebäuden, Fabriken und Hafenanlagen. Obwohl viele öffentliche Gebäude in Whitehall dem Angriff zum Opfer fielen und der Tower getroffen wurde, blieb St. Paul's Cathedral fast unversehrt. Und da es im Zentrum von London nur wenige Wohnhäuser gab, kamen nicht mehr als 163 Menschen ums Leben.

verzettelten sich die nächtlichen Bombenabwürfe über London. Danach befand sich ein junges Mädchen bei einem Tanzabend in der vornehmen Park Lane ebenso in Gefahr wie ein Dockarbeiter in Bermondsey – außer daß die junge Dame noch immer ein besserer Luftschutzkeller und, wenn die Angriffe vorüber waren, besseres Essen erwarteten. Aber in dieser Hinsicht fingen jetzt auch die Regierungsstellen an, organisierte Arbeit zu leisten. Fahrbare Volksküchen wurden aufgestellt und in alle zerbombten Gebiete entsandt. Es ergingen Weisungen, die öffentlichen Luftschutzeinrichtungen sicherer und hygienischer auszubauen; wenn sich die lokalen Behörden widerspenstig zeigten, wurde das Personal gegen Fachleute und hilfsbereite Freiwillige ausgetauscht.

Jetzt, wo die gesamte Bevölkerung denselben Gefahren ausgesetzt war, überkam alle ein besseres Gefühl. Tubby Rosen, der einen neuen Marsch – diesmal auf Buckingham Palace – geplant hatte, gab zu: „Mir ist jetzt etwas wohler zu Mute, seit ich weiß, daß George und seine Lakaien davon auch etwas abkriegen." Und im stilvoll-eleganten Londoner Stadtteil Hampstead schrieb eine wohlhabende junge Kriegerwitwe in ihr Tagebuch, was jedem Cockney aus dem Herzen gesprochen wäre. Nach einem Blick durch ihre von Bomben zertrümmerten Fenster schrieb Rosemary Black: „In den Zeitungen steht, daß London, seit es Kriege gibt, bisher am meisten zu leiden gehabt hat, noch mehr als Rotterdam. Das macht uns alle unbändig stolz."

Hunderte von Flakgeschützen waren jetzt rund um London in Stellung gebracht, und auf Churchills Anordnung wurden mehrere Batterien auch im Hyde Park eingesetzt, „wo die Leute sie feuern hören können", wie er es ausdrückte. Das ohrenbetäubende Krachen, wenn die Rohre ihre Granaten zum Himmel hinaufjagten, verschaffte den Einwohnern eine gewisse Beruhigung. Wer auf der Straße blieb, statt einen Luftschutzkeller aufzusuchen, gewann neue Hoffnung, wenn er das Aufblitzen der Flakgranaten am Himmel sah oder im Scheinwerferkegel einen britischen Nachtjäger erkannte, der zur Jagd auf feindliche Bomber eingesetzt war.

Das Empfinden, einer gemeinsamen Gefahr ausgesetzt zu sein, schien die Menschen anzuregen, und es breitete sich eine allgemeine Freundlichkeit unter ihnen aus. In der Hauptstadt lebende Ausländer meinten, sie hätten die sonst so reservierten Briten noch nie so umgänglich und hilfsbereit gefunden.

In London entwickelten sich neue Lebensgewohnheiten. Eine ganze Reihe von Meinungsumfragen bestätigte diese Veränderungen. Durch eine im Oktober 1940 von einem Forschungsinstitut durchgeführte Befragung wollte man feststellen, wieviel Schlaf die Londoner in der letzten Nacht, als es besonders schwere Bombenangriffe gegeben hatte, gefunden hatten. Von den Befragten hatten nur 15 Prozent mehr als sechs Stunden geschlafen; 22 Prozent vier bis sechs Stunden; 32 Prozent weniger als vier Stunden, und 31 Prozent hatten überhaupt kein Auge zugemacht. Abgesehen von denjenigen, deren Häuser in dieser Nacht zerstört worden oder deren Angehörige umgekommen waren, erschienen bemerkenswerterweise die meisten Arbeiter und Angestellten am nächsten Morgen an ihrem Arbeitsplatz. Unentschuldigtes Fehlen war zur Ausnahme geworden.

Aus einer anderen Befragung ging hervor, daß während der Nachtangriffe 44 Prozent der Londoner in ihren Wohnungen oder in Behelfsunterständen im Garten blieben; 44 Prozent gingen in öffentliche Luftschutzbunker, und die restlichen 12 Prozent blieben bei Freunden, wanderten durch die Straßen oder taten etwas anderes. Für die meisten Londoner, die öffentliche Luftschutzeinrichtungen aufsuchten, hieß dies: die U-Bahn, deren Strecken tief unter der Stadt und unter der Themse verliefen.

Da die Regierung die erforderlichen großen, ausreichend tief gelegenen Luftschutzbunker noch nicht angelegt hatte, entschlossen sich immer mehr Menschen, in den U-Bahn-Schächten Zuflucht zu suchen. Die Behörden mußten bald darauf verzichten, dagegen einzuschreiten. Diese Entwicklung begann im East End und breitete sich über das ganze Stadtgebiet aus. In jeder Nacht, wenn die Luftschutzsirenen ertönten, erschienen die Menschen mit Essen, Trinken, Decken und Säuglingen, fuhren mit Lifts und Rolltreppen zu den Bahnsteigen hinunter und richteten sich dort für die Nacht ein. Die Züge fuhren bis etwa um Mitternacht, und es war für die Passagiere oft gar nicht leicht, sich den Weg zwischen den auf dem Bahnsteig liegenden Menschenleibern hindurchzubahnen. Und obgleich die Verhältnisse hier in der U-Bahn wesentlich besser als in den ersten Behelfsbunkern waren, fühlten sich zahlreiche besonders empfindsame Passagiere von dieser Art des Nachtlebens auf den Bahnsteigen regelrecht schockiert.

„*Entsetzt* über grauenhafte Zustände in der U-Bahn", schrieb Rosemary Black in ihr Tagebuch, nachdem sie eines Nachts mit der U-Bahn nach Hause gefahren war. „Ich brachte kein Wort heraus, als ich sah, wie jeder Gang und jeder Bahnsteig auf jeder Station während der ganzen Fahrt mit Menschen vollgestopft war. Das Elend dieser verzweifelten Masse Mensch – die Menschen, die hier dichtgedrängt wie Sardinen in der Büchse schliefen – die Hitze und der Gestank, der Schmutz, das endlose Greinen der armen Säuglinge, die ausgemergelten Frauen, die ihre Kinder an sich drückten, die blassen Gesichter ... Für meinen schlimmsten Feind könnte ich mir keine fürchterlichere Pein ausdenken."

Einige Engländer haben sich von dieser ästhetisierenden Betrachtungsweise nie ganz lösen können, aber im Laufe der Zeit kam es dazu, daß immer mehr Londoner aus allen Schichten der Bevölkerung die U-Bahn als idealen Luftschutzkeller in einem anderen Lichte sahen. Der Bildhauer Henry Moore fühlte sich zu

Die Mauern der Kathedrale von Coventry sind von einem Rauchschleier umgeben, nachdem die Kirche am 14. November 1940 von deutschen Bomben zerstört worden war. Der Luftangriff dauerte 10 Stunden und war der schwerste, den eine englische Stadt bis dahin zu erleiden hatte. Eine Bombenlast von mehreren hundert Tonnen machte Wohnhäuser und Fabriken auf einer Fläche von 40 Hektar dem Erdboden gleich; 554 Tote und 865 Verletzte gab es. Aber die Stadt hielt durch; die Menschen kehrten rasch an ihre Arbeitsplätze zurück, und die Kathedrale wurde zum Symbol des britischen Widerstandswillens.

neuem Schaffen angeregt, als er zum ersten Mal die dichtgedrängten Massen auf dem Bahnsteig der Hampstead Station, der tiefsten und deshalb besonders beliebten U-Bahn-Station von London, sah. „Der Bahnsteig war voller Gestalten, die man jetzt Henry Moore's *Liegende* nennt", sagte er. Er machte sich sofort einige Skizzen für eine Reihe von Zeichnungen, die später einen bedeutenden Platz in seinem Werk einnehmen sollten.

Auch die Cockneys, die zunächst so mißvergnügt waren, fanden Gefallen an dem kameradschaftlichen Ton und der Ungezwungenheit des Umgang mit den anderen in den Schächten der U-Bahn. Nachdem sich die Regierung zunächst der Benutzung dieser Anlagen für diesen Zweck widersetzt hatte, fanden sich die Behörden allmählich mit der Tatsache ab, wußten sie doch, daß die Menschen sich notfalls gewaltsam Zugang zu den Schächten verschaffen würden. So wurde also die Verwendung der U-Bahn als Luftschutzkeller amtlich genehmigt, und zusätzliche Toiletten, Erste-Hilfe-Stationen und Lebensmittelvorräte wurden hineingebracht. Außerdem traf Personal der Gesundheitsbehörde ein, das sich unter anderem mit dem lästigen Problem der vielen Mücken auseinandersetzen mußte, die sich während der kalten Monate in der dumpfen Wärme aufhielten, wo sie sich an den vielen Menschen auf den Bahnsteigen laben konnten.

EIN HAUDEGEN UND SEIN DIPLOMATISCHER NACHFOLGER

Der militärische Führer, der wahrscheinlich mehr als irgendein anderer dazu beigetragen hat, England vor Invasion und Niederlage zu bewahren, war der weitblickende aber undiplomatische Air Chief Marshal Hugh Dowding. Noch im Frieden, bevor er Befehlshaber der britischen Jagdwaffe von Juli 1936 bis November 1940 war, setzte er sich energisch für die Entwicklung schnellerer und leistungsfähigerer Jagdflugzeuge, wie etwa der Spitfire und der Hurricane, ein. In den ersten, verhängnisvollen Monaten der Luftschlacht um England war er umsichtig genug, mit den Kräften an Mensch und Material hauszuhalten und die deutschen Luftwaffenverbände nur mit kleinen, eng zusammenarbeitenden Gruppen anzugreifen.

Dowdings vorausschauende Taktik hatte zur Folge, daß die deutschen Flugzeugverluste ein bedenklich hohes Maß erreichten. Aber am 25. November 1940, als die Schlacht schon so gut wie gewonnen war, wurde er vom Luftfahrtminister Sir Archibald Sinclair aus heiterem Himmel seines Postens enthoben.

Dowding erinnerte sich Jahre später: „Er sagte mir, ich hätte meinen Posten unverzüglich abzugeben. Als ich ihn fragte, was mit ‚unverzüglich' gemeint sei, erklärte er, der Wechsel werde wahrscheinlich schon am nächsten Tag stattfinden ... Ich wies darauf hin, daß es völlig absurd sei, mich auf diese Art und Weise meiner Verantwortung zu entheben, es sei denn, man glaube, ich hätte ein Verbrechen oder so etwas begangen. Aber ich erfuhr lediglich, daß diese Entscheidung gefallen sei – und damit basta; eine Erklärung für eine so überstürzte Maßnahme wurde mir nicht gegeben."

Dowding war sich darüber im klaren, daß er sich die Feindschaft nicht nur von Churchill, sondern auch von anderen, einflußreichen Persönlichkeiten in der Regierung zugezogen hatte. Ironisch meinte er: „Seit langem hing ein ganzer Laden voller Melonen über meinem Haupt." Es gab außerdem Militärs, die seine Taktik ablehnten – trotz ihrer Erfolge. In der Jägerführung wurde die Auffassung vertreten, es sei wirkungsvoller, der deutschen Luftwaffe mit massierten Jagdverbänden entgegenzutreten. Andere im Luftfahrtministerium lehnten Dowdings Auffassung ab, die Jagdwaffe müsse den Vorrang haben, und vertraten den Standpunkt, für die Verteidigung Englands seien Bomber wichtiger, die Vergeltungsschläge gegen Deutschland führen könnten.

Keiner dieser Leute konnte beweisen, daß Dowding unrecht hatte; man glaubte es einfach. Aber nichtsdestoweniger war er entlassen – ersetzt durch den viel taktvolleren William Sholto Douglas –, denn Dowding hatte den unverzeihlichen Fehler begangen, bei den falschen Menschen zu oft und zu hartnäckig auf seiner richtigen Ansicht zu beharren.

DOWDING

DOUGLAS

Als Air Chief Marshal Hugh (Stuffy) Dowding im November 1940 von seinem Posten als Befehlshaber des Fighter Command der RAF enthoben wurde, trat Air Vice Marshal William Sholto Douglas, ehemaliger Jagdflieger, Stellvertretender Stabschef des Luftfahrtministeriums und Kritiker Dowdings, an seine Stelle.

Viele, die sich in den Bahnhöfen häuslich eingerichtet hatten, sorgten für verschiedenartige Zerstreuungen. Oft wurden Volkslieder gesungen. Und es waren immer zahlreiche Straßensänger zur Stelle, die sich in Friedenszeiten auf der Straße vor den Menschenschlangen, die vor Theatern und Kinos warteten, produzierten. In Aldwych, mitten im Theaterviertel, kamen häufig berühmte Stars wie Laurence Olivier, Vivien Leigh und Ivor Novello nach den Abendvorstellungen herunter und gaben aus dem Stegreif Proben ihres künstlerischen Könnens.

Bald fühlten sich viele Familien ihrem Platz auf den Bahnsteig so verbunden, daß sie nur ungern bei Entwarnung wieder ans Tageslicht zurückkehrten. Andere bestanden darauf, verhältnismäßig dicht an der Oberfläche liegende U-Bahn-Stationen zu benutzen, obwohl die Behörden dringend davor warnten, weil sie hier vor Volltreffern nicht sicher waren. Eine solche U-Bahn-Station war Balham, die nur 11 Meter unter der Straße lag; über ihr befand sich ein Netz aus Gas- und Wasserleitungen, Abwässerkanälen und elektrischen Leitungen. Am 14. Oktober schlug eine Bombe dicht neben dem U-Bahnhof ein und zertrümmerte die Wasser- und Gasleitungen sowie die Kanalisation. Mehr als 600 Menschen hatten auf dem Bahnsteig darunter Zuflucht gesucht. Die Lichter gingen aus; das Wasser strömte herein, und bald war deutlicher Gasgeruch zu spüren. In der unheilvollen Finsternis brach eine Panik aus. Bahnhofsbeamten mit Handlampen gelang es schließlich, 350 Personen durch das schulterhohe Wasser zur Straße hinaufzuführen. Aber 250 andere ertranken.

Balham war nur eine von mehreren U-Bahn-Katastrophen. Im Bahnhof von Bethnal Green stolperte während eines Luftangriffs eine Frau und fiel die Treppe hinunter. Die unmittelbar hinter ihr befindlichen Menschen fielen auf sie, und den Rest ergriff eine Panik. Fast 200 Menschen wurden in dieser Nacht entweder zu Tode getrampelt, oder sie erstickten.

Aber kein Unglück schien die Beliebtheit der U-Bahn zu verringern. Die weniger sicheren Bahnhöfe wurden allmählich geschlossen, die anderen gegen die Gefahr von Wassereinbrüchen besonders verstärkt. Die Bewohner des East End benutzten sie Nacht für Nacht noch lange nach dem Ende der größeren Bombenangriffe, einige sogar bis zum Kriegsende.

Im Herbst 1940 war Göring noch immer der Überzeugung, daß England durch Bombenangriffe zum Einlenken veranlaßt werden könnte; die Nachtangriffe wurden verstärkt, nicht nur auf London, sondern ganz England. Große Teile der größeren Städte wurden zerstört; in Glasgow, Manchester, Liverpool, Birmingham und Bristol zeugten Bombentrichter und Ruinen von den Angriffen.

In der Nacht vom 14. November war Coventry an der Reihe. Coventry war eine mittelalterliche Stadt mit alten Fachwerkhäusern, von denen einige noch aus der Zeit der legendären Lady Godiva im 11. Jahrhundert stammten; seine schöne Kathedrale war im 14. Jahrhundert erbaut worden. Aber außerdem beherbergte Coventry auch eine der größten Zusammenballungen von Rüstungsfabriken im Vereinigten Königreich.

Es ist seither immer wieder zu Kontroversen über die Frage gekommen, ob die Regierung Churchill über den deutschen Angriff auf Coventry vorher informiert gewesen sei. Nach der einen Version war das britische Funküberwachungs- und Entschlüsselungsverfahren zusammengebrochen. Eine dramatischere Version behauptet, das System habe zwar funktioniert, sei aber absichtlich unberücksichtigt geblieben. Nach dieser Darstellung der Ereignisse sei Churchill mindestens drei Tage vor dem Angriff darüber unterrichtet worden, daß Hitler grünes Licht für einen Großangriff unter dem Decknamen *Mondscheinsonate* gegeben habe und daß Coventry das Hauptziel sein werde.

Es wäre also noch Zeit gewesen, nicht nur einen großen Teil der Zivilbevölkerung zu evakuieren, sondern auch die Luftabwehr zu verstärken. Churchill soll sich jedoch entschlossen haben, nichts weiter zu tun, als der Zivilverteidigung der Stadt sagen zu lassen, sie müsse sich in der nächsten Zeit auf zusätzliche Belastungen einrichten. Grund für den Verzicht auf Evakuierung war die Überlegung, daß eine solche Notmaßnahme den Deutschen klarmachen konnte, daß der Feind ihre verschlüsselten Sprüche mitlas. So soll sich Churchill für die Geheimhaltung von Ultra, seiner Entzifferungsmaschine, entschieden und die Gefahr für eine Viertelmillion Menschen in Kauf genommen haben.

In Wirklichkeit aber hatten auf englischer Seite keine zuverlässigen Informationen vorgelegen, nach denen Coventry in der fraglichen Nacht angegriffen werden sollte. Später wurde bekannt, daß Churchill einen Angriff auf London erwartet hatte.

Die Nacht des 14. November war klar und mondhell. Die erste Angriffswelle erzeugte in Coventry große Flächenbrände, die aus der Stadt ein riesiges Leuchtfeuer für die nachfolgenden Bomber machten. 437 Heinkel-111 warfen 450 Tonnen Spreng- und Brandbomben ab; und bei Tagesanbruch war das Zentrum von Coventry fast vollständig zerstört. Die Kathedrale lag in Trümmern. Ebenso alle Krankenhäuser. Die Fachwerkhäuser waren wie Stroh in Flammen aufgegangen. Über 50 000 Gebäude wurden zerstört oder beschädigt, 865 Einwohner wurden schwer verletzt. Insgesamt kamen 380 Personen bei den Angriffen ums Leben, 165 von ihnen waren bis zur Unkenntlichkeit verkohlt, so daß sie in einem Massengrab beigesetzt werden mußten.

Nur eines der 437 feindlichen Kampfflugzeuge wurde abgeschossen – ein Beweis für den trostlosen Zustand der britischen Abwehr gegen Nachtangriffe zu jener Zeit. Obwohl die Royal Air Force 165 Einsätze flog, fingen ihre Nachtjäger, die noch nicht ausreichend mit Radar ausgerüstet waren, nur sieben Angreifer ab – alle ohne Erfolg. Die einzige deutsche Maschine, die verlorenging, wurde das Opfer von Flakgranaten.

Während der Bombenangriffe auf Coventry verwendete die deutsche Luftwaffe zum ersten Mal die sogenannte Fallschirmmine. Als Weiterentwicklung der magnetischen Mine, die zu Beginn des Krieges von der deutschen Kriegsmarine gegen die alliierte Schiffahrt eingesetzt worden war, war die Fallschirmmine zweieinhalb Meter lang und hatte einen Durchmesser von 60 Zentimetern. Sie wog zweieinhalb Tonnen und wurde am Fallschirm aus großen Höhen geräuschlos abgeworfen. Wer nahe genug war, um den schwarzen Zylinder langsam herunterschweben zu sehen, hatte kaum eine Chance, sich noch in Sicherheit zu bringen, bevor die Mine bei der ersten Erdberührung detonierte. Die Explosionswirkung war in einem Radius von 800 Metern zu spüren.

Kurz nach der Bombardierung von Coventry wurden auch über London derartige Luftminen abgeworfen. Am Portland Place im Londoner West End zerstörte eine Fallschirmmine einen ganzen Flügel des BBC-Gebäudes, ein Hotel und verwüstete das umliegende Viertel. Andere zerstörten ausgedehnte Gebiete in der Hauptstadt – in Chelsea, Hammersmith und dem alten Teil von London, dem heutigen Bankenviertel, das *The City* genannt wird.

Als einige der Fallschirmminen nicht detonierten, standen die Briten vor der technisch schwierigen Aufgabe, die Blindgänger zu entschärfen. Zuerst waren es nur einige Marineexperten, die Erfahrung im Umgang mit Magnetminen besaßen; aber bald stand eine kleine Gruppe rasch ausgebildeter Spezialisten zur Verfügung, die sich der gefahrvollen Aufgabe des Entschärfens dieser Fallschirmminen widmeten.

Diese Techniker arbeiteten zu zweit; ihre Ausrüstung bestand nur aus einem Schraubenzieher, um den Zünder zu lösen, einer langen Schnur, um den Zünder aus sicherer Entfernung herauszuziehen, und ruhigen Händen. Der eine hielt das Ohr an die Mine gepreßt, während sich der andere am Zünder zu schaffen machte. „Beim Umgang mit diesen Minen", meinte einer der Spezialisten, „kam es vor allem darauf an, genau auf jedes Geräusch im Inneren zu achten, wenn man den Sprengkörper vor Ausbau des Zünders umdrehen mußte. Wenn man aber einen Summton hörte, mußte man sich, so schnell wie man konnte, aus dem Staube machen, denn man hatte höchstens 15 Sekunden Zeit, um in volle Deckung zu gehen."

Das Risiko dieser Tätigkeit wurde noch dadurch vergrößert, daß diese Blindgänger nicht immer in der Erde oder im Gebäudeschutt lagen. Einer hing zum Beispiel einmal an seinem zerrissenen Fallschirm am größten Gasbehälter von East London und pendelte im Wind langsam hin und her, während er entschärft wurde. Ein anderer blieb auf einer Stromschiene an der Hungerford Bridge über die Themse liegen und ging nicht los, obwohl er durch die Hochspannung an die Schienen geschweißt war.

Und als ob dies alles noch nicht genug wäre, bauten die deutschen Techniker versteckte Sprengfallen in die Minen ein – ein hochempfindlicher, unter dem Hauptzünder befindlicher Zündmechanismus löste dann die Detonation der Mine aus, wenn der Feuerwerker beim Ausbau des Hauptzünders nicht mit der allergrößten Vorsicht arbeitete.

Diese todbringenden Waffen führten zusammen mit dem Bombenregen, der Nacht für Nacht über den britischen Städten niederging, zu einer zusätzlichen seelischen Belastung für einen großen Teil der Bevölkerung. Eine Meinungsumfrage ergab, daß die meisten Menschen durch das Getöse in Angst und Schrecken versetzt wurden und sich besonders davor fürchteten, unter den Trümmern lebendig begraben zu werden. Die Mehrheit der Befragten erklärte jedoch erstaunlicherweise, sie habe keine Angst vor dem Sterben, vorausgesetzt, es sei ein Volltreffer. Viele meinten, die Bombenangriffe erzeugten bei ihnen eine besonders in sexueller Hinsicht anregende Wirkung.

Manche Menschen wanderten während eines Luftangriffs gern durch die Straßen und genossen den Lärm des Flakfeuers, die Explosionen und den Aufprall der Granatsplitter auf den Dächern und dem Straßenpflaster als Nervenkitzel. Henry Moore sagte: „Es war eine faszinierende Zeit. Man konnte die Brände sehen und die Gebäude, aus denen die Bomben ganze Teile herausgerissen hatten, verbogene Straßenbahnschienen und das Gewirr der Oberleitungen. Ich fand den Anblick immer wieder höchst erregend, und ich machte mir Skizzen ohne Unterlaß."

Auch Winston Churchill war einer derjenigen, die während der Bombenangriffe gern die Luftschutzkeller verließen und durch die Straßen wanderten. Man versuchte, ihn daran zu hindern, denn das Risiko, sein Leben dabei zu verlieren, war viel zu groß. Churchills Kammerdiener, ein Angehöriger des Marinekorps namens Ives, wollte solche gefährlichen Wanderungen vereiteln, indem er Churchills Schuhe versteckte. Ives erhielt daraufhin den wütenden Befehl, die Schuhe sofort herbeizuschaffen.

„Ich will Ihnen einmal folgendes sagen", donnerte Churchill. „Ich habe mich schon als Kind von meiner Gouvernante nicht davon abhalten lassen, in Green Park spazierenzugehen, wann immer ich Lust dazu hatte. Und als Mann lasse ich mich von Adolf Hitler erst recht nicht davon abhalten."

Viele Menschen waren durch die Bombenangriffe allerdings ehrlich verängstigt; aber sie wollten trotzdem ihrer Furcht nicht nachgeben und der Stadt – und ihren Pflichten – den Rücken kehren. Sie blieben da und arbeiteten weiter. Der Physiker und Schriftsteller C. P. Snow bekannte später: „Als die ersten Bomben auf London fielen, merkte ich, daß ich weniger tapfer als der

Durchschnittsmann war. Diese Erkenntnis empfand ich als demütigend. Ich verstand es zwar, mir nichts anmerken zu lassen, aber ich fürchtete mich jedesmal vor dem nächsten Abend."

Snow beneidete viele seiner Landsleute um deren Mut. „Meine Hauswirtin in Pimlico zum Beispiel. Sie war eigentlich eine rechte Schlampe ohne viele gute Eigenschaften, aber sie war tapfer wie eine Löwin. Auch die Angestellten im Büro, die Menschen, die ich in den Gaststätten traf, und die meisten meiner Freunde hatten mehr Mut als ich. Das machte mich nur um so unglücklicher."

Obwohl die Verluste durch die Bombenangriffe weit unter der Zahl von 600 000 lag, die von britischen Fachleuten bei Beginn des Luftkriegs vorausgesagt worden war, waren London und die anderen englischen Großstädte keine besonders sicheren Wohngegenden, wenn man Wert darauf legte, am Leben zu bleiben. Bei jedem Großangriff konnten über tausend Londoner ums Leben kommen; fünf- oder sechsmal so viele verletzt und zehnmal so viele Menschen obdachlos werden.

Über dem Schutt der Straßenzüge hing ständig ein beißender Brandgeruch. Um Verschüttete zu bergen, wurden Spezialeinheiten aufgestellt, deren Angehörige oft unter Einsatz ihres Lebens in den Trümmern arbeiteten. Sobald ein Bombenangriff vorüber war, gingen diese Bergungskommandos daran, nach Überlebenden zu suchen und sie zu retten.

In der Nacht des 29. Dezember führte die deutsche Luftwaffe einen der schwersten und erfolgreichsten Angriffe auf London durch, als wollte sie keinen Zweifel daran lassen, daß der Druck auf England auch im neuen Jahr nicht nachlassen werde. Die Kampfverbände konzentrierten sich auf die City, das Herz der Hauptstadt, mit ihren alten Kirchen und berühmten Wahrzeichen, wie die Bank von England. Die Luftabwehr wurde überrascht. Es war ein ruhiger Sonntag, und viele Brandposten und Mitglieder der freiwilligen Feuerwehr waren zu ihren Familien nach Hause gegangen, als insgesamt 244 deutsche Kampfflugzeuge einen Hagel von Brandbomben herniedergehen ließen; die Holzsparren der Dächer fingen sofort Feuer, und lodernde Trümmer fielen krachend in die engen, gewundenen Straßenzüge hinunter.

Die Feuerwehren waren bald zur Stelle, aber die Brände breiteten sich so rasch aus, daß zur Löschung gewaltige Wassermengen benötigt wurden. Durch den trockenen Herbst war der Wasserspiegel der Themse so weit abgesunken, daß die Feuerwehren bald nur noch ein bißchen schlammiges Wasser entnehmen konnten. Hunderte altehrwürdiger Gebäude und Kirchen brannten bis auf die Grundmauern nieder.

In der City blieb nur St. Paul's Cathedral mehr oder weniger unversehrt erhalten. Bei der Kathedrale war seit Beginn der Bombenangriffe eine ständige Brandwache eingerichtet worden; und bei diesem Großangriff waren alle Geistlichen, Kirchenchormitglieder, Kirchendiener und zahlreiche Freiwillige zur Stelle. Trotzdem stand die große Kuppel bald in Flammen. Kriegskorrespondenten beobachteten das Schauspiel, darunter auch Ed Murrow, Korrespondent der CBS, der sich folgenden Text für seine nächtliche Rundfunksendung nach Amerika zurechtgelegt hatte: „Heute nacht haben die Bomber des Deutschen Reiches die Stadt London an ihrer empfindlichsten Stelle getroffen. Die von Sir Christopher Wren erbaute St. Paul's Cathedral, deren gewaltige Kuppel ein Wahrzeichen für die Hauptstadt des Empire ist, brennt, während ich jetzt zu Ihnen spreche, bis auf die Grundmauern nieder."

Gott sei Dank brauchte er diese Worte nicht zu senden. Einem Heer von Freiwilligen gelang es, das Feuer unter Kontrolle zu bringen, und die Kathedrale wurde gerettet.

Die alte City selbst hatte weniger Glück. Zum zweiten Mal in ihrer Geschichte – das erste Mal war im Jahre 1666 – wurde sie durch eine große Feuersbrunst zerstört. Am 30. Dezember rief Churchill auf einer Sondersitzung des Kabinetts zornig aus, dies dürfe sich nicht noch einmal ereignen. Die britische Bevölkerung war ebenfalls zutiefst über die Verwüstung gerade dieses Teils ihrer Hauptstadt empört. „Es ist so schrecklich", schrieb eine Frau in ihr Tagebuch, „daß allein durch sträflichen Leichtsinn und Vernachlässigung der einfachsten Sicherheitsvorkehrungen Schäden von vielen Millionen Pfund entstanden sind und Hunderte tapferer Männer ihr Leben aufs Spiel gesetzt und verloren haben ... Sind wir denn ein Volk von Schwachsinnigen?"

So erwartete die britische Bevölkerung das neue Jahr, während die Ruinen der City noch immer brannten. Aber jetzt waren sie eher wütend als ängstlich – wütend über ihre eigenen Versäumnisse, aber in noch höherem Maße über die deutschen Angreifer. Gewiß, es würde weitere Bombenangriffe geben, und der Durchhaltewille würde noch auf eine harte Probe gestellt werden. Aber die letzten Monate des Jahres 1940 hatte das britische Volk zu einer Einheit zusammengeschweißt, die, wenn sie auch vielleicht noch nicht ganz dem Ideal entsprach, das Premierminister Winston Churchill vorschwebte, stark genug zu sein schien, um mit allen weiteren Angriffen der deutschen Luftwaffe fertig zu werden.

EIN BRENNENDES INFERNO

Von einem Feuerlöschboot und vom Ufer aus pumpen Feuerwehrleute Themsewasser in eine brennende Brauerei im East End, die von Brandbomben getroffen worden ist.

STOISCHER WIDERSTAND IM TROMMELFEUER

Ein deutsches Bombenflugzeug überfliegt eine Themseschleife im East End, an der viele für London lebenswichtige Dockanlagen und Lagerhäuser liegen.

Am Abend des 7. September 1940, während des ersten größeren Luftangriffs auf London, standen zwei Luftschutzwarte an den Kolonnaden der St. Paul's Cathedral, als ein Hagel von Brandbomben niederging. „Es ist wie Weltuntergang", sagte einer von ihnen.

Viele Menschen in London reagierten mit ähnlichen Gefühlen und Ausdrücken. Das East End, ein Konglomerat aus Dockanlagen, Lagerhäusern und Slums, wie Charles Dickens sie beschrieben haben könnte, stand so hell in Flammen, daß der Widerschein am Himmel noch in einer Entfernung von 50 Kilometern Entfernung zu sehen war. Ein Angehöriger der Marine, der ein kleines Rettungsboot die Themse hinunter steuerte, sagte im Laufe der Nacht: „Rauchschwaden und Funken von all den Bränden trieben wie eine hohe Wand über den Fluß . . . Es war wie ein See in der Hölle."

An den Ufern kämpften Feuerwehren gegen die Flammen an, während die Bomben immer noch fielen. „Eine traf das Ende des Docks", sagte ein Freiwilliger. „Als ich den Kopf hob, sah ich einen 10 Meter langen Balken über unsere Köpfe fliegen." Als aber im Herbst und Winter 1940 ein Angriff auf den anderen folgte, gewöhnten sich die Londoner allmählich an das nächtliche Bombeninferno. Jeden Abend, wenn die deutschen Flugzeuge kamen, begab sich die Londoner Bevölkerung in selbstverständlicher Gelassenheit in die Keller und vor allem in die U-Bahn. Dort unten entwickelte sich allmählich eine vertraute Atmosphäre: Man sang, spielte Karten, stillte Säuglinge und las – und das trotz der Überfüllung und des Gestanks und trotz der ständigen Gefahr, bei einem Volltreffer lebendig begraben zu werden.

Nach der Entwarnung mußte jeder Londoner, der aus einem Luftschutzkeller oder aus den Gängen der U-Bahn wieder ins Freie trat, damit rechnen, sein Haus zerstört und seine Existenzgrundlage vernichtet vorzufinden. Doch brachte dieses gemeinsame Schicksal die Menschen einander näher. Ihre Kommentare zu dem Zerstörungswerk reichten von Entsetzen über nüchterne Distanz bis zu drastischem Humor. Nach einem Angriff Anfang Oktober meinte ein abgebrühter Taxichauffeur: „Wenn nur der verdammte Krach nicht wäre. Das Pfeifen der Bomben kann ich einfach nicht ausstehen." Ein anderer Zeuge verfiel in poetische Vorstellungen, als er von dem Bombenhagel sprach: „ . . . als fielen schwarze Murmeln aus silbernen Spielzeugen heraus." Eine ältere Putzfrau lief quer durch halb London und fand ihren Arbeitsplatz als Schutthaufen wieder. Sie meinte: „Seit 16 Jahren habe ich hier die Fußböden geschrubbt; der Hitler hat wahrscheinlich geglaubt, es wäre an der Zeit, daß ich mich nach einer neuen Stelle umsehe."

Ein Sperrballon steht über der Tower Bridge am Rand der City von London. Diese Fesselballone, von starken Drahtseilen gehalten, sollten Tiefflieger abhalten.

In langer Reihe stellen sich die Menschen am späten Nachmittag vor der U-Bahn-Station Kentish Town an und warten auf Einlaß, bevor die Luftangriffe beginnen. Allmählich an die Bombenangriffe gewöhnt, nahmen die Londoner Deckenrollen, Koffer und Bücher mit, um die Nächte zu überstehen.

Eine Frau vom „Weiblichen Freiwilligendienst" (W. V. S.) nimmt Geld von einem Jungen entgegen, der gerade einen Becher heißen Tee gekauft hat. Hinter ihr steht ein Geistlicher; er trägt den Helm der Luftschutzwarte und bringt zusätzliche Verpflegung in diese Untergrundkantine. Der W. V. S. setzte sich hauptsächlich aus Frauen des gehobenen Mittelstands zusammen, die nicht nur Erfrischungen ausgaben, sondern auch Erste Hilfe leisteten.

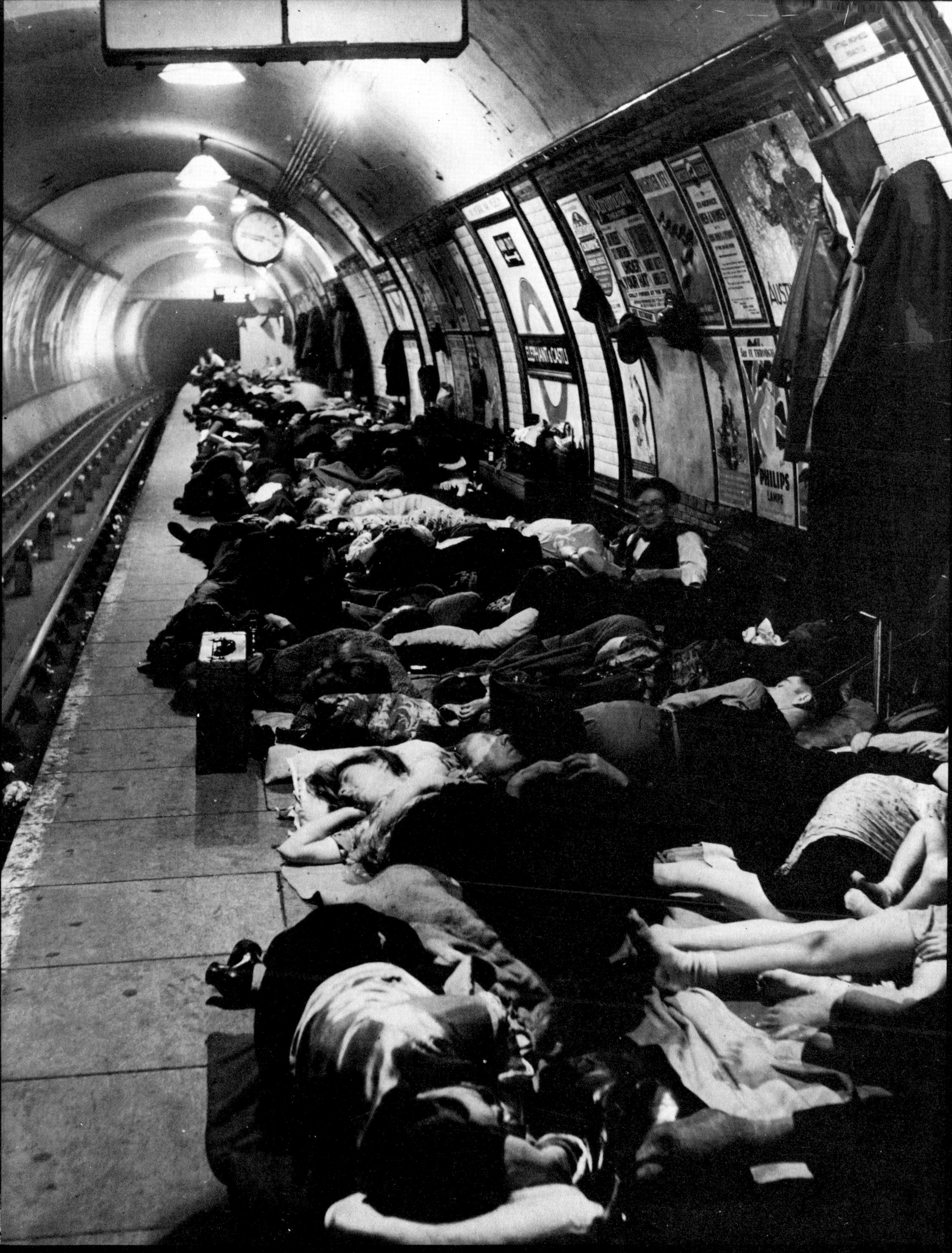

Auf der U-Bahn-Station unterhalb von „Elephant and Castle“, südlich der Themse, versuchen einige Londoner, auf dem Bahnsteig etwas Schlaf zu finden.

Ein Luftschutzwart und eine ältere Frau sitzen im Luftschutzkeller bei Tee und Gebäck. Hinter ihnen spielen Männer das Wurfpfeilspiel. Andere sitzen auf den Bettgestellen.

Londoner richten sich für die Nacht im Untergeschoß eines Kaufhauses an der Regent Street ein, das seinen Keller zur öffentlichen Verfügung gestellt hatte

Im Keller in einem Arbeiterviertel von London stimmen die dort Versammelten ein paar Lieder an

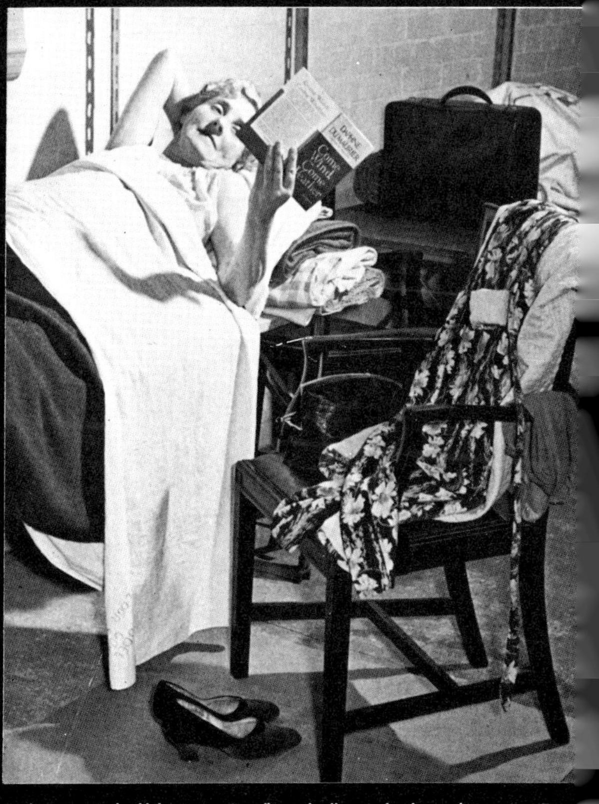

Auf einem Behelfsbett, im Kaufhauskeller aufgebaut, liest eine Frau

Die Kuppel der St. Paul's Cathedral erhebt sich über Rauch und Flammen bei einem Brandbombenangriff Ende 1940. Trotz der Schwere dieses Angriffs vom 29. Dezember, durch den allein 1500 Feuersbrünste im East End entstanden und Brandbomben auf das Dach der Kathedrale fielen, blieb St. Paul's fast unversehrt. Freiwillige, die die Kathedrale ständig bewachten, erstickten jede Brandstelle im Keim.

Ein Haus ist fast völlig zerstört, während die Kleidung noch ordentlich an der Wand hängt.

Ein Feuerwehrmann befestigt seinen Schlauch an einem zerbrochenen Verkehrssignal in der Oxford Street, einer der wichtigsten Geschäftsstraßen von London. Vor ihm warnt ein Schild vor einstürzenden Mauern. Überall da, wo Einsturzgefahr bestand, wurde der Verkehr durch solche Schilder umgeleitet.

Rettungsmannschaften bergen eine verletzte Frau, die 18 Stunden im Keller ihres Hauses verschüttet war. Die hauptsächlich aus Klempnern, Zimmerleuten, Elektrikern und anderen Handwerkern bestehenden Bergungstrupps waren zäh und unermüdlich. Wenn das Opfer ein Kind war, setzten sie ihre Anstrengungen tagelang fort: ein 12jähriges Mädchen wurde nach einer Suchaktion von 108 Stunden noch lebend aus den Trümmern ihres Hauses geborgen.

Ein Blick vom nördlichen Querschiff der St. Paul's Cathedral zeigt die geschwärzten Ruinen des Londoner Zentrums. Links sieht man die Kuppel von Old Bailey – des einstigen Stadtgefängnisses; rechts davon sieht man die vier Turmspitzen der Church of the Holy Sepulcher, und ganz rechts steht der Kirchturm der Christ Church in der Newgate Street. Trotz der Zerstörungen kamen nur wenige Menschen in diesem Geschäftsviertel von London ums Leben.

Winston Churchill besichtigt die Schäden, die durch Brandbomben im Unterhaus, dem Schauplatz seiner größten Triumphe, entstanden sind. Obwohl er nicht genau zu identifizieren ist, wird vermutet, daß es sich bei dem Mann im Vordergrund um Sir William Stephenson, einen britischen Meisterspion im Zweiten Weltkrieg und Freund von Churchill, handelt.

Abbruch- und Bergungsmannschaften benutzen eine lange Holzstange als Rammbock, um in einem Wohnviertel von London eine einsturzgefährdete Mauer niederzureißen. Die Schrift am Nachbarhaus warnt vor zerstörten Gasleitungen – durch die fast ebenso viele Mitglieder der Bergungstrupps ums Leben kamen wie durch einstürzende Mauern.

n der Oxford Street isolieren zwei Männer provisorisch die Enden eines zerrissenen Stromkabels, das durch eine Bombenexplosion zerstört worden ist. Im Hintergrund rechts liegt das Büro der bekannten britischen Reiseagentur Thomas Cook & Sons.

Luftschutzwarte in Arbeitskleidung retten Frauengarderobe aus einem beschädigten Gebäude im Londoner Viertel, wo die Bekleidungsindustrie konzentriert ist. Hinter ihnen löschen Feuerwehrleute einen Brand, der einige Stunden zuvor durch eine Bombe am Ende der Straße entstanden ist.

Ein ausgebombter Bewohner des East End stapelt die Überreste seiner Habe – ein Sofa, ein Bettgestell, Bettzeug und ein paar Teppiche – auf einem Pferdekarren. Viele Obdachlose aus dem am schwersten getroffenen Viertel von London suchten nach Unterkünften in anderen Teilen der Stadt, sie stießen aber – wenigstens zu Anfang – durch den Bürokratismus auf Schwierigkeiten.

Ein ordentliches Schild versichert der Kundschaft, daß das Geschäft in einer Londoner Vorstadt wie üblich geöffnet ist.

Londoner Einwohner trinken Tee in einem fensterlosen Restaurant, dessen Wandspiegel wie durch ein Wunder unversehrt geblieben sind

DER WILLE ZUM DURCHHALTEN

Ein Zeremonienmeister gibt mit britischen Soldaten, die aus Dünkirchen evakuiert werden konnten, ein Konzert mit patriotischen Liedern in einem Londoner Theater.

DIE STÄRKUNG DER BRITISCHEN KAMPFMORAL

Auf dieser Karikatur werden zwei Luftschutzwarte dabei ertappt, wie sie zu ihrem Privatvergnügen die strengen Verdunkelungsbestimmungen umgehen.

"We'll give her another ten minutes, and then warn her."

Auf die todbringende und unablässige Anspannung der Luftschlacht um England reagierte die britische Bevölkerung mit einer Mischung aus Entschlossenheit, offener Verachtung für den Gegner und Humor. Auf der Erde wie in der Luft wurde jedes Hilfsmittel mobilisiert, um dem Feind die Stirn zu bieten, und praktisch jede Seite des täglichen Lebens nahm eine patriotische Färbung an. Patriotische Lieder, Karikaturen, Theaterstücke, Plakate, Reklameslogans und Filme halfen der Bevölkerung, die Schrecken der deutschen Bombenangriffe zu vergessen. Sogar das alte englische Wurfpfeilspiel *(rechts)* wurde abgeändert, um den Spielern Gelegenheit zu geben, auf ihren Peiniger zu zielen.

Aus diesen propagandistischen Hilfsmitteln sprach mehr als nur die natürliche Reaktion eines Volkes, das mit dem Rücken zur Wand kämpfte. Sie waren zu einem großen Teil das Werk von Werbefachleuten, hinter denen eine Regierung stand, die sehr genau wußte, daß es darauf ankam, den Menschen neuen Auftrieb zu geben und die tägliche Litanei von Sirenengeheul, Bomben, Verletzungen und Tod zu überspielen.

Hauptwaffe war der Humor. Die nüchterne BBC wechselte die vielen schrecklichen Kriegsnachrichten mit kabarettistischen Programmen ab, deren Witze zwar manchmal makaber wirkten, unter den Drangsalen der damaligen Zeit aber als komisch empfunden wurden. (Mädchen in verdunkeltem Eisenbahnzug: „Nehmen Sie die Hand von meinem Knie! Nein, nicht Sie – *Sie!*") Auch die Schlagerdichter erfanden Texte, die dazu beitragen sollten, die allgemeine Kampfmoral zu stärken.

Auf einem anderen Gebiet der Heimatfront versuchte die Regierung der Bevölkerung mit Hilfe zahlreicher Plakate aufzuzeigen, wie sie deutsche Spione unschädlich machen könne. Auf einem Poster wurden mehrere Herren, die mit einer hübschen jungen Dame plauderten, ermahnt: „Mund halten – so dumm ist sie gar nicht! Unbedachte Unterhaltungen können Menschenleben kosten." Andere propagierten Mittel und Wege, wie man Lebensmittel einsparen oder ein Auto unbenutzbar machen könne, damit es den Deutschen bei einer Invasion nicht fahrbereit in die Hände fiele – man brauche nur Verteilerkopf oder Vergaser auszubauen oder den Benzintank zu entleeren.

Die nachhaltigste Wirkung erzielte in dieser kritischen Zeit aber das Kino. Filme, in denen gute Engländer über böse Nazis oder Deutsche früherer Jahrhunderte die Oberhand behielten, wurden von einem Millionenpublikum beklatscht, das dadurch für kurze Zeit dem grauen Alltag des Krieges entfliehen konnte.

Bei diesem Wurfpfeilspiel wurde auf alliierte oder deutsche Führer gezielt, und man erreichte die höchste Punktzahl, wenn der Pfeil genau in Hitlers Gesicht landete.

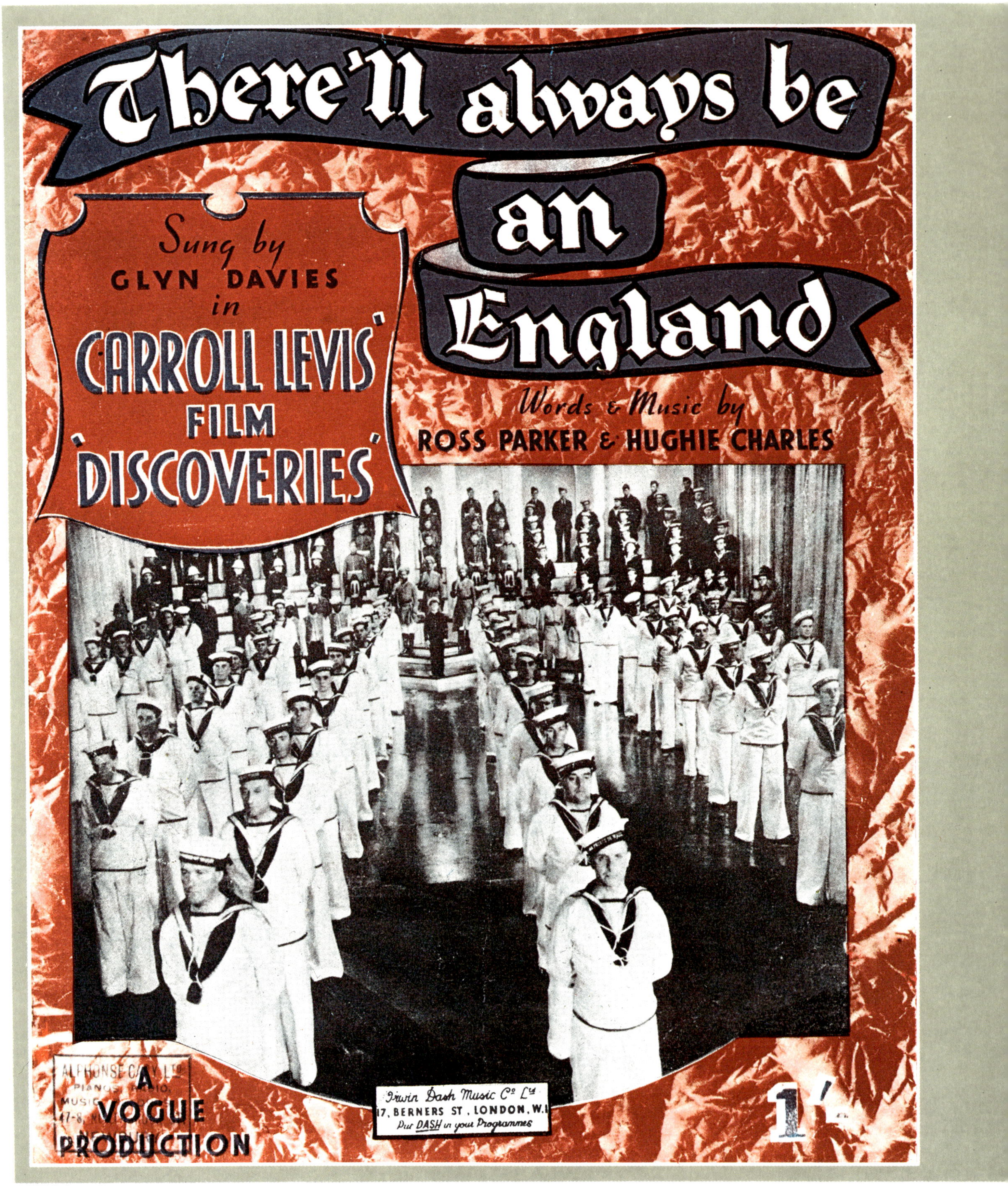
There'll always be an England
Sung by
GLYN DAVIES
in
CARROLL LEVIS'
FILM
'DISCOVERIES'
Words & Music by
ROSS PARKER & HUGHIE CHARLES
A
VOGUE
PRODUCTION
Irwin Dash Music Co Ltd
17, BERNERS ST, LONDON, W.1
Put DASH in your Programmes
1/-

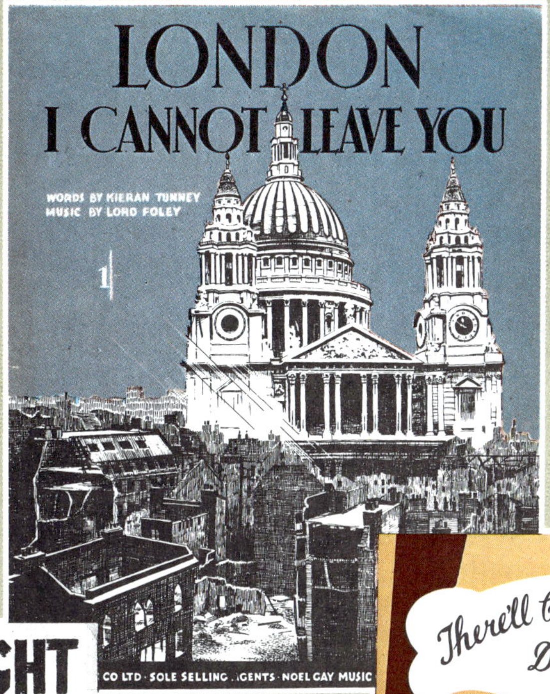

„Wenn du bis zum Hals in heißem Wasser steckst, mach's wie der Kessel und sing", hieß es in einem Schlager während des Bombenkriegs. Während der Luftangriffe entstanden immer neue patriotisch gefärbte Lieder, die in Vergnügungslokalen gesungen und über den Rundfunk verbreitet wurden. Zu den Hits gehörte ein Schlager auf die britischen Flieger: „He Wears a Pair of Silver Wings" sowie die sentimentale Ballade „Oh Soldier, Who's Your Lady Love?" Fast wie eine neue Nationalhymne klang das Lied „There'll always be an England" („Und England wird frei sein / wenn England für dich ebenso viel bedeutet / wie England mir bedeutet"). Und die allgemeine Stimmung kam besonders gut in einem Lied über die Bürgerwehr zum Ausdruck, in dem es sehnsüchtig hieß: „There's a Home Guard Sentry at the end of Lover's Lane / So it's no place for lovers anymore . . ."

LONDON PALLADIUM
THE PRINCE of WALES THEATRE
" LONDON'S FOLIES BERGERE "
Piccadilly Circus, W.1.
AN ALFRED ESDAILE PRODUCTION
"REVUE DES ALLIÉS"
A NON-STOP FRENCH REVUE IN ENGLISH
with
MR. GILLIE POTTER
6D.

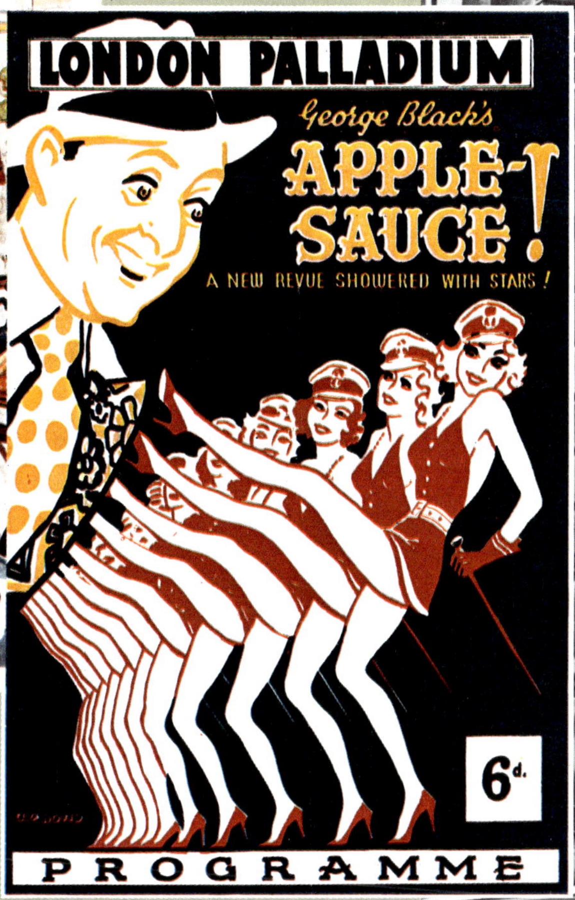

Die bekannten Londoner Revuetheater erlebten während des Luftkriegs einen Zulauf wie nie zuvor. Die beliebte Schlagersängerin Vera Lynn (links) wurde von den britischen Soldaten liebevoll „Sweetheart" genannt. Im Palladium und im Prince of Wales traten Scharen vor Revuegirls in kurzen Röckchen auf und sangen militärische oder andere patriotische Lieder. Am zugkräftigsten war vielleicht das Windmill Theatre (rechts), ein Vergnügungslokal am Piccadilly Circus, wo spärlich bekleidete Tänzerinnen zu sehen waren, während andere Mädchen, die außer Militärmützen nicht viel anhatten, regungslos im Hintergrund standen.

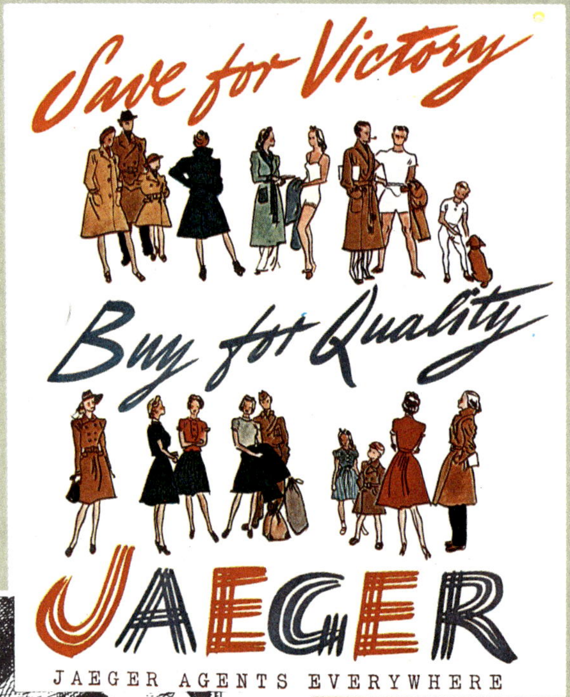

Auch die Reklame lieferte während der Schlacht um England ihren Beitrag. Uniformierte Zigarettenraucher ermahnten die Kundschaft, leere Schachteln nicht wegzuwerfen. Textil- und Seifenhersteller verknüpften die Qualität ihrer Erzeugnisse mit Hinweisen auf die allgemeinen Kriegsanstrengungen. Freunde von Guinness Stout gaben sich patriotisch, und Köchinnen und Köche lernten die Vorzüge eines Fleischgewürzes kennen. Und obwohl die Zivilbevölkerung keine Autoreifen kaufen konnte, brachte Dunlop weiterhin Reklametexte und erläuterte ausführlich die militärischen Rangabzeichen des britischen Heeres.

How to recognise rank in
THE ARMY
Field-Marshal
General
Lieut-General
Major-General
Brigadier
Colonel
Lieut-Colonel
Major
Captain
Lieutenant
2nd Lieutenant
Black Badges of Rank for Rifle Regiments
Field-Marshal
General Officers
Colonel
1st Class Staff Sergeant-Major
Warrant Officer Class I
Sergeant
Corporal
Warrant Officer Class II
Company Quartermaster Sergeant or Staff Sergeant
Lance-Corporal
THIS MEDALLION ON A
DUNLOP FORT TYRE
INDICATES DISTINGUISHED TYRE SERVICE
DUNLOP FORT

Keep mum
she's not so dumb!
CARELESS TALK COSTS LIVES

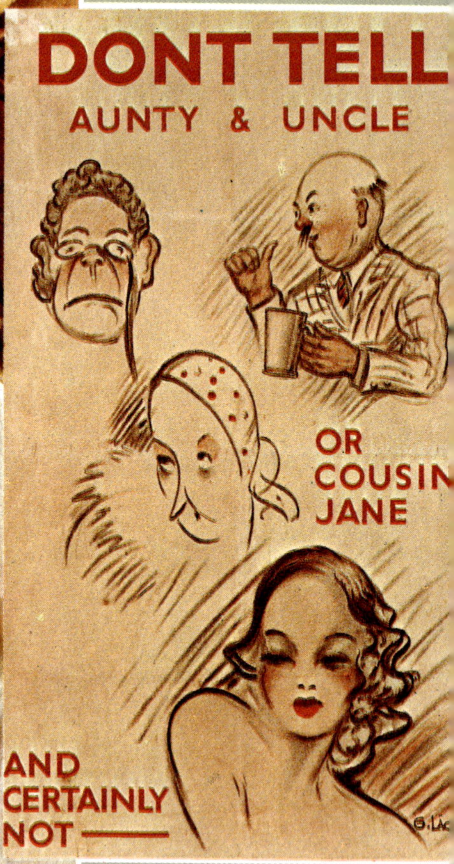
DONT TELL
AUNTY & UNCLE
OR
COUSIN
JANE
AND
CERTAINLY
NOT ——

Die Plakate in der U-Bahn, an Häuserwänden und auf öffentlichen Plätzen hatten gelegentlich auch eine ernste Seite. Die drohende Invasion und die Möglichkeit, daß Spione unter – oder in – dem Bett des braven Engländers lauerten, veranlaßten die britische Regierung, eine großangelegte Aufklärungskampagne zu starten. Einige Plakate wiesen auf die Gefahren hin, die entstehen könnten, wenn man Frauen verführt, die vielleicht für den Gegner arbeiten. Auf anderen wurde davor gewarnt, Verwandten oder Bekannten zuviel Vertrauen zu schenken. Die Briten wurden ferner eindringlich ermahnt, Lebensmittel zu sparen, unnötige Ausgaben zu unterlassen und während der Verdunkelung die Züge auf der Bahnsteigseite zu verlassen.

NACHTSCHNELLZUG NACH MÜNCHEN

CONVOY

Vaterländische Filme waren ein Labsal für die Engländer während des Zweiten Weltkriegs. Kitschfilme wie „Nachtschnellzug nach München" mit Margaret Lockwood, Rex Harrison, Paul Henreid und „Convoy" mit Clive Brook und Stewart Granger füllten die Kinos in ganz England. Einer der erfolgreichsten Kriegsfilme begeisterte das Publikum mit seinem historischen Hintergrund. Der Film „Lady Hamilton" fand bei Churchill und weiten Kreisen der Bevölkerung großen Anklang, und zwar nicht nur deswegen, weil er ein Liebesverhältnis zwischen Vivien Leigh und Laurence Olivier (rechts) zeigte, sondern weil Olivier den schneidigen Lord Nelson, den größten Seehelden Englands, spielte.

LADY HAMILTON

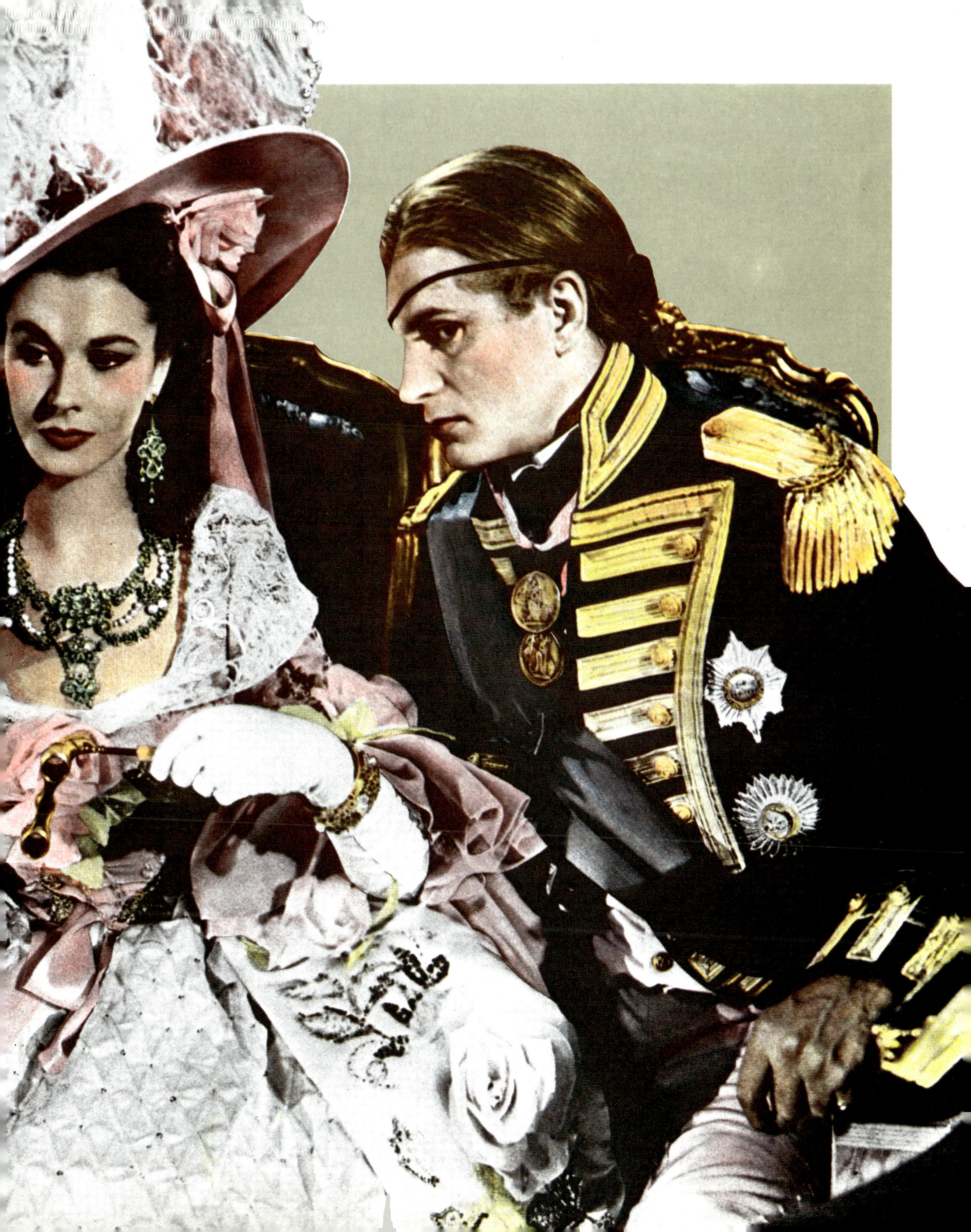

6

Eine Schwächung des Widerstandswillens
Churchill gibt falschen Alarm
Ribbentrops Rache
Verbesserte Abwehr durch die Nachtjäger
Ein Orden für Bomben auf den Buckingham Palace
Ein Mangel an Feuerwehren
Der letzte Großeinsatz
Ein dichtes Sperrfeuer
Beefeaters an den Handpumpen
Qualvolles Warten auf Wasser
Londons schwerste Prüfung
Das Schlimmste ist vorbei

DAS ENDE DER BOMBARDIERUNG

Das Jahr 1941 begann mit einer trügerischen Ruhe. Kurz nach den schweren Bombenangriffen auf London vom 29. Dezember setzte Schlechtwetter ein, so daß die Luftwaffe die Zahl ihrer Angriffe einschränken mußte. Im Januar und Februar kam es immer wieder zu Pausen, die der britischen Bevölkerung eine gewisse Erholung brachten. Diese relative Ruhe hatte jedoch eine seltsame Wirkung: Statt den Menschen neuen Mut einzuflößen, führte sie zu einem weiteren Absinken des Durchhaltewillens. Ohne die Anspannungen der Bombenangriffe ärgerten sich die Leute in zunehmendem Maße über den Mangel an Benzin und Lebensmitteln. Speisefette, Fleisch, Eier und Tee waren jetzt streng rationiert. Die Fleischration reichte gerade aus, um einer Durchschnittsfamilie einmal in der Woche eine Fleischmahlzeit zu bieten. Die Teeknappheit war besonders unangenehm.

Abgesehen von diesen Dingen vermißten die Briten vor allem Obst und Konserven, mit denen man etwas Abwechslung in das eintönige Essen, wie es auf Lebensmittelkarten zu haben war, hätte bringen können. Eine Sozialarbeiterin schrieb in ihr Tagebuch: „Ich sehne mich richtig nach etwas Obst, konnte aber keines bekommen. Ich war sogar bereit, für ein Pfund Äpfel einen Schilling auszugeben, aber in ganz Notting Hill waren keine zu haben. Die Schaufenster sind voller Steckrüben . . . Mein Freund, Mr. Booker, dem Zwiebeln schon sein ganzes Leben verhaßt sind, erklärt jetzt, er werde den ganzen Vorrat aufessen, wenn wir wieder einmal welche auftreiben sollten. Ich glaube, wenn der Krieg vorbei ist, sind wir alle zu Zwiebelfanatikern geworden."

Es war Monate her, seit jemand Orangen oder Bananen gesehen hatte. Eine wohlhabende Dame in Hampstead kam nach Hause zurück, nachdem sie den ganzen Tag lang einen Sanitätskraftwagen gefahren hatte, und fand einen Zettel von ihrer Putzfrau vor, die auch die Einkäufe für sie besorgte: „Liebe gnädige Frau, es gibt keinen Honig, keine Sultaninen oder Rosinen, keine Trockenfrüchte, weder Zucker noch Saccharin, keine Spaghetti, keinen Salbei, keine Heringe, Bücklinge oder Sprotten (geräuchert oder frisch), keine Streichhölzer, kein Anmachholz, kein Fett oder Schmalz, keine Büchsen mit Sellerie- oder Tomatensuppe, keinen Lachs. Ich habe drei Pfund weiße Rüben gekauft."

An solchen Tagen ließen sich Arme und Reiche gleichermaßen von den täglichen Sorgen, dem Mangel an Heizmaterial, der Verdunkelung und dem Bild der Zerstörung rundum in eine Stimmung tiefer Niedergeschlagenheit versetzen. „Wir sind verbittert, und alle sind schlecht gelaunt", schrieb eine andere Frau. „Die schweren Bombenangriffe fehlen mir fast."

Das britische Volk war müde geworden. Es hatte schon zu lange zu viel einstecken müssen.

Churchill spürte, daß die Bevölkerung keine aufmunternden Worte brauche, sondern kräftig aufgerüttelt werden müsse. Und am 9. Februar 1941 erklärte er in einer Rundfunkansprache an das Volk, Hitler plane weiterhin, in England einzufallen, und die Invasion werde schon in allernächster Zukunft stattfinden.

„Zur Durchführung einer Invasion stehen dem Gegner jetzt im Vergleich zum letzten Herbst wesentlich bessere Landungsboote und andere Geräte zur Verfügung", meinte er warnend. „Wir müssen uns alle auf Gasangriffe, den Einsatz von Fallschirmjägern und Lastenseglern einrichten und Beharrlichkeit, Vorausschau und eingeübte Zusammenarbeit beweisen ... Um den Krieg zu gewinnen, muß Hitler Großbritannien vernichten."

In Wirklichkeit wußte Winston Churchill allerdings, daß das, was er dem Volk erzählte, völliger Unsinn war. Entschlüsselte Funksprüche und andere Geheimdienstmeldungen hatten ihn davon unterrichtet, daß Hitler den Gedanken an eine Invasion inzwischen fallengelassen hatte. Churchill malte die Gefahr einer Invasion nur deshalb wieder an die Wand, um dem britischen Volk auf diese Weise das Rückgrat zu stärken.

Und dies erwies sich auch als nötig. Gegen Ende Februar klarte das Wetter auf, und die schweren Luftangriffe begannen von neuem. Die deutsche Luftwaffe konzentrierte sich jetzt vornehmlich darauf, die für England lebenswichtigen Versorgungswege über See zu treffen. U-Boote machten erfolgreich Jagd auf britische Handelsschiffe, und die Luftwaffe unterstützte diese Einsätze dadurch, daß sie den Schwerpunkt ihrer Angriffe auf Häfen und Werftanlagen verlegte.

In zwei aufeinanderfolgenden Nächten Mitte März wurde die kleine Stadt Clydebank, am Clyde unterhalb von Glasgow, mit ihrer Werftindustrie durch Bomben vernichtet. Bis auf sieben wurden alle 12 000 Häuser der Stadt zerstört oder beschädigt, und die Bewohner mußten in die umliegende Moorlandschaft fliehen. Bristol, Cardiff, Portsmouth, Plymouth und Southampton wurden wiederholt bombardiert – Plymouth so oft und so schwer, daß viele seiner Gebäude mehr als einmal getroffen wurden und die statistisch erfaßte Anzahl der Treffer weit über die Gesamtzahl der vorhandenen Gebäude hinausging. Am 19. März erlebte London seinen bisher schwersten Luftangriff: 750 Einwohner kamen dabei ums Leben. Ein Bombenregen ging auf Hull, Newcastle, Belfast und Liverpool nieder. Nottingham wurde schwer getroffen. Das 50 Kilometer entfernt gelegene Derby, wo in den Rolls-Royce-Fabriken Motoren für Jagdflugzeuge hergestellt wurden, blieb jedoch verschont; durch Funktäuschung und durch Scheinbrände waren die anfliegenden Kampfgeschwader veranlaßt worden, ihre Bombenlast auf das Vale of Belvoir, ein Tal im Osten von Nottingham, abzuwerfen, wodurch lediglich zwei Hühner und zwei Kühe kampfunfähig gemacht wurden.

Im April wurden die bombenmüden Briten durch zwei Hiobsbotschaften vom Kontinent hart getroffen. Erst Jugoslawien und dann Griechenland fielen der Wehrmacht zum Opfer. War dies, fragten sich die Briten, die Generalprobe für die Landung auf den Britischen Inseln, vor der Churchill gewarnt hatte? Ihr Argwohn schien sich zu bestätigen, als die Wucht der deutschen Luftangriffe in der zweiten Aprilhälfte einen neuen Höhepunkt erreichte. Coventry, Bristol, Belfast, Portsmouth und Plymouth wurden mit verheerender Wirkung angegriffen. London wurde zweimal getroffen, jedesmal mit einer größeren Bombenmenge als je zuvor; über 2000 Menschen kamen während der beiden Nachtangriffe ums Leben, und 148 000 Häuser wurden zerstört oder beschädigt.

In der Tat bildeten diese Angriffe das Vorspiel zu einer Invasion, jedoch nicht der Britischen Inseln. Ihnen lag die Absicht zugrunde, die Aufmerksamkeit von Hitlers jüngster Großplanung abzulenken: dem Überfall, zu Lande und aus der Luft, auf die UdSSR.

Anfang Mai waren Geheimbefehle vom Luftwaffenführungsstab an die Masse der unterstellten Verbände, die gegen England eingesetzt waren, ergangen: Sie sollten sich auf die Verlegung nach Polen und in die Tschechoslowakei als Vorbereitung auf die Operation *Barbarossa* einrichten. Bevor jedoch der Verlegungsbefehl an die Besatzungen weitergegeben wurde, wurde noch ein letzter, schwerer Schlag gegen England geführt.

Hierbei ging es nicht nur darum, ein möglichst hohes Maß an Zerstörungen anzurichten, sondern auch eine Warnung an die Adresse der Engländer zu richten. Im vergangenen Jahr hatte die Royal Air Force verschiedene Städte im Ruhrgebiet und mehrere Male auch Berlin angegriffen. Anfang Mai waren die britischen Luftangriffe auf Berlin sowie auf Hamburg, Bremen und Emden besonders schwer gewesen. Die Führung der deutschen Wehrmacht fürchtete daher, daß die Briten, sobald nennenswerte Verbände der deutschen Luftwaffe zum Einsatz gegen die Sowjetunion abgezogen würden, die Intensität ihrer Angriffe noch steigern würden. Deshalb wollten die Deutschen der britischen Regierung klarmachen, daß ein solches Vorgehen mit Sicherheit zu entsprechenden Vergeltungsmaßnahmen führen werde. Um den Engländern einen Vorgeschmack dessen zu geben, was ihnen bevorstehen könnte, falls sie sich die veränderte Lage zunutze machen sollten, wurde für den 10. Mai ein besonders schwerer Bombenangriff auf London befohlen.

Zu den leidenschaftlichsten Verfechtern dieses Angriffs gehörte der deutsche Außenminister Joachim von Ribbentrop. Er war ein begeisterter Parteigänger Hitlers und war in den Jahren kurz vor Ausbruch des Zweiten Weltkriegs deutscher Botschafter in London gewesen. Er hatte die Engländer dadurch vor den Kopf gestoßen, daß er bei der Überreichung seines Beglaubigungsschreibens an König Georg VI. den Arm zum „deutschen Gruß" erhoben und laut „Heil Hitler!" gerufen hatte. In seinem Verhalten gegenüber der

Regierung wie dem Volk Großbritanniens hatte er anschließend ein hohes Maß an Arroganz an den Tag gelegt. (Sogar Parteifreunde Joachim von Ribbentrops bezeichneten ihn als einen „bösartigen und gemeinen Menschen".) Und die Engländer hatten ihrerseits keine Gelegenheit ungenützt vorübergehen lassen, ihm eins auszuwischen oder sich über ihn lustig zu machen.

So betrachtete Ribbentrop den Krieg als eine willkommene Gelegenheit, an der britischen Regierung und den Engländern insgesamt persönlich Rache zu nehmen. Doch nun mußte er fürchten, daß der Entschluß zum Angriff auf die Sowjetunion und der dadurch erforderliche Abzug von großen Teilen der Luftwaffe aus Nordfrankreich ihn doch noch um diese persönliche Genugtuung bringen würden. Ribbentrop hatte sein möglichstes versucht, Hitler zur Verschiebung des Angriffs auf die Sowjetunion bis nach dem Sieg über England zu überreden. Es war ihm zwar nicht gelungen, aber der bevorstehende große Luftangriff auf London sollte ihn wenigstens teilweise entschädigen.

Am 10. Mai kam Ribbentrop morgens in sein Büro in der Wilhelmstraße und sagte einem seiner Mitarbeiter, Erich Kordt, der Rußlandfeldzug stehe unmittelbar bevor. Er wußte sehr wohl, daß Kordt probritisch eingestellt war, daß er London liebte und sich über die ausgedehnten Bombenangriffe auf London große Sorgen machte. Deshalb fügte Ribbentrop in geheimer Schadenfreude rasch hinzu, daß sich der Führer zu einem letzten, großen Angriff gegen England entschlossen habe, bevor die Luftwaffe endgültig nach Osten verlegt werde.

„Ein letzter Bombenangriff, und es wird der größte des ganzen Krieges sein", sagte er. „Die Besatzungen haben nur ein einziges Ziel." Sein Gesicht erhellte sich und seine Augen strahlten. „London, London, London!"

Auch bei vielen Besatzungen der Luftwaffe hatte sich inzwischen die Stimmung verhärtet. Früher, während des Angriffs auf Coventry, waren die deutschen Flieger noch entsetzt gewesen über die Tatsache, daß sie ausdrücklich auch zivile Ziele bombardieren sollten. Da jedoch die Royal Air Force jetzt schon seit Monaten auch deutsche Städte bombardierte, waren diese Empfindlichkeiten in den Hintergrund getreten. Generalfeldmarschall Hugo Sperrle, Befehlshaber der Luftflotte 3, dem die Führung der Operation oblag, meinte hierzu später:

„Wir hatten allmählich aufgehört, uns darüber allzu viele Gedanken zu machen. Das Kräfteverhältnis hatte sich jedenfalls ausgeglichen. Die britischen Städte waren keine ungeschützten Ziele mehr. Sie stellten für jeden Angreifer eine Gefahrenzone dar, und meine Besatzungen hatten Glück, wenn sie von solchen Einsätzen ungeschoren wieder zurückkommen konnten."

Die britischen Nachtjäger waren tatsächlich zu einer echten Gefahr geworden. Die Beaufighters waren jetzt mit verbesserten Radargeräten ausgerüstet, die es ihnen ermöglichten, Feindflugzeuge auf größere Entfernungen schon genau auszumachen. Sie konnten bereits zahlreiche Abschüsse buchen.

Außerdem brauchten sich die Briten nicht mehr nur auf Ultra, ihr System zur Entzifferung der feindlichen Funksprüche, zu verlassen, um zu erfahren, welches die nächsten Angriffsziele sein würden. Die Analyse des Funkleitsystems der Luftwaffe war so vervollkommnet worden, daß die Briten schon geraume Zeit vor dem eigentlichen Angriff wußten, welche Ziele in der jeweiligen Nacht angegriffen werden sollten. Dadurch waren die Briten in die Lage versetzt, ihre Verteidigungskräfte zu alarmieren, Feuerwehren und Sanitätseinheiten rechtzeitig in Marsch zu setzen, die erheblich verstärkten Flakbatterien feuerbereit zu machen und außerdem die Beaufighters mit Informationen zu versorgen, wo sie die Angreifer am Nachthimmel erwarten sollten.

Für diesen Großangriff auf London hatten die Deutschen die Stadt in drei Sektoren eingeteilt. Das Kampfgeschwader 2 unter Oberst Johannes Fink sollte von den Flugplätzen um Cambrai in Nordfrankreich starten und Kurs auf den östlichen Teil Londons nehmen. Das Kampfgeschwader 53 unter Oberst Stahl sollte vom Gebiet um Lille Zentral-London angreifen, während sich die Verbände des Kampfgeschwaders 4 unter Oberst Hans-Joachim Rath bei Soesterberg nahe Utrecht in den Niederlanden versammeln und dann Kurs auf den Süden und Westen Londons nehmen sollten. Neben der Bekämpfung bestimmter taktischer und strategischer Ziele waren die Verbände angewiesen, das historische Zentrum der britischen Hauptstadt zu zerstören. Einer der Flieger, der 25 Jahre alte österreichische Leutnant Baron Walther von Siber, hatte sich sein Ziel selbst ausgesucht: den Buckingham Palace. Den deutschen Fliegern war eröffnet worden, daß der Palast nicht mehr tabu sei und daß der erste Treffer dem Piloten ein Ritterkreuz einbringen würde – von Göring selbst verliehen.

Am 10. Mai um 17 Uhr rief Leutnant Karl Fiebach vom Nachrichtenzentrum der Luftwaffe seinen Vorgesetzten an und bat um die Erlaubnis, das System der Funkleitstrahlen für den Nachteinsatz einzuschalten. Als er grünes Licht erhielt, rief er das Bedienungspersonal der Station Anton in Cherbourg, der Station Berta in Calais und der Station Cicero in Fécamp an. Um 17.10 Uhr meldete Fiebach seinem Vorgesetzten, die Funkleitstrahlen seien eingeschaltet.

Zur gleichen Zeit nahm in England der diensthabende Offizier bei der RAF-Fliegergruppe Nr. 80 in der geheimen Befehlsstelle bei Harrow-on-the-Hill den Hörer ab, um seinerseits mit dem britischen Jägerkommando, der Flakzentrale, der Royal Navy, dem General Post Office (das für die Fliegeralarme in Großbritannien verantwortlich war) und der Londoner Feuerwehrzentrale in Lambeth an der Themse zu sprechen. Als sich jede Stelle meldete, identifizierte er sich mit Decknamen und Nummer und sagte dann: „Hallo, Sir. Zu Ihrer Orientierung: Der Leitstrahl liegt auf London."

In der Londoner Feuerwehrzentrale nahm der stellvertretende Leiter Frank Jackson diese Nachricht mit einem besonders unguten Gefühl entgegen. Offenbar stand etwas Ungewöhnliches bevor. Die Luftwaffe hatte ihre Bombenangriffe auf London in letzter Zeit gern auf das Wochenende verlegt. Es war eine wirkungsvolle Terrortaktik gegen die Zivilbevölkerung, die sich nach Ruhe und Erholung sehnte. Außerdem war in dieser Nacht Vollmond, was den Deutschen gelegen kam, denn bei dem hellen Mondschein konnten die Bomberbesatzungen angreifende Jäger relativ frühzeitig erkennen. Jackson drückte einen Knopf auf seiner Sprechanlage und ordnete an:

„Alle verfügbaren Pumpen heute Nacht nach London. Ich brauche mehr als tausend. Alle Mann in Bereitschaft, Urlaub ist ab sofort gestrichen. Höchste Alarmstufe." Aber Jackson mußte eine Enttäuschung erleben. Es waren keine tausend Pumpen – wie die Feuerwehrwagen im Fachjargon hießen – verfügbar. Schwere Angriffe auf die Städte Liverpool und Hull hatten in der vergangenen Woche die Reserven aufgezehrt, und es standen lediglich 700 Fahrzeuge zur Verfügung – sowie 60 weitere, die sich gerade auf der Rückfahrt aus dem Norden Englands befanden.

EIN AUGENZEUGENBERICHT AUS DEM BEDRÄNGTEN LONDON

Nichts brachte Millionen von Amerikanern das Leiden und die Tapferkeit der Engländer während der Luftangriffe so lebhaft zum Bewußtsein wie die nächtlichen Augenzeugenberichte des europäischen Chefkorrespondenten von CBS, Edward R. Murrow. Berichterstattung aus erster Hand gehörte für ihn zum Handwerk. Hinter der tiefen, sonoren, leicht ironisch gefärbten Stimme, die stets mit der Ansage begann „Hier ... spricht London" konnte man oft das Krachen der Bomben und das Geheul der Luftschutzsirenen hören. Murrow riß seine Zuhörer mit; er nahm sie mit auf Hausdächer, in zerbombte Straßenzüge, auf Minensuchboote im Kanal und in überfüllte Luftschutzkeller.

„Links von mir", berichtete er eines Nachts, als sich ein deutsches Flugzeug seinem Beobachtungsposten auf einem Hausdach näherte, „kann ich das rötliche Mündungsfeuer einer Flakbatterie sehen ... Vier Scheinwerfer ... schwenken zu mir herüber. Die Maschine fliegt noch sehr hoch ... Die Scheinwerfer tasten jetzt direkt über mir den Himmel ab. Jetzt werden Sie gleich zwei Einschläge ganz in der Nähe hören. Da sind sie! Dieser harte, dumpfe Klang!"

Noch wirkungsvoller war das Hohelied, das er immer wieder auf die ungenannten Männer sang, die in den Trümmern nach Überlebenden suchten. „Sie achteten nicht auf das Bersten der Flakgranaten über ihren Köpfen, während sie einen Korb mit Schutt und Ziegeln nach dem anderen davontrugen. Ein paar kleine Bagger würden Wunder wirken ... aber die moderne Technik scheint nur am Himmel vertreten zu sein. Hier unten auf der Erde müssen die Menschen mit ihren Händen schuften."

Den Homburg flott auf dem Kopf, geht CBS-Reporter Ed Murrow an der All Souls Church (rechts) und dem BBC-Gebäude vorbei, von dessen Dach aus er während der Bombenangriffe häufig berichtete. Murrow suchte Luftschutzkeller nur dann auf, wenn er Nachrichten aus erster Hand gewinnen wollte. „Wenn man sich daran gewöhnt, in den Keller zu gehen", meinte er, „verliert man den Mut."

Wenn sich, wie Frank Jackson vermutete, der heutige Nachtangriff als „Riesensauerei“ – wie die Feuerwehrleute den Einsatz von Brandbomben nannten – erweisen sollte, würden 760 Feuerwehren bei weitem nicht ausreichend sein.

Die Londoner hatten inzwischen ihre Erfahrungen mit Luftangriffen gesammelt, und nur wenige von ihnen erwarteten ein ruhiges Wochenende, aber dennoch waren an diesem Samstagabend die Gasthäuser und Restaurants, Theater und Kinos gut besucht. Die beliebteste Show zur Zeit war der New Yorker Hit *No Time for Comedy* mit zwei jungen Stars in den Hauptrollen: Rex Harrison und Lilli Palmer, und der neue Befehlshaber der Jagdflieger, Air Marshal William Sholto Douglas, war von seinem Gefechtsstand am Stadtrand von London hereingekommen, um sich die Nachmittagsvorstellung anzusehen. Ein weiteres amerikanisches Stück, *Thunder Rock*, mit Michael Redgrave in der Hauptrolle, lief mit großem Erfolg im nahe gelegenen Globe Theatre. In den Kinos liefen die Filme *Vom Winde verweht* und *Kitty Foyle* mit Ginger Rogers. Führender Revuestar dieser Zeit war eine ungarische Blondine namens Magda Kun, die ihr Publikum mit einem verführerischen Lied umgarnte, in dem als größter ihrer Vorzüge ihr tief unter der Stadt liegender Luftschutzkeller genannt wird:

I've got a cosy flat.
There's a place for your hat.
I'll wear a pink chiffon negligée gown.
And I do know my stuff,
But if that's not enough,
I've got the deepest shelter in town.

Zum Glück für alle, die in dieser Samstagnacht unterwegs waren, schlossen die Londoner Vergnügungsstätten so früh, daß die meisten Besucher schon um 22 Uhr wieder zu Hause sein konnten. In der Jägerleitstelle bei Bentley Priory war es 22.15 Uhr, als Sholto Douglas' Ordonnanzoffizier, Robert Wright, dem Air Marshal meldete, daß höchste Alarmstufe angeordnet worden sei. Die deutsche Luftwaffe befand sich im Anflug.

Douglas gab Einsatzbefehl für die Nachtjäger.

Um 23 Uhr heulten über London die Luftschutzsirenen.

Der letzte deutsche Großangriff auf die britische Hauptstadt im Zweiten Weltkrieg begann am Sonnabend, dem 10. Mai, um 23.30 Uhr und dauerte an bis zum Sonntag, dem 11. Mai, um 5.37 Uhr morgens. 507 deutsche Flugzeuge waren an diesem Angriff beteiligt; sie warfen insgesamt 710 Tonnen Bomben auf London ab – eine todbringende Mischung aus Brandbomben, Sprengbomben und an Fallschirmen niederschwebenden Luftminen.

Ein gewaltiges Sperrfeuer der Londoner Flakabwehr begrüßte die Angreifer. „Man braucht keine Handschuhe mehr anzuziehen, wenn man heutzutage London überfliegt“, meinte ein deutscher Flugzeugführer. „Die Flak hält einem die Hände warm.“ Die britischen Nachtjäger schossen jeweils sieben deutsche Flugzeuge ab und beschädigten drei weitere bei nur einem eigenen Verlust. Unter den deutschen Flugzeugverlusten befand sich auch die He-111 des Barons von Siber, der gar nicht nahe genug an London herankam, um den Buckingham Palace zu bombardieren. Seine Maschine wurde über der Küste von Essex von einer Spitfire abgeschossen, wobei drei Besatzungsmitglieder ums Leben kamen. Siber selbst gelang es, mit dem Fallschirm abzuspringen. Er verbrachte den Rest des Krieges in einem Kriegsgefangenenlager.

Das massierte Flakfeuer zwang die Angreifer zu größeren Flughöhen, so daß das genaue Anvisieren der Ziele nicht mehr möglich war. Aber unter den gegebenen Umständen spielte das jetzt keine Rolle mehr. Sie luden ihre Bombenlast einfach irgendwo über der Hauptstadt ab und verursachten die bisher schwersten Zerstörungen. Nicht nur das East End und die City von London,

Britische Pioniere einer Spezialeinheit entschärfen eine 600 Kilogramm schwere Zeitbombe, die neben einem Krankenhaus im Norden Londons einen Krater gerissen hat. Das Entschärfen solcher Sprengkörper verlangte Mut und eiserne Nerven, denn der Zeitmechanismus im Zünder konnte jederzeit eine Detonation auslösen. Die Bombe hier auf dem Bild wurde unschädlich gemacht und später im Vorort Hackney Marshes gesprengt.

sondern praktisch jedes Viertel fiel diesmal dem Hagel von Brandbomben zum Opfer. Frank Jacksons Argwohn sollte sich bestätigen: Die von ihm alarmierten Feuerwehren konnten die Brände nicht löschen. Und auch wenn zusätzliche Fahrzeuge und Mannschaften zur Verfügung gestanden hätten, wäre nicht genügend Wasser vorhanden gewesen.

Geoffrey Blackstone von der Londoner Feuerwehr hatte das Viertel Elephant and Castle – so benannt nach einem berühmten alten Gasthaus – im Süden Londons übernommen. Zu seinem Bezirk gehörte auch ein wichtiger Verkehrsknotenpunkt, an dem mehrere Zufahrtsstraßen zu den Themsebrücken zusammenliefen und wo zahlreiche ältere Häuserblocks und Lagerhäuser standen, die sehr leicht Feuer fangen konnten. Nur wenige Sekunden nach dem Beginn des Sirenengeheuls war er auf dem Weg zu seinem Posten. Er hatte 20 Pumpen zu seiner Verfügung, als die ersten Bomben fielen, und später noch einige mehr, als sich herausstellte, daß die Lage in seinem Distrikt kritisch zu werden drohte. Die Lage war schon schlimm genug, als er sich dem Knotenpunkt der Brückenzufahrten näherte.

„Es kam allerhand herunter", sagte er später. „Eine ganze Menge. Ich merkte bald, daß es ein bißchen mehr sein würde als alles, was wir bisher erlebt hatten." Die Sprengbomben hatten praktisch jeden Wasserhydranten in dem Viertel zerstört. Hierfür waren, so merkwürdig es klingen mag, das englische Klima ebenso verantwortlich wie die deutschen Bomben. Da es in England nicht die strengen Fröste gab, die große Teile des europäischen Festlandes heimzusuchen pflegten, waren die Wasserleitungen verhältnismäßig dicht unter der Oberfläche verlegt; sie lagen nur etwa einen Meter tief und waren schnell beschädigt. Jetzt, wo sie am nötigsten gebraucht wurden, fielen sie aus.

„Eine Zeitlang standen wir vor einem entsetzlichen Dilemma: Wir hatten eine Menge Feuerwehrleute, eine Menge Pumpen und eine Menge Feuersbrünste – aber kein Wasser. Dann kam ein Löschzug heran, der Wasserschläuche von drei oder fünf Kilometer Länge mitführte. Er stellte einen Wasserbehälter aus Segeltuch auf und fuhr zur Themse nahe der Westminster Bridge. Vier Schlauchzüge wurden in Erwartung des Wassers ausgelegt." Das Wasser sollte aus dem Fluß in den Behälter gepumpt und von dort zu den Brandstellen weitergeleitet werden.

Blackstone fuhr mit dem Wagen in Richtung Themse, bis er durch eine Bombe gestoppt wurde, die die Westminster Bridge Road aufgerissen hatte. Er stieg aus und ging an den Schläuchen, die zum Ufer führten, zu Fuß weiter. „Es bot sich ein höchst enttäuschender Anblick", erinnerte er sich später mit typisch englischem Understatement. „Ein Funkenregen ging auf die Schläuche nieder, die flach, ohne Wasser, auf der Erde lagen und verkohlten, so daß das Wasser, wenn es heraufgepumpt würde, verrinnen würde." Während Bomben ringsherum einschlugen, stieß Blackstone auf einen Kollegen namens Cruse, der zur Leitung des städtischen Wasseramtes gehörte. Wie bei allen Luftangriffen, war Cruse auch jetzt unterwegs, um irgendwo Wasser zu finden. „Cruse sagte, er wüßte nicht, wo es noch einen intakten Hydranten in London gebe, aber er werde alles in seiner Macht Stehende tun, um uns zu helfen. Doch schon Sekunden später wurde ihm durch einen Bombensplitter der Leib aufgerissen."

Blackstone ging weiter bis zu den Pumpen. Wasser aus der Themse zu holen war schon zu Normalzeiten nicht einfach; aber jetzt herrschte tiefste Ebbe, und das Wasser war für die meisten am Ufer stehenden Pumpen nicht zu erreichen. Dennoch hatten die Bedienungsmannschaften es geschafft, drei Pumpen aufzustellen und mit den Schläuchen zu verbinden. „Ich sagte ihnen, es hätte keinen Sinn – ich hätte die Schläuche gesehen, sie müßten ausgewechselt werden. Inzwischen war es so gut wie unmöglich geworden, an den Bränden auf der Westminster Bridge Road vorbeizukommen, und Wasser gab es immer noch nicht." Schließlich hatten die Leute vier neue Schlauchzüge ausgelegt und an die Pumpen angeschlossen. Sobald sich die Schläuche mit Wasser füllten, würden sie gegenüber dem Funkenregen nicht mehr so anfällig sein. In der Hoffnung, daß das Wasser zu fließen anfangen würde, bevor auch die neuen Schläuche verkohlt waren, verließ Geoffrey Blackstone die Pumpanlagen an der Themse und eilte durch die von Feuersbrünsten gesäumten Straßenzüge zu dem Straßenknotenpunkt zurück.

Dort mußte er sehen, daß sich das Feuer inzwischen den Newington Causeway, Newington Butts und die New Kent Road entlang ausgebreitet hatte. Eine Sprengbombe war auf einen Feuerwehrwagen gefallen, hatte ihn zerstört und die aus fünf Mann bestehende Bedienungsmannschaft getötet. Sie lagen in einer Blutlache, zum Teil auf dem Pflaster, zum Teil noch im Fahrzeug. „Schafft die Toten weg!" sagte Blackstone kurz angebunden. Eine Gruppe von Feuerwehrleuten trug die Leichen in die nahe gelegene Skipton Street und bedeckte sie mit Zeltplanen.

Superintendent George Adams, der für den ganzen Süden Londons verantwortlich war, sagte Blackstone, er habe jetzt 100 Feuerwehrwagen einsatzbereit zur Verfügung. „Wir lächelten beide etwas säuerlich. Einhundert Pumpen, fünf Mann je Pumpe – also 500 Feuerwehrleute – und noch immer kein Wasser." Aber dann: „Plötzlich begannen die an der Westminster Bridge Road ausgelegten Schläuche anzuschwellen, und Wasser strömte in den großen Segeltuchbehälter. Ein heiserer Jubelruf stieg von den Bedienungsmannschaften auf. Zu beiden Seiten von uns standen die Gebäude in hellen Flammen, und es wurde allmählich unangenehm warm. Die Saugstutzen von vier Schlauchleitungen lagen bereits in dem Tank, und kaum stieg der Wasserspiegel auf knapp einen halben Meter, als die Düsen auch schon begannen, große Wassermengen in das Feuermeer zu schleudern."

Aber kaum hatten sich die Feuerwehrleute den Weg in eines der brennenden Lagerhäuser gebahnt, als das Wasser versiegte. Der Tank wurde nicht schnell genug aufgefüllt, um mit der Arbeit der Pumpen Schritt zu halten. In fieberhafter Tätigkeit legten die Männer noch zwei weitere Schlauchleitungen aus. Dann erfuhr Blackstone von seiner Zentrale, daß Feuerlöschboote zur Westminster Bridge und zur Waterloo Bridge beordert worden seien, um mehr Wasser an Land zu pumpen.

Inzwischen ging der Bombenhagel weiter. In der Nähe von Elephant and Castle waren noch drei Feuerwehrleute ums Leben gekommen. Der gesamte Nachthimmel war hell erleuchtet, und Blackstone schätzte, daß mindestens 50 Gebäude in seinem Abschnitt in hellen Flammen standen.

Auch in anderen Teilen Londons brannte es an vielen Stellen. Während der Nacht wurden insgesamt 2200 Brandfälle gemeldet. Neun davon waren so ausgedehnt, daß sie je etwa ein Gebiet von einem halben Hektar bedeckten; 20 weitere Feuersbrünste, die beinahe ebensogroß waren, erforderten je über 30 Pumpen, um nicht völlig außer Kontrolle zu geraten. Bei mindestens 37 weiteren Bränden wurden jeweils mehr als 20 Pumpen eingesetzt. Eine Zeitlang standen etwa 300 Hektar von London in Flammen – eine Fläche, die etwa anderthalbmal so groß war wie die, die 1666 dem Großbrand von London zum Opfer fiel, als die Hauptstadt in ihrer damaligen Größe fast ganz vernichtet wurde.

Auch der Tower wurde getroffen, und die Beefeaters in ihren historischen Kostümen mußten Handpumpen betätigen und Eimer voller Sand heranschleppen, um das Feuer zu ersticken. Die Kronjuwelen waren natürlich bereits aus ihren Schaukästen im Tower entfernt und an einen sicheren Aufbewahrungsort außerhalb von London gebracht worden.

Beide Häuser des Parlaments, Westminster Abbey, das Britische Museum – alle erhielten Treffer. Sieben Sprengbomben schlugen im Unterhaus ein, rissen die Galerien herunter, zertrümmerten die mit grünem Leder überzogenen Sitzbänke der Abgeordneten und den Sessel des Sprechers mit seinem Baldachin und schufen ein chaotisches Durcheinander. Eine Bombe traf den Uhrturm und hinterließ schwarze Spuren auf dem Zifferblatt von Big Ben. Aber das Gangwerk der alten Uhr blieb unversehrt, und sie schlug weiter wie gewohnt. In Westminster Abbey wurde das Dach in der Mitte des Gebäudes durch Brandbomben in Flammen gesetzt; es stürzte auf den Chor und den Altarraum herab. Das großartige Dach der Westminster Hall aus Eichenholz wurde von Bomben durchlöchert; die Westminster School, die Ben Jonson, John Dryden, Christopher Wren, Jeremy Bentham und Robert Southey besucht hatten, wurde schwer beschädigt; und die Deanery of Westminster, eines der schönsten Beispiele mittelalterlicher Architektur in ganz England, wurde zerstört.

Die meisten Schätze des Britischen Museums waren zwar ausgelagert worden, aber Brandbomben setzten die Bibliothek in Flammen und vernichteten um ein Haar die ägyptische Sammlung des Museums. Andere Bomben trafen Scotland Yard sowie die Zentrale der Heilsarmee und fast jeden Bahnhof in London, einschließlich Cannon Street, Paddington, Waterloo, Euston, Liverpool Street, Victoria und Charing Cross.

Jede Kirche in der City von London wurde entweder schwer beschädigt oder gänzlich zerstört. Im Strand brannte eine der ältesten und beliebtesten Kirchen Londons, St. Clement Danes, bis auf die Grundmauern nieder. Die großen Glocken, die so lange die Melodie nach dem alten Kinderlied *„Oranges and Lemons say the Bells of St. Clement's"* hatten erklingen lassen, barsten auseinander, als sie auf die Erde herunterstürzten. Fünf Londoner Krankenhäuser wurden getroffen, eines davon wurde so schwer beschädigt, daß alle Patienten und das gesamte Personal noch während des Nachtangriffs evakuiert werden mußten. Andere Bomben fielen auf Geschäfte, Wohnhäuser, einen Straßenbunker, ein Hotel, ein Lichtspieltheater und einen Klub.

Bei Spurgeon's Tabernacle in Geoffrey Blackstones Bezirk fiel eine Bombe mitten in die Feuerwehrmannschaften hinein. Blackstone: „Überall lagen Leiber in blauen Uniformen und hohen Stiefeln herum. Wir trennten die Toten von den Verletzten. Die Zahl der Toten erhöhte sich um fünf." Krankenwagen wurden für die Überlebenden dringend benötigt. Die Feuerwehr führte keine Funkgeräte mit, deshalb versuchten Blackstone und seine Männer verzweifelt, um Hilfe zu telephonieren. „Wir versuchten es mit jeder Telephonzelle und jedem Telephon in den umliegenden Häusern. Kein einziger Anschluß funktionierte mehr. Man kam sich völlig isoliert vor – mitten in einer Großstadt zu stehen und niemanden erreichen zu können." So schickte Blackstone einen Kurier zur Zentrale und forderte Hilfe an.

„Wie auch sonst war beschlossen worden, bestimmte Gebäude ausbrennen zu lassen und sich auf diejenigen zu konzentrieren, die sich zu retten lohnten", sagte Blackstone. „Aus irgendeinem Grunde schien das Pub *Elephant and Castle* einen symbolischen Wert zu haben. Dieses herrliche Stück Alt-London stand wie auf einer Insel mitten auf dem Platz, wo die sechs Straßen zusammenliefen. Ich verspürte irgendwie den dringenden Wunsch, es zu retten, und vergeudete vielleicht kostbares Wasser und die Kräfte meiner Leute dabei. Der Feuerwehrmann am Kontrollpunkt in der Mitte des Kreisverkehrs sagte: ‚Großer Gott, Sir, was für ein Wind – da haben wir noch einmal Glück!' Es war eine völlig windstille Nacht,

DIE UNERWARTETE LANDUNG EINES SELBSTERNANNTEN UNTERHÄNDLERS

In der Nacht vom 10. Mai 1941 erschien eine einsame Me-110 im Tiefflug über Schottland. Ihr Pilot war Rudolf Heß, Stellvertreter des Führers; er befand sich auf der vielleicht seltsamsten Mission dieses Krieges: Er wollte auf sich allein gestellt Frieden schließen. Gegen 10.30 Uhr fand Heß sein Flugziel: Dungavel House, südöstlich von Edinburgh, den Sitz von Douglas Douglas-Hamilton, Herzog von Hamilton. Heß hatte den Herzog 1936 in Berlin gesehen und gehört, daß dieser Zugang zu Churchill und anderen einflußreichen Persönlichkeiten der britischen Regierung habe. Heß stellte die Motoren ab und stieg aus. Er war unbewaffnet.

Unten auf der Erde hörte der schottische Bauer David McLean das Motorengeräusch, rannte aus dem Haus, nahm Heß gefangen und übergab ihn der Home Guard. Heß bat, den Herzog von Hamilton sprechen zu dürfen. Der überraschte Herzog wurde benachrichtigt und sprach am 12. Mai mit Heß; später berichtete er Churchill, Heß sei überzeugt, daß sein Flug „seine persönliche Aufrichtigkeit und Deutschlands Friedensbereitschaft" beweisen werde.

Heß war in der Tat aufrichtig, aber völlig naiv. Die Briten betrachteten seine Friedensfühler als Aufforderung zur Kapitulation, während ihn Hitler, außer sich vor Wut, erschießen lassen wollte. Seine Mission endete mit einem Fiasko, und Heß wanderte wie viele andere in Gefangenschaft.

Der Farmer McLean half Rudolf Heß bereitwillig aus dem Fallschirm und übergab ihn der Ortspolizei.

R.A.F. ACE SCORES AGAIN—Page 2

Nazi Leader Flies To Scotland

Daily Record and Mail

TUESDAY, MAY 13, 1941 — ONE PENNY

RUDOLF HESS IN GLASGOW -OFFICIAL

HERR HESS, HITLER'S RIGHT-HAND MAN, HAS RUN AWAY FROM GERMANY AND IS IN GLASGOW SUFFERING FROM A BROKEN ANKLE. HE BROUGHT PHOTOGRAPHS TO ESTABLISH HIS IDENTITY.

AN OFFICIAL STATEMENT ISSUED FROM 10 DOWNING STREET AT 11.20 LAST NIGHT SAID—

"Rudolf Hess, Deputy Fuhrer of Germany and Party Leader of the Nationalist Socialist Party, has landed in Scotland under the following circumstances:

"On the night of Saturday, the 10th, a Messerschmitt 110 was reported by our patrols to have crossed the coast of Scotland and be flying in the direction of Glasgow. Since a Messerschmitt 110 would not have the fuel to return to Germany this report was at first disbelieved.

"Later on a ME.110 crashed near Glasgow with its guns unloaded. Shortly afterwards a German officer who had baled out was found with his parachute in the neighbourhood suffering from a broken ankle.

"He was taken to a hospital in Glasgow, where he at first gave his name as Horn, but later on he declared he was Rudolph Hess.

"He brought with him various photographs of himself at different ages, apparently in order to establish his identity. These photographs were deemed to be photographs of Hess by several people who knew him personally.

"Accordingly an officer of the Foreign Office who was closely acquainted with Hess before the war, has been sent up by aeroplane to see him in hospital."

THIS WAS HIS 'PLANE

Two pictures of the wreckage of Hess's Messerschmidt 110.

Benghazi Shelled

An official Admiralty communique last night states: "During Saturday night powerful units of our light forces carried out an intense bombardment of Benghazi from point-blank range. ... objectives. ... enemy shore ... ineffective, as ... attacks by ... No ... were sustained ... Majesty's ...

"I Found German Lying In Field"

DAVID M'LEAN, A PLOUGHMAN, WAS THE MAN WHO FOUND RUDOLF HESS. HERE IS M'LEAN'S OWN STORY AS TOLD TO THE "DAILY RECORD," FIRST NEWSPAPER ON THE SCENE:—

"I was in the house and everyone else was in bed late at night when I heard the 'plane roaring overhead. As I ran out to the back of the farm, I heard a crash, and saw the 'plane burst into flames in a field about 200 yards away.

"I was amazed and a bit frightened when I saw a parachute dropping slowly earthwards through the gathering darkness. Peering upwards, I could see a man swinging from the harness.

Continued on Back Page, Col. 1.

Rudolf Hess

HOW GERMANY BUILT UP THE HESS ALIBI. See Back Page.

Good Morning! Another Day Nearer Victory!

Die britischen Zeitungen bringen die Nachricht von Rudolf Heß' Gefangennahme groß heraus – zwei Tage nach dem Ereignis. Man hatte gewartet, bis die Tatsache im deutschen Rundfunk offiziell bestätigt wurde.

aber die von den Bränden aufsteigende heiße Luft saugte kühlere Luft an, so daß Zeitungspapier, Funken und brennende Stoffetzen überall herumflogen."

Flammen leckten am Dach des *Elephant and Castle,* und Rauch quoll über den ganzen Platz. Während sich die Feuerwehrleute noch abmühten, den Brand unter Kontrolle zu bringen, erschien der Bahnhofsvorsteher der nahe gelegenen U-Bahn-Station bei Geoffrey Blackstone und meinte, es könne unten auf dem Bahnsteig zu Schwierigkeiten kommen, denn Rauchschwaden kämen von oben herunter, und viele der Leute hätten große Angst. Blackstone wies ihn an, wieder hinunterzugehen und den Menschen unten zu sagen, sie befänden sich vollkommen in Sicherheit und der Rauch könne ihnen überhaupt nichts anhaben. Aber eine Viertelstunde später wurde Blackstone wieder alarmiert und erlebte etwas, was er während all der bisherigen Luftangriffe auf London noch nicht gesehen hatte: Anzeichen von Panik.

„Irgend jemand war auf den Gedanken gekommen, die U-Bahn-Station müsse geräumt werden, und die Schutzsuchenden, hauptsächlich Frauen und Kinder, kamen in die Feuerzone. Mütter oder Großeltern trugen ihre Kinder auf dem Arm oder zogen die schreienden Kleinen hinter sich her. Glücklicherweise war wenig Rauch auf den Straßen, denn die Hitze leitete ihn nach oben ab. Aber es war glühend heiß. Ein Funkenregen ging hernieder, man hörte das Donnern einstürzenden Mauerwerks und das scharfe Pfeifen in der Ferne fallender Bomben." Als er die verängstigten Menschen aus der U-Bahn-Station herausdrängen und in dieses Inferno hineinrennen sah, wurde Blackstone von einer wilden Wut auf die deutschen Bomberpiloten gepackt.

Hundemüde und sich nach einer Tasse Tee sehnend, bahnte sich Blackstone den Weg zur Skipton Street hinüber. Dort lagen jetzt 22 Tote; nur die Stiefel ragten unter der Zeltplane hervor. Er zählte acht Paar Lederstiefel und 14 Paar Gummistiefel. Die Londoner Feuerwehr trug gute Lederstiefel; die freiwilligen Hilfsmannschaften hatten einfache Gummistiefel an. „Jetzt seid ihr alle gleich, Kumpels", dachte Blackstone bei sich. „Gott sei denen gnädig, die das hier angerichtet haben."

Er sah auf die Armbanduhr. Es war 5 Uhr früh, bald würde es hell werden. Die Angriffe schienen kein Ende zu nehmen. Aber dann kam, etwa eine Stunde später, endlich die Entwarnung. Blackstones Arbeit war noch nicht getan; London brannte noch immer; fast 8000 Straßen waren durch eingestürzte Häuser und Feuerwehrfahrzeuge blockiert. Die Tätigkeit der Feuerwehren wurde durch den Berufsverkehr am Morgen nur noch erschwert. „Die Menschen wollten zur Arbeit fahren und mußten feststellen, daß der gesamte Fahrzeugverkehr durch unsere Schlauchleitungen unterbunden war. Schaulustige standen überall herum, versperrten uns den Weg und traten auf die Schläuche. Ich hörte jemanden voller Entrüstung zu einem Feuerwehrmann sagen: „Verdammte Schweinerei, warum habt ihr das Zeug denn nicht schon längst wieder aufgewikkelt? Wofür werdet ihr eigentlich bezahlt?"

Um 11 Uhr trafen Ersatzmannschaften ein. Geoffrey Blackstone stieg in sein Auto und fuhr nach Hause. Während er langsam durch die verwüsteten Viertel fuhr, sagte er zu sich: „Ich glaube, so etwas wird London nicht noch einmal überleben – und ich auch nicht."

Insgesamt waren bei diesem Angriff 1436 Londoner ums Leben gekommen, und mehr als 1800 hatten schwere Verletzungen erlitten. Für die Überlebenden schien es fast mehr, als sie ertragen konnten. Die Zerstörung ihrer geliebten Hauptstadt, die eingestürzten Gebäude und rauchgeschwärzten Denkmäler, denen sie auf Schritt und Tritt begegneten, erzeugten eine verzweifelte Stimmung. Eine Frau schrieb in ihr Tagebuch:

„Hörte gerade die schreckliche Nachricht, daß Westminster Hall gestern nacht getroffen wurde, außerdem Westminster Abbey und das Parlament. Man hat das Dach zum Teil gerettet, aber nicht viel. In Westminster Abbey ist es die Kuppel. Man glaubte zuerst, daß Big Ben herabgestürzt sei. Ich habe für solche Katastrophen keine Worte. Ich glaube, wir müssen schwer gesündigt haben, daß man uns solche Opfer abverlangt ... Es wird bestimmt noch weitere Zerstörungen geben, und es ist nur ein schwacher Trost, zu erfahren, daß auch die Kunstschätze des Feindes auf ähnliche Weise vernichtet werden. Ich wünsche mir das nicht."

Andere taten so, als könne ihnen das alles nichts anhaben. „Meine Freundin Mary", schrieb eine andere Frau, „erzählte mir, daß sie, nachdem sie zum ersten Mal ausgebombt worden sei und ihre gesamte Garderobe und sonstige Habe verloren hatte – und inzwischen ist sie dreimal ausgebombt worden, zuletzt gestern nacht –, sich seither über ihre persönliche Habe überhaupt keine Sorgen mehr mache. Der Mensch kann nur ein gewisses Maß an Unglück in sich aufnehmen; das ist eine Gnade Gottes."

Ein amerikanischer Korrespondent in London, Larry Rue von der *Chicago Tribune,* sah am Vormittag nach dem Angriff zwei Gentlemen der City zu Fuß zur Arbeit gehen – mit schwarzem Mantel und gestreiften Hosen, die Melone auf dem Kopf, Aktentasche und Schirm in der Hand –, aber mit bläulichen Stoppeln auf dem Kinn. Sie waren unrasiert.

„Zum ersten Mal", sagte Rue, „machte ich mir ernsthafte Sorgen, weil ich erkannte, wie tief der 10. Mai die Bevölkerung von London erschüttert haben mußte."

Noch Tage danach gingen viele Londoner wie benommen herum. Sie fürchteten, daß dieser Großangriff nur der Anfang noch schlimmerer Bombennächte gewesen sei.

Drei Wochen vergingen, und es gab keine weiteren Großangriffe, sondern nur einige vereinzelte Bombenabwürfe. Aber dann kam am 2. Juni die Nachricht, daß deutsche Fallschirmjäger die letzten Briten von der Insel Kreta im Mittelmeer vertrieben hatten. Die Engländer fürchteten, daß jetzt ihre Insel an der Reihe sei. Aber wieder eine Woche verging, ohne Luftangriffe und ohne Invasion. „WAS HAT HITLER VOR?" fragte eine Schlagzeile im *Daily Express*. Andere wiederholten die Frage: War dies etwa nur die Ruhe vor dem Sturm? Stand die Invasion jetzt endlich bevor?

Einem ausgewählten Personenkreis um Premierminister Churchill, der Zugang zu entzifferten Funksprüchen hatte, war allerdings bekannt, daß es nach dem 10. Mai keine größeren Luftangriffe auf England mehr geben werde. Meldungen vom Festland bestätigten die Nachricht, daß die Luftwaffe bereits aus Westeuropa verlegt werde und neue Flugplätze in Osteuropa zur Aufnahme der Verbände hergerichtet würden. Aber niemand hatte dies dem britischen Volk gesagt. Zwei weitere Wochen vergingen ohne Störung, aber die Londoner gingen kein unnützes Risiko ein. Tausende drängten sich jede Nacht in den U-Bahn-Stationen. Wer trotzdem zu Hause blieb, hatte ein ungutes Gefühl und fragte sich, warum draußen alles so ruhig blieb.

Auch einige Luftwaffeneinheiten, die noch im Einsatz gegen England standen, hielten sich für die Vorhut einer Invasionsarmee, und sie fühlten sich in ihrem Glauben bestärkt, als Göring in Paris erschien und eine Besprechung aller Verbandsführer einberief. Er erklärte, die Luftangriffe seien das Vorspiel für die endgültige Niederlage Englands, und eine Verstärkung dieser Angriffe werde, im Verein mit einer Intensivierung des U-Boot-Krieges, die Landung auf britischem Boden vorbereiten.

Adolf Galland gehörte zu den Teilnehmern an dieser Besprechung. Die Ausführungen des Reichsmarschalls wirkten auf ihn durchaus überzeugend. Aber nach der Besprechung nahm Göring ihn und Mölders beiseite. Er rieb sich die Hände vor Freude und sagte: „Ist ja alles gar nicht wahr." Dann bestätigte er den beiden, daß seine ganze Einsatzbesprechung nur Bestandteil einer großangelegten Bluff-Aktion war, die das Ziel hatte, „die wahren Absichten der deutschen Führung zu verschleiern: Die dicht bevorstehende kriegerische Auseinandersetzung mit der Sowjetunion." Galland „bekam einen lähmenden Schock".

Für das britische Volk bedeutete dieser Entschluß eine Entlastung, die man sich nicht zu träumen gewagt hatte. Am 22. Juni 1941 traten die deutschen Armeen gegen die Sowjetunion an. Einigen Engländern taten die Russen leid, aber die meisten begrüßten die Nachricht voller Erleichterung. „JETZT IST MOSKAU AN DER REIHE", lautete eine Schlagzeile der Londoner *Evening News*, und viele Einwohner von London meinten: „Jetzt wollen wir doch mal sehen, wie es *denen* ergehen wird."

In einer etwas merkwürdig anmutenden Huldigung an die Adresse des neuen, in Bedrängnis geratenen Verbündeten veranstaltete das Londoner *Windmill Theatre* unter dem Namen *Moscow Nights* eine Show, in der die Nackttänzerinnen Pelzhüte auf dem Kopf und rote Sterne auf dem Nabel trugen. Prostituierte, die unter dem Schutz der Verdunklung am Piccadilly Circus auf Kundensuche gingen, sprachen Passanten mit „Towarischtsch" an.

Als der Juli in den August überging und die Bombenangriffe noch immer nicht wieder aufgenommen worden waren, bestätigte Churchill – wenn auch zögernd, denn er befürchtete ein Nachlassen des Widerstandswillens –, daß die deutsche Luftwaffe die Masse ihrer Verbände abgezogen habe.

„BLITZ OVER", hieß es auf einem Wandplakat.

Die Luftschlacht um England war in der Tat vorbei. Wenn sich der Krieg auch noch über eine lange Zeit hinziehen sollte, so begann doch den meisten Bewohnern Großbritanniens die Erkenntnis zu dämmern, daß die eigentliche Gefahr gebannt war; das Vereinigte Königreich bestand noch; es war einig und frei.

„Wir haben gewonnen" – die Worte hörte man jetzt immer häufiger, und zwar in einem Tonfall, aus dem Überraschung gepaart mit Stolz sprach.

Es gab Deutsche, die anderer Meinung waren und erklärten, eine sogenannte Schlacht um England habe es nie gegeben. General Adolf Galland sagte zum Beispiel später:

„Wir haben zwischen 1940 und 1941 eine Anzahl von Angriffen auf England geflogen. Dann stellten wir fest, daß wir nicht die beabsichtigte Wirkung erzielten, und zogen uns wieder zurück. Es gab keine Schlacht, und wir haben keine verloren." Worauf ein britischer Flugzeugführer, der gegen ihn 1940 gekämpft hatte, viel später antwortete: „General Galland, wissen Sie, was in der zehnten Runde eines Boxkampfs geschieht, wenn einer der beiden Boxer nur noch wackelig auf den Beinen steht und sein Trainer das Handtuch mit den Worten wirft: ‚Mein Mann gibt auf!'? Wer hat dann den Kampf gewonnen, und wer hat ihn verloren?"

Die britische Bevölkerung hatte keinerlei Zweifel, wie die Antwort lauten mußte. Zwar hatte sie viele Narben davongetragen, aber sie wußte, wer das Handtuch in den Ring geworfen hatte.

IN KRIEGSGEFANGENSCHAFT

Männer der Home Guard, Bergungsmannschaften und Polizei umringen einen deutschen Flieger. Nach Aufenthalt in einem Krankenhaus wurde er in ein Lager überführt.

EIN LANGES WARTEN AUF DAS ENDE DES KRIEGES

Auf einer Wolldecke, die einen behelfsmäßigen Raumteiler darstellt, hängt neben einem Photo, auf dem der Führer abgebildet ist, eine Pin-up-Zeichnung.

„Als meine Maschine getroffen wurde", erinnert sich Eckehard Priebe, der während der Luftschlacht um England abgeschossen wurde, „stieg ich aus. Wegen eines Streifschusses am Kopf rann mir das Blut in die Augen. Aber ich kam gut herunter, und die Home Guard war zur Stelle, um mich in Empfang zu nehmen. Sie waren sehr anständig zu mir."

Die meisten abgeschossenen deutschen Flieger, die in englische Kriegsgefangenschaft gerieten, dürften Eckehard Priebe hinsichtlich der anständigen Behandlung beipflichten. Diese beruhte gewiß zum Teil auf dem britischen Wunsch, dadurch auch das Schicksal ihrer eigenen Leute in den deutschen Gefangenenlagern zu erleichtern, aber eine große Rolle spielte dabei sicher auch das britische Gefühl für Fair play.

In einem der Kriegsgefangenenlager besuchte der Kommandant, ein Oberst, seine Schützlinge regelmäßig mit einer Flasche Whiskey, ließ volle Gläser verteilen und trank den Deutschen mit den Worten zu: „Es ist ein schrecklicher Krieg."

Aber auch sonst ging es den Kriegsgefangenen in England nicht schlecht. Das Essen war kräftig und ausreichend; die Deutschen erhielten so viel Marmelade, wie sie nur essen konnten. Offiziere brauchten nicht zu arbeiten; Unteroffiziere und Mannschaften erhielten Zigarettengeld für Arbeiten, die von Bauarbeiten bis zur Beseitigung von Blindgängern reichten.

Einige Deutsche waren zunächst jedoch aufsässig und arrogant – und wurden nicht immer so gut behandelt. Ein ehemaliger Kriegsgefangener beschwerte sich später über einen „schmierigen Captain", einen Militärarzt, den er niederschlug, weil sich dieser geweigert hatte, das bei einer Bruchlandung verletzte Knie des Deutschen röntgen zu lassen. Und es kam gelegentlich auch zu Fluchtversuchen. „Natürlich", sagte einer der gefangenen Deutschen, ein verwundeter Flieger, „ließen wir nicht den Kopf hängen." Wenn die britischen Wachposten ihr „Alles in Ordnung" von den Wachtürmen ertönen ließen, grinsten sich die Tunnelgräber an und meinten hämisch: „Denkste!"

Vielleicht als Folge der im allgemeinen fairen und recht großzügigen Behandlung unternahmen nur sehr wenige Kriegsgefangene ernsthafte Fluchtversuche; die meisten davon scheiterten. Ein solcher vergeblicher Versuch um Weihnachten 1940 trug dem Betreffenden zwei Wochen Einzelhaft ein. Aber die Lagerverwaltung sorgte dafür, daß er trotz allem seine Weihnachtsration an Wein erhielt, und man schickte ihm sogar einen als Weihnachtsmann verkleideten Tommy in die Arrestzelle.

Ein in Gefangenschaft geratener Deutscher bastelt mit dem typischen Fliegerinteresse für alle Flugzeuge an einer Spitfire. Links steht eine von ihm angefertigte Hurricane.

Deutsche Kriegsgefangene gehen außerhalb der in ein Kriegsgefangenenlager umgewandelten Fabrik im Regen spazieren. Die Unterbringung der Kriegsgefangenen reichte von Landgütern und Hotels bis zu Zeltlagern, die eingerichtet wurden, als die Zahl der Kriegsgefangenen Ende 1940 über 1000 stieg.

Ein Kiebitz und zwei Schachspieler – einer mit Handschuhen – besprechen sich bei einem Spiel, das auf einem Behelfstisch in einem kühlen Aufenthaltsraum stattfindet.

Kriegsgefangene beim Essen. Es bestand meistens aus Hackfleisch, Kartoffeln und Kaffee. Hier wird es in einem umgebauten Lagerhaus eingenommen. Es kam nur selten zu Klagen über die Lagerverpflegung, die täglich etwa 3300 Kalorien enthielt.

Ein Schlafsaal ist zum Bettenappell hergerichtet. Jeder Kriegsgefangene erhielt eine Matratze, zwei Decken, einen Bekleidungssack, Handtuch, Zahnbürste, Rasierpinsel, Rasierseife, Kamm, Haarbürste und – Tennisschuhe, damit der Dielenfußboden durch die genagelten Stiefel nicht beschädigt wurde. Obwohl einige Offiziere ebenfalls in Gemeinschaftsunterkünften untergebracht wurden, wohnten viele in ehemaligen Privathäusern.

Deutsche Kriegsgefangene transportieren unter Aufsicht eines deutschen Marineoffiziers (links), eines britischen Offiziers (hinten Mitte) und eines britischen Unteroffiziers

(rechts) Dränagerohre in eine Senke, die entwässert werden soll.

Deutsche Kriegsgefangene transportierten Kies für Straßenbauarbeiten in der Nähe ihres Lagers.

Ein Feldwebel bei der Arbeit an einer Karte von Europa für das britische Kriegsministerium.

Drei Männer fegen den Hof ihres Lagers aus, dessen Fenster mit Stacheldraht versehen sind.

Eine Kolonne deutscher Kriegsgefangener mit runden Abzeichen auf dem Rücken, die sie bei Fluchtversuchen sofort verraten hätten, marschiert an zwei neugierig

zusehenden Engländerinnen vorbei. Solche Bilder erregten das Mitgefühl vieler Zivilisten, denen jede Fraternisierung bis gegen Ende des Krieges strikt untersagt war.

BIBLIOGRAPHIE

Andrews, Allen: *The Air Marshals.* William Morrow & Company Inc., 1970
Ansel, Walter: *Hitler Confronts England.* Duke University Press, 1960
Baldwin, Hanson: *Battles Lost and Won.* Harper & Row, Publishers, 1966
Baumbach, Werner: *Zu Spät? Aufstieg und Untergang der deutschen Luftwaffe.* Pietsch-Verlag
Briggs, Susan: *The Home Front.* American Heritage Publishing Co., Inc., 1975
Calder, Angus: *The People's War.* Pantheon Books, 1969
Calvocoressi, Peter, und Wint, Guy: *Total War.* Pantheon Books, 1972
Churchill, Winston S.:
My Early Life. Charles Scribner's Sons, 1958
Their Finest Hour. Houghton Mifflin Company, 1949
The City of London: A Record of Destruction and Survival. Architectural Press (London), 1951
Collier, Basil:
The Battle of Britain. The Macmillan Company, 1962
The Defence of the United Kingdom. Her Majesty's Stationary Office, 1957
Collier, Richard:
The City That Would Not Die. E. P. Dutton & Company, 1960
Eagle Day. E. P. Dutton & Company, 1966
Collins, James L., (Hrsg.): *The Marshall Cavendish Illustrated Encyclopedia of World War II.* Marshall Cavendish Corporation, 1972
Douglas-Hamilton, James: *Motives for a Mission.* St. Martin's Press, 1971
Eden, Anthony: *The Reckoning.* Houghton Mifflin Company, 1965
Fleming, Peter:
Invasion, 1940. Rupert Hart-Davis, 1957
Operation Sea Lion. Simon and Schuster, 1957
Frischauer, Willi: *Ein Marschallstab zerbrach (Eine Göring-Biographie).* Münster-Verlag, 1951
Fuller, Major General J. F. C.:
A Military History of the Western World, Bd. 3. Funk & Wagnalls Company, 1954
The Second World War. Meredith Press, 1968
Galland, Adolf: *Die Ersten und die Letzten.* Franz Schneekluth Verlag, 1953
Halle, Kay: *Irrepressible Churchill.* The World Publishing Company, 1966
Irving, David: *Tragödie der Deutschen Luftwaffe.* Ullstein, 1970
Jablonski, Edward: *Airwar,* Bd. 2: *Terror from the Sky.* Doubleday & Company, Inc., 1971
Jacobsen, H. A., und Rohwer, J., (Hrsg.): *Entscheidungsschlachten des II. Weltkriegs.* Arbeitskreis für Wehrforschung, Stuttgart. Bernhard & Graefe, 1960
Jullian, Marcel: *The Battle of Britain.* The Orion Press, 1967
Kendrick, Alexander: *Prime Time.* Little, Brown and Company, 1969
Kesselring, Albert: *Gedanken zum Zweiten Weltkrieg.* Bernhard & Graefe, 1955
Killen, John: *A History of the Luftwaffe.* Doubleday & Company, Inc., 1968
Latreille, André: *La Seconde Guerre Mondiale.* Hachette (Paris), 1966
Leasor, James: *The Uninvited Envoy.* McGraw-Hill Book Company, Inc., 1962
Liddell, Hart, B. H., (Hrsg.): *The Other Side of the Hill.* Cassell and Company, Ltd., 1951
Mason, Francis K.: *Battle over Britain.* McWhirter Twins, Ltd. (London), 1969
Mason, Herbert Malloy, Jr.: *The Rise of the Luftwaffe.* The Dial Press, 1973
McKee, Alexander: *Strike from the Sky.* Little, Brown and Company, 1960
Michaelis, Ralph: *From Bird Cage to Battle Plane.* Thomas Y. Crowell Company, 1943
Michel, Henri: *The Second World War,* aus dem Französischen übersetzt von Douglas Parmée. Praeger Publishers, 1975
Middleton, Drew: *The Sky Suspended.* Longmans, Green and Co., 1960
Miller, H. Tatlock und Sainthill, Loudon: *Churchill, the Walk with Destiny.* The Macmillan Company, 1959
Mosley, Leonard: *Backs to the Wall.* Random House, 1971
Murrow, Edward R.: *This is London.* Simon and Schuster, 1941
Pelling, Henry: *Winston Churchill.* E. P. Dutton & Company, 1974
Perry, George: *The Great British Picture Show.* Hill and Wang, 1974
Price, Alfred: *Instruments of Darkness.* W. Kimber, 1967
Richards, Denis: *The Fight at Odds,* Bd. 1. Her Majesty's Stationary Office, 1974
Roskill, Captain S. W.: *The War at Sea.* Her Majesty's Stationary Office, 1954
Shirer, William L.: *Aufstieg und Fall des Dritten Reiches.* Kiepenheuer & Witsch, 1961
Sims, Edward H.: *Fighter Tactics and Strategy 1914–1970.* Harper & Row, Publishers, 1972
Snow, C. P.:
Science and Government. Harvard University Press, 1961
Appendix to Science and Government. Harvard University Press, 1962
Taylor, A. J. P.: *English History: 1914–1945.* Oxford University Press, 1965
Taylor, Telford: *The Breaking Wave.* Simon and Schuster, 1967
Thetford, Owen: *Aircraft of the Royal Air Force Since 1918.* Funk & Wagnalls Company, 1968
Townsend, Peter: *Duel of Eagles.* Simon and Schuster, 1970
Von der Porten, Edward P.: *The German Navy in World War II.* Thomas Y. Crowell, 1969
Webster, Sir Charles, and Frankland, Noble: *The Strategic Air Offensive Against Germany.* Her Majesty's Stationary Office, 1961.
Wheatley, Ronald: *Operation Sea Lion.* Oxford University Press, 1958
Wheeler-Bennet, John W.: *King George VI.* St. Martin's Press, 1958
Wilmot, Chester: *The Struggle for Europe.* Harper & Row, Publishers, 1952
Winterbotham, F. W.: *The Ultra Secret.* Harper & Row, Publishers, 1974
Wood, Derek, und Demster, Derek: *The Narrow Margin.* Greenwood Press, Publishers, 1961
Wright, Robert: *The Man Who Won the Battle of Britain.* Charles Scribner's Sons, 1969

DANKSAGUNGEN

Das Stichwortverzeichnis für dieses Buch wurde von Mel Ingber zusammengestellt. Die Herausgeber möchten folgenden Personen für ihre Mithilfe danken: Lieselotte Bandlow, Ullstein, Berlin; Deborah Beevor, Archivarin, Weidenfeld and Nicolson, London; C. V. Blackstone, CBE, Chief Regional Officer, National Fire Service, London; Stan Bradbury, Chappell & Co., Ltd. London; Sue Bradbury, London; Basil Collier, Lewes, Sussex; Terence Charman, Rose Coombs, Edward Hine, R. E. Squires vom Imperial War Museum, London; Major a. D. Georg Peter Eder, Wiesbaden; Erica Fry, Jaeger Co., London; General a. D. Adolf Galland, Bonn-Bad Godesberg; George M. Greenwell, Jan Mercer, British Film Institute, London; Villette Harris, Washington D.C.; Dr. Matthias Haupt, Bundesarchiv, Koblenz; Dr. Gerhard Hümmelchen, Archiv für Wehrforschung, Stuttgart; Werner Kiessling, Deutscher Heimkehrerverband, Bonn-Bad Godesberg; William J. Kelly, Garden City, N. Y.; Peter Matthews, Arthur Guinness Son and Co., Ltd., London; Richard Mayne, Jersey, Kanalinseln; Ron McCreight, Noel Gay Music Co., London; Oberstleutnant a. D. Werner Schroer, Ottobrunn; Carol Toms, Guernsey.

QUELLENNACHWEIS DER ABBILDUNGEN

Quellennachweise nebeneinanderstehender Bilder sind durch Semikolons, untereinanderstehender durch Bindestriche getrennt

DER GRIFF NACH DEN KANALINSELN: 6, 7 – Bundesarchiv, Koblenz. 8 – Alan Clifton © Carel Toms. 9 – Mit freundlicher Genehmigung von R. H. Mayne. 10, 11 – Carel Toms. 12, 13 – E. Guiton, mit freundlicher Genehmigung von R. H. Mayne – Bundesarchiv, Koblenz; Carel Toms. 14 bis 17 – Bundesarchiv, Koblenz.

BRITANNIEN IN BEDRÄNGNIS: 20 – Imperial War Museum. 23 – Imperial War Museum. 25 – Hans Wild von Time-Life Picture Agency-Wide World. 26 – Fox Photos.

BEREIT ZUR VERTEIDIGUNG: 28, 29 – London News Agency Photo Ltd. 30 – Radio Times Hulton Picture Library. 31 – W. Suschitzky von Time-Life Picture Agency. 32 – Radio Times Hulton Picture Library-Wide World. 33, 34, 35 – Graphic Photo Union. 36, 37 – Wide World. 38 – William Vandivert von Time-Life Picture Agency. 39 – Time-Life Picture Agency. 40, 41 – William Vandivert von Time-Life Picture Agency. 42, 43 – Douglas Miller; Wide World; Keystone Press Agency Ltd. 44, 45 – William Vandivert von Time-Life Picture Agency.

EIN VERGLEICH DER KRÄFTE: 48 – Oben aus *The Narrow Margin*, wiedergegeben mit Genehmigung von Curtis Brown, Ltd., © 1961 Derek Dempster und Derek Wood-Bildarchiv Preußischer Kulturbesitz. 50, 51 – Time-Life Picture Agency – (Einsatz), Flugblattsammlung Buchbender. 53 – Profile Publications (2) – aus *The Narrow Margin*, wiedergegeben mit Genehmigung von Curtis Brown, Ltd., © 1961 Derek Dempster und Derek Wood (2). 55 – Profile Publications.

EIN UNERSCHROCKENER PREMIER: 58, 59 – Time-Life Picture Agency. 60 – Radio Times Hulton Picture Library. 61 – Time-Life Picture Agency. 62 – Time-Life Picture Agency. 63 – Time-Life Picture Agency-Imperial War Museum. 64, 65 – London News Agency Photos Ltd. 66, 67 – Radio Times Hulton Picture Library; United Press International (2). 68, 69 – Time-Life Picture Agency. 70, 71 – Imperial War Museum.

EIN PRUNKLIEBENDER MARSCHALL: 72, 73 – Kongreßbibliothek. 74 – Aus M. H. Sommerfeldt: *Hermann Göring*, Hrsg.: E. S. Mittler and Sons, Berlin 1933. 75 – Kongreßbibliothek. 76, 77 – Kongreßbibliothek. 78 – Bundesarchiv, Koblenz, außer unten rechts: Bildarchiv Preußischer Kulturbesitz. 79 – Bundesarchiv, Koblenz. 80, 81 – Ullstein Bilderdienst; Heinrich Hoffmann. 82, 83 – Aus Stefan Lorant: *Sieg Heil!*; © Ernst Sandau, Berlin; Kongreßbibliothek – Aus S. Lorant: *Sieg Heil!* 84, 85 – Bundesarchiv, Koblenz.

ADLERTAG: 89 – Crown Copyright. 90 – Wide World. 93 – Karte von Nicholas Fasciano – Imperial War Museum. 94 – Zeichnung von David Low, mit freundlicher Genehmigung der Treuhänder und des *London Evening Standard*. 96 – United Press International. 98 – Kein Nachweis; Ullstein Bilderdienst.

FLUCHT AUS DEN STÄDTEN: 100–101 – Syndication International. 102 – Wide World. 103 – Radio Times Hulton Picture Library. 104, 105 – Fox Photos – Hulton von Black Star. 105 – Syndication International. 106, 107 – Fox Photos, ausgenommen oben links: Syndication International. 108, 109 – Wide World. 110, 111 – Radio Times Hulton Picture Library; Syndication International – John Topham von Black Star. 112, 113 – Radio Times Hulton Picture Library.

DER ANGRIFF AUF LONDON: 116 – Photoworld. 119 – Italienisches Propagandaplakat, das zur Vernichtung von London aufruft, 1940, mit freundlicher Genehmigung der Sammlung Salce, Museo Civico Luigi Bailo, Treviso. 121 – Time-Life Picture Agency; Flugblattsammlung Buchbender.

WARTEN AUF DEN EINSATZ: 124, 125 – Radio Times Hulton Picture Library. 126 – Imperial War Museum. 127 – William Vandivert von Time-Life Picture Agency. 128, 129 – Radio Times Hulton Picture Library, ausgenommen oben links: William Vandivert von Time-Life Picture Agency. 130, 131 – Radio Times Hulton Picture Library (2) – F. P. G. 132, 133 – Radio Times Hulton Picture Library. 134, 135 – Graphic Photo Union.

EINE SCHWERGEPRÜFTE STADT: 138 – Zeichnung von David Low, mit freundlicher Genehmigung der Treuhänder und des *London Evening Standard*. 140, 141 – Graphic Photo Union. 142 – Karte von Nicholas Fasciano. 144 – Fox Photos. 146 – Time-Life Picture Agency; Black Star.

EIN BRENNENDES INFERNO: 150, 151 – William Vandivert von Time-Life Picture Agency. 152 – Wide World. 153 – Wide World mit freundlicher Genehmigung von *American Heritage*. 154 – William Vandivert von Time-Life Picture Agency – Syndication International. 155 – Bill Brandt von Time-Life Picture Agency. 156 – Robert Capa, Magnum Photos. 157 – William Vandivert von Time-Life Picture Agency. 158, 159 – United Press International. 160, 161 – William Vandivert von Time-Life Picture Agency, ausgenommen mittlere Aufnahme: Popperfoto. 162, 163 – William Vandivert von Time-Life Picture Agency; Time-Life Picture Agency. 164, 165 – William Vandivert von Time-Life Picture Agency. 166, 167 – H. Wild von Time-Life Picture Agency; William Vandivert von Time-Life Picture Agency.

DER WILLE ZUM DURCHHALTEN: 168, 169 – Fox Photos. 170 – Museum of London, mit freundlicher Genehmigung des Archivs Weidenfeld and Nicolson. 171 – Imperial War Museum mit freundlicher Genehmigung des Archivs Weidenfeld and Nicolson. 172 – Derek Bayes, mit freundlicher Genehmigung der Sammlung Sue Bradbury und wiedergegeben mit Erlaubnis von Gordon U. Thompson Ltd., Toronto, im Namen von Campbell Connelly and Co. Ltd., London. 173 – Derek Bayes, mit freundlicher Genehmigung der Sammlung Mander and Mitchenson (2) – Derek Bayes mit freundlicher Genehmigung der Sammlung Sue Bradbury; Derek Bayes mit freundlicher Genehmigung der Sammlung Mander and Mitchenson (2). 174, 175 – Popperfoto; Derek Bayes mit freundlicher Genehmigung der Sammlung Mander and Mitchenson (3) rechts: William Vandivert von Time-Life Picture Agency. 176, 177 – Derek Bayes, mit freundlicher Genehmigung der Sammlung Jaeger; Mary Evans Picture Library (2); mit freundlicher Erlaubnis der Dunlop Ltd.; Mary Evans Picture Library; Derek Bayes mit freundlicher Genehmigung von Guiness. 178 – Archiv Weidenfeld and Nicolson; Eileen Tweedy, Imperial War Museum. 179 – Eileen Tweedy, Imperial War Museum, ausgenommen oben rechts: London Transport, mit freundlicher Genehmigung des Archivs Weidenfeld and Nicolson. 180, 181 – Twentieth Century Fox – E. M. I., Elstree Studios, Ltd.; Culver Pictures, Inc.

DAS ENDE DER BOMBARDIERUNG: 185 – CBS. 186 – Imperial War Museum. 189 – Aus Stefan Sorant: *Sieg Heil!*

IN KRIEGSGEFANGENSCHAFT: 192, 193 – Syndication International. 194 – William Vandivert von Time-Life Picture Agency. 195, 196, 197 – Imperial War Museum. 198, 199 – William Vandivert von Time-Life Picture Agency. 200, 201 – William Vandivert von Time-Life Picture Agency; Imperial War Museum (2) – William Vandivert von Time-Life Picture Agency. 202, 203 – Wide World.

REGISTER

Kursiv gesetzte Seitenangaben beziehen sich auf Abbildungen.

D.L.TO:464-1994
Reprosatz: Alfred Utesch GmbH, Hamburg
Druck und Einband: Artes Gráficas, Toledo, Spanien